全国学前教育专业
“十三五”规划教材

# 幼儿教师
# 师德修养与专业发展

◎ 李文治 袁林 主编
◎ 吴立芳 曾碧 葛吉雪 唐宁 副主编

人 民 邮 电 出 版 社
北 京

图书在版编目（CIP）数据

幼儿教师师德修养与专业发展 / 李文治，袁林主编
. -- 北京 ：人民邮电出版社，2017.6(2022.10重印)
全国学前教育专业“十三五”规划教材
ISBN 978-7-115-46272-5

Ⅰ. ①幼… Ⅱ. ①李… ②袁… Ⅲ. ①幼教人员－师德－教材 Ⅳ. ①G615

中国版本图书馆CIP数据核字(2017)第196348号

## 内 容 提 要

本书共七章，内容为幼儿教师概述、幼儿教师职业道德修养的职业理解、幼儿教师职业道德修养的内涵及其体现、幼儿教师职业道德修养的养成、幼儿教师的角色定位与职业行为、幼儿教师专业发展、幼儿教师专业发展的途径。

本书可以作为本科院校、职业院校学前教育专业学生的专业基础性教材，也可以作为各类教育学院、教师进修学校接受继续教育的教师的参考用书，还可以作为教师资格证考试和教师入编考试的教育综合部分的参考用书。

◆ 主　　编　李文治　袁　林
副 主 编　吴立芳　曾　碧　葛吉雪　唐　宁
责任编辑　古显义
责任印制　焦志炜

◆ 人民邮电出版社出版发行　北京市丰台区成寿寺路 11 号
邮编　100164　电子邮件　315@ptpress.com.cn
网址　http://www.ptpress.com.cn
固安县铭成印刷有限公司印刷

◆ 开本：787×1092　1/16
印张：15　　2017 年 6 月第 1 版
字数：320 千字　　2022 年 10 月河北第 15 次印刷

定价：39.80 元

读者服务热线：(010)81055256　印装质量热线：(010)81055316
反盗版热线：(010)81055315
广告经营许可证：京东市监广登字20170147号

# 序 PREFACE

为进一步提升师范生的整体素养同时为完善课程体系，2011年，我校在全校所有师范生中开设“师德修养与专业发展”课程，担任教学的李文治等老师找到我，商量编写一本关于“幼儿教师师德修养与专业发展”的教材。当时他们提出，社会对提升幼儿教师的师德及专业化水平的呼声日益强烈，但现有幼儿教师培养体系中却缺乏专门针对职业道德和专业成长的教材，教学内容散落在几门相关课程中，且偏重理论，缺乏与实践结合，更为严重的是，把师德修养和专业发展这两个本应紧密关联的命题拆开了，忽略了师德修养作为教师职业立足之本的地位及其对教师专业能力整体提升的内涵性、动力性、方向性的作用，也没有很好地将师德建设融入到教师的整体素养提升与职业生涯发展之中。他们决定，把师德修养与专业发展结合起来作为一个完整的范畴，把提高以师德为核心的整体素养作为写作框架，来编写一本新的教材。鉴于当时教育部正在着手准备为幼儿教师的专业发展制定明确的标准，我建议他们边教学边沉淀，开展较为系统的研究，待幼儿教师专业标准出台后予以对接，达到一定水平后再考虑出版。

经过几年的积累，现在他们的书稿已经齐备，由人民邮电出版社出版。通读全书，编者立足于幼儿教师的整体素养和专业发展问题，对接《幼儿园教师专业标准（试行）》，将师德修养作为教师职业素养的核心要素从理论和实践层面加以分析、探讨，再回归教师终身发展的命题，总结归纳了幼儿教师由生手教师到熟手教师再到专家教师的成长成才之路，为幼儿教师的专业成长和发展提供了适宜的策略和建议。本书有以下值得肯定之处：首先，把握了道德教育的基本规律，在知、情、意、行上做到了有的放矢，将学前师范生职业道德发展与日常生活、学习及专业实习等密切结合，注重体现道德实践在道德教育中的重要性，并将其贯穿整个师范生教育教学的全过程；其次，将法治社会个人道德和能力的基本要求与教师职业紧密结合，凸显道德与法律、道德与文化的关系，为幼儿教师由个体人转换到社会人提供了策略性建议；最后，本书具有很强的实践性，是编者多年教学经验的总结和升华，书中的案例来自于幼儿园工作的第一线教师以及编者自身教育教学的实践总结。

近年来，教育部连续出台了相关文件，一再地强调对教师师德的重视，明确师德作为教师核心素养的重要地位。但是在现实生活中，因幼儿教师师德缺失对幼儿身心造成伤害的事件仍然层出不穷，教育行政部门也难以做到令行禁止。溯其源，还是幼儿教师在职业成长过程中没有将条文禁令融入到自己的行事准则中。本书准确把握职业道德修养和个人道德修养的学理关系，用生动的案例和实践，将幼儿教师现实生活中的情景与未来职业前景有效结合，将师德修养的理论转化为身边之事，找到了共情之处，落到了职业发展的活动之中，便于学习者掌握和实践。我相信，本书能为每一位学前师范生及幼儿教师的专业发展和职业成长提供有益的帮助！

皮军功①

2017年6月

① 皮军功，男，汉族，中共党员，教育学博士。现任长沙师范学院副院长，《学前教育研究》杂志主编，湖南省教育科学规划课题咨询评审专家，省学前教育研究会学术委员会副主任。

# 前言 PREFACE

“幼儿教师师德修养与专业发展”是学前教育专业学生的专业必修课，是一门理论性与实践性相融合的基础性课程，对完成专业人才培养目标有着重要的作用。本书是在国家大力发展学前教育的新背景之下，集多年学前教育教学和研究之成果，由多位长期从事学前教育的工作者共同努力而作。

本书主要讲解了幼儿教师职业道德修养和专业发展两方面内容。幼儿教师职业道德修养部分，总结了开设教师职业道德这门课程的教育教学实践经验，同时融合了各兄弟院校的先进成果，从不同的角度去审视幼儿教师师德修养的练就与达成，比较系统地论述了伦理和道德的相关理论，结合教育教学的实践深入探讨了道德与法律、道德与文化等方面的关系，将幼儿教师的师德修养与日常教育教学紧密结合。幼儿教师专业发展部分，立足时代对学前教育发展的要求和对幼儿教师素质素养的新高度，围绕幼儿教师成长的科学性和发展的科学性，从师德衍生到教师的基本素养，更进一步追寻了教师发展和专业成长的必由之路，廓清了教师成长中的暗礁，为教师提供了快速成才的基本策略。

本书在内容的编排上以案例分析、拓展阅读、知识延伸、小思考等形式将理论知识穿插其中，增强了知识性和趣味性，同时又与实践紧密联系，强调观察、反思、实践等在教学过程中的重要性。本书努力营造共同对话和让读者投入的语言环境，在交流的碰触中形成心灵的感动，在相似的道德环境中，积极行动，以实现个体道德认识、道德观念、道德行为上的整体升华。本书中案例均来自教育教学第一线，即日常学习和生活的积累。

作者始终以《幼儿园教师专业标准（试行）》为指针，遵循教师个人素养养成的基本规律，总结了国内外教师师德与专业成长研究的先进成果，并根据幼儿教师成长的人生历程，在教学过程中边研究，边实践，边总结，使本书的内容具备以下特点。

**贴近时代**。紧跟时代发展的需要。教材内容与国家最新教育政策动态紧密结合，运用了最新的教育理念，并结合教育改革发展的要求，成书内容与全国教师资格证统考、教师编制考试中师德考核内容密切联系，同时将生动性融入其中，避免了因严肃而有失活泼。

**贴近生活**。本书能够站在高师学生成长的角度，与学生共同探讨师德修养的形成和发展，理论观点遵循了新时代准幼师的价值观和学习特点，所用案例和图片均源自往届毕业学生的幼儿园教育教学过程，避免了理论和实践的脱节。这是一本站在教师工作的情境中研究教师师德修养和专业成长的书，既有一定的理论基础，也与实践密切结合，让学生能较为踏实地了解和掌握相关的理论，为进一步深造和后继学习提供较为扎实的理论背景。

**普遍适用**。本书的成文过程紧密按照《幼儿园教师专业标准（试行）》《中小学教师师德规范》的基本要求，力求全面、系统地兼顾教师成长与发展的诸多领域与问题，以利于准备从事教师行业的考生考取教师资格证和获得编制，同时也对已在工作岗位的教师成长为骨干专家有一定的指导和借鉴意义。

本书的参编者均直接从事学前教育领域的工作，拥有扎实的专业基础和较高的专业素养。全书共七章，第一章由袁林老师编写，第二章、第四章由李文治老师编写，第三章由李文治老师和曾碧老师共同编写，第五章由唐宁老师编写，第六章由吴立芳老师编写，第七章由葛吉雪老师编写。李文治老师负责全书的统稿、定稿。

本书的出版是全体编者共同努力的结果，我们力图使教材体系完整、内容丰富、结构合理，并能汲取同类教材的优点，实现科学性、研究性和实用性的有机结合。但我们深知，由于能力有限，书中不妥和疏漏等问题在所难免，还要在实践中不断得到检验，我们恳请所有使用该教材的师生提出宝贵意见，这将成为我们继续努力的方向和动力。

长沙师范学院学前教育系、长沙师范学院附属第二幼儿园为本书的案例、图片采集和调研提供了很多帮助，在此表示感谢。

编者

2017年5月

# 目录 CONTENTS

# 第一章

# 幼儿教师概述

**知识结构图**

- 第一章 幼儿教师概述
  - 第一节 幼儿教师职业的历史演变
    - 一、幼儿教师职业的源起
    - 二、幼儿教师职业的发展
  - 第二节 幼儿教师劳动的特点
    - 一、幼儿教师的作用
    - 二、幼儿教师劳动的特点
    - 三、幼儿教师的使命
    - 四、幼儿教师的魅力
  - 第三节 幼儿教师职业的性质、意义和地位
    - 一、幼儿教师职业的性质
    - 二、幼儿教师职业的意义
    - 三、幼儿教师的职业地位
  - 第四节 幼儿教师职业之比较
    - 一、幼儿教师承担的角色更加多元
    - 二、幼儿教师知识、能力要求更加全面
    - 三、幼儿教师需要更加耐心、细致
    - 四、男幼师群体逐渐成长发展

## 引入案例

在教师自助餐厅里，一个年轻的教师坐在那里，他即将开始教师生涯。内心充满忐忑的他，不知道该如何去面对这一群据说特别难搞定的孩子，甚至有种怯场的感觉。弗兰克·迈考特先生给他的建议是："找到自己喜欢的事，做自己喜欢的事。"他该怎样去践行这句迈考特先生从教一生的感悟精华呢？

作为一个未来的教师，你该做哪些准备呢？

## 本章学习要点

1. 了解幼儿教师职业的历史演变；
2. 掌握幼儿教师的职业性质和劳动特点；
3. 掌握幼儿教师职业与相近职业的区别。

# 第一节 幼儿教师职业的历史演变

说起幼儿教师，展现在我们脑海里的一定是一个笑容可掬，温柔大方，能歌善舞的动人形象。幼儿教师是教师队伍中十分重要的成员，属于中小学老师大家庭中的一部分。

幼儿教师职业的产生、发展与儿童教育的历史发展有着十分密切的联系。无论是我国还是西方国家，儿童教育的发展都历经了几千年的变化，它随着历史的变迁、朝代的更替、社会制度的发展，经历了起起落落。但总的来说，在人类精神文明和物质文明不断丰富的背景下，儿童教育整体上是不断前进的。作为儿童教育的主要实施者，幼儿教师职业也历经了诞生、兴起、发展、衰落等演变。

## 一、幼儿教师职业的源起

幼儿教育伴随着人类社会的发展。自从有了人类社会，就有了对幼儿的抚育，将人类生活的经验传承给下一代，延续整个群体的发展也就成了人类社会生活的一项重要工作。伴随着社会生产能力的发展，专门从事幼儿教育的工作者也开始诞生了。幼儿教师职业的源起与儿童教育的历史发展有着十分密切的关系。从原始社会开始，就已经有儿童教育的萌芽。但是，作为儿童教育的专门工作者——幼儿教师，无论是在我国还是西方国家，都是随着近现代儿童教育的兴起才诞生并且逐步发展壮大。

### （一）原始社会的儿童教育

原始社会的人们采取的是共同劳动共同生活的方式，其儿童教育实行公养公育，没有阶级性，只有全民性。原始社会的儿童教育以生活经验、生产劳动为教育内容，没有专门的场所和专职人员。

### （二）奴隶社会的儿童教育

奴隶社会有明显的阶级性和等级性，因此幼儿教育也有非常明显的阶级性。西周时期，统治者重视婴幼儿教育，并创办了我国古代第一个婴儿教养机构——“孺子室”。“孺子室”是专为周王的太子和各诸侯的世子而设立的，具有明显的等级性和贵族性。“孺子室”对教养员、保姆都有清楚的要求，主要为四种：第一种是教师，从诸母中选择“宽裕、慈惠、温良、恭敬、慎而寡言”的人，“教以善道”；第二种是慈母，主要是“审其欲饿”，即了解太子、世子的嗜好，并给予正确的引导；第三种为保姆，主要是管理太子、世子的饮食起居；第四种为奶妈，主要是给太子、世子喂奶。这四种被称为“四贤”，一般为诸侯和大夫之妾，待遇优厚，教育、保育太子、世子有功，常常受到国君的封赠。“四贤”的选拔严格、分工清楚，可以说是幼儿教师的雏形。

### （三）封建时期的儿童教育

封建社会时期，儿童教育以家庭教育和私塾为主。塾师多为落第秀才或老童生，学生入学年龄不限，“开蒙”的年龄一般在四岁左右。家庭教育和私塾教育的内容，主要是教认字、简单数学以及日常生活礼仪。最常见的识字类蒙学教材有《三字经》《百家姓》《千字文》《千家诗》《弟子规》等经典书目，知识类蒙学教材有《蒙求》《幼学琼林》《颜氏家训》《童蒙须知》等。由于家庭教育和私塾都不是仅针对 3 ～ 6 岁年龄段的幼儿，因此家庭的教养者和塾师，无论是教育对象、教育内容还是教育方式，都与现代的幼儿教师有明显区别。

### （四）近现代幼儿教师职业的源起

#### 1. 幼儿教师职业的诞生

幼儿教师职业的诞生源于西方。1837 年，德国教育家福禄贝尔创办了一所名为“发展幼儿活动本能和自发活动的机构”的儿童游戏活动机构，招收 3 ～ 7 岁幼儿。1840 年，福禄贝尔为这个机构创造了一个新词——幼儿园（Kindergarten），成为世界上第一所幼儿园。同时，他在欧洲给妇女提供了职业——幼儿园教师，标志着幼儿教师职业的诞生。在福禄贝尔的幼儿园，幼儿教师以“恩物”为教具，以游戏和手工为主要活动，对幼儿进行引导。

#### 2. 幼儿教师职业在中国的诞生

19 世纪，西方的教会学校在中国开办。19 世纪 80 年代，西方教会在中国沿海福州、宁波等他开始兴办学前教育机构，由传教士担任教员。

1903 年，清政府颁布“癸卯学制”，蒙养院作为中国学前教育机构正式诞生。蒙养院招收 3 ～ 7 岁儿童，附设在育婴堂和敬节堂内，其教师称为“保姆”，但蒙养院的师资及相关培训都非常有限。1903 年 9 月，国人创办的第一所公办幼儿教育机构“湖北幼稚园”在湖北武昌成立。由于师资有限，湖北幼稚园聘请了日本的户野美知惠来华担任湖北幼稚园园长，主持园务工作，拟订《湖北幼稚园开办章程》，并创办“保育科”，招收 15 ～ 35 岁女子进行培训，学习幼稚师范课程。遗憾的是，由于种种原因，“保育科”仅维持了半年时间。

1904 年，在中国颁行“癸卯学制”以后，帝国主义加速在中国开办幼稚师范学校。1912 年，英国长老会创办的厦门幼稚园教师训练班发展成为怀德幼稚师范学校，这是教会在我国最早设立的一所独立的幼儿师范学校，招收对象为高小毕业学生，学制两年。幼儿师范学校的建立，标志着专门从事幼儿园教育的工作者——幼儿教师职业的诞生。

当时，幼儿教师的主要职责为：①养护儿童；②发展儿童身体；③养成儿童有相当之习惯；④养成儿童有相当之知识与技能；⑤与家庭联络并谋家庭教育改革良方；⑥研究儿童等。其中，以养护儿童为最重要的责任。

**拓展阅读**

### 蒙养院

1904 年，清政府颁布“癸卯学制”。《奏定蒙养院章程及家庭教育法章程》（以下简称《章程》），是癸卯学制的一部分，它是中国第一部学前教育法规，主要内容如下。

**1. 蒙养院的意义**

蒙养院是教育学前儿童的专门机构，招收“3 岁以上至 7 岁之儿童”。《章程》认为蒙养教育是国民教育的基础，这充分肯定了学前教育的重要意义和作用。

**2. 蒙养院的设置**

《章程》规定，蒙养院不单独设立，附设在育婴堂和敬节堂内。育婴堂以前多招收孤苦的儿童，《章程》规定建立蒙养院后，在育婴堂内划出一院为蒙养院。敬节堂是收留寡妇的场所，《章程》也规定在其堂内设蒙养院，教师由“节妇”担任。

**3. 蒙养院保教要旨**

（1）“保育教导儿童，专在发展其身体，渐启其心知，使之远于浇薄之恶风，习于善良之轨范。”

（2）“保育教导儿童，当体察幼儿身体气力之所能为，心力知觉之所能及，断不可强授以难记难解之事，或使之疲乏过度之业。”

（3）“保育教导儿童，多留意儿童之性情及行止仪容，使趋端正。”

（4）“儿童性情极好模仿，务专意示以善良之事物，使则效之，孟母三迁即此意也。”

蒙养院对儿童的教育，包含了体育、德育、智育、美育的内容，在教育原则上，提出了应该照顾儿童惰性等心理特点，指出教育要量力适度，还要利用榜样的教育作用。

**4. 蒙养院课程**

《章程》规定蒙养院儿童在院时间每日不得超过4点钟，课程有:游戏、歌谣、谈话、手技。这四项教育内容与小学课程完全不同，它们符合儿童年龄特点和接受能力。

**5. 蒙养院保姆的来源与培训**

蒙养院内教师称“保姆”，保姆由乳媪和节妇训练而成。训练保姆的方法，是在育婴堂和敬节堂中，选一识字妇女当教员，如堂内无识字的，可以请一识字老妇人入堂任教。

教材编选规定：①“将《孝经》《四书》《列女传》《女诫》《女训》及《教女遗规》等书，择其最切要而极明显者，分别依次浅深，明白解说，编成一书，并附以图，至多不得过两卷。”②“选取外国家庭教育之书，择其平正简易，与中国妇道妇职不相悖者（若日本下田歌子所著《家政学》之类）。”③“初等小学字课本及小学前二年之各种教科书，语甚浅显者。”

## 二、幼儿教师职业的发展

一百年来，中国幼儿师范教育经历了初创、实验探索、发展完善等阶段，形成了自己有特色的教育体系。幼儿教师这一职业也呈现出多元性、多层次的特点和特色。

### （一）幼儿教师职业在民国时期的发展

在我国，幼儿教师正式成为一门职业是在民国初年。西方教育思想传入中国后，幼儿受到了应有的平等对待，幼儿教师伴随着幼儿教育开始出现了。1916年，教育部颁布“壬子癸卯学制”，将“蒙养院”改为“蒙养园”，并规定“蒙养园保育幼儿者为保姆，保姆须是女子并有国民学校正教员或助教员之资格，或经验定合格者充之”。虽然称谓与“癸卯学制”相同，但女子师范学校的培养目标把蒙养园的保姆与小学教员并列，确立了蒙养园教师的地位。

1922年，北京政府颁布了“壬戌学制”，将“蒙养园”改称为“幼稚园”，与世界学前教育称谓接轨，体现了向现代学前教育理念的转变。同年，江苏省立第一女子师范设立幼稚师范科，成为我国最早的自办幼稚师范教育机构，幼儿教师的师资水平得到了很大程度的提升。随后，厦门集美幼稚师范学校、北平幼稚师范学校等相继成立，安庆省立女中、福建省立女中等相继设立幼稚师范科。1940年，陈鹤琴在江西创建省立实验幼稚师范学校，1943年改为国立幼稚师范学校，同时，增设幼稚师范专科。经过20年的发展，我国改变了外国教会主导幼稚师范教育的局面，而且进行了中国化幼稚师范教育理论和实践的深入探索，取得了可喜的成绩。

### （二）中华人民共和国成立后幼儿教师职业的发展

中华人民共和国成立后幼儿教师职业的发展同国家的幼儿师范师资培训有着非常大的联系。中华人民共和国成立之初，教育部颁发了《师范学校暂行规程》和《幼儿师范学校教学计划》，从提高教学质量上规范了幼儿学校的办学。在高等教育领域，1952 年院系调整，各地所组建的师范院校均开设学前教育专业，在新中国成立初期形成了幼儿师范教育体系，保障了我国幼儿教师的师资力量和师资水平。1956 年 6 月，教育部发布《关于大力培养小学教员和幼儿园教养员的指示》，通过举办短期培训班的职前教育让幼儿园教师职业得到较为迅速的发展。

1978 年，教育部发布《关于加强和发展师范教育的意见》，明确指出“要积极办好幼儿师范学校”。1980 年，教育部颁布《中等师范学校规程（试行草案）》，同年还配套颁布了《幼儿师范学校教学计划（试行）》。1995 年，国家教委颁布了《三年制中等幼儿师范学校教学方案（试行）》，对幼儿师范的管理和教学不断提出新的规范和要求。这一时期还出现了职业高中办幼师班的方式，拓宽了培养幼教师资的渠道。改革开放 30 多年来，我国教师教育规模达到顶峰，除了教育部直属师范大学外，基本上每个省都有一所省属师范大学（学院），每个省下一级市州都有一所师范专科学校，每一个县都设置了师范学校，覆盖面达到 90%。幼儿教师培养蓬勃发展，到 1979 年，全国设立了幼师 22 所；到 1987 年，高师的学前教育专业在全国也已有 22 个；2017 年，全国以师范命名的高校达到 181 所，这些高校都有着培养幼儿教师高层次人才的实力。幼教师资队伍的建设无论是人才数量还是人才质量都有了飞速的发展，幼儿教师逐步摆脱了以前“保姆”的称谓，向“专业型教育工作者”一步步迈进。

### （三）幼儿教师职业在 21 世纪的新发展

进入 21 世纪，我国已形成了多渠道、多层次、多规格、多形式的幼儿师范教育体系，培养的幼教人才如雨后春笋般涌现出来，幼儿教师职业的社会认可度也逐步提升。

#### 1. 数量的变化

2016 年 8 月 31 日，教育部召开新闻发布会，公布我国目前教师队伍建设情况。截至 2015 年，全国各级各类学校共有专任教师 1539 万人，相比 2014 年增加了 28 万余人。其中，学前教育 205 万人，比上一年度增加了 20.68 万人。从数据上可以看出，这一年度教师数量的发展主要是幼儿教师数量的增加。同时随着对幼教事业的重视，幼儿教育教师的培养与发展规模越来越壮大，专门培养幼儿教师的师范院校或以幼儿师范命名的院校越来越多，每年培养出来的准幼儿园老师也越来越多，培养的学历层次也越来越高。值得一提的是，到 21 世纪，民办园如雨后春笋般冒出来，民办园的幼儿教师已经成为我国幼儿教师队伍的主体。

#### 2. 学历的提升

《中华人民共和国教师法》第十一条规定，取得幼儿园教师资格，应当具备幼儿师范学校毕业及其以上学历。从最近国培调研数据看，虽然高中阶段（包括中师）学历的专任教师数量仍占总数中的大多数，但可喜的是，本专科毕业学历的专任教师比例年年攀升，并逐渐向与中专阶段学历的专任教师数量持平并超越的方向推进；同时，教师队伍出现研究生学历的从业人员；相反，具有初中及以下阶段毕业的从业人员年年递减。由此可见，整个教师队伍的学历水平呈逐步上升趋势。

同时，在幼儿园的准入环节，据 2017 年的一项调研表明，虽然大部分幼儿园在对幼儿教师学历的要求上强调大专学历就足够，但不少幼儿园在招聘的条件中，园所的档次对学历的要求突显了学历在幼儿教师行业中的重要性，不少幼儿园已经将招聘的要求提升到了本科甚至是研究生的层次。在学历上要求的同时，还有些幼儿园甚至要求应聘者拥有心理咨询师（员）、育婴师、蒙台梭利教师资格证等相关的职业技能证书。

3. 专业的进步

为促进幼儿园教师专业发展，建设高素质幼儿园教师队伍，根据《中华人民共和国教师法》，教育部 2012 年颁布出台了《幼儿园教师专业标准（试行）》（以下简称《专业标准》）。《专业标准》从幼儿教师的专业理论与师德、专业知识和专业能力三大方面对从业人员提出要求，成为开展保教活动的基本规范，是引领幼师专业发展的基本准则，也是幼儿园教师培养、准入、培训、考核等工作的重要依据。在《专业标准》的大力推行下，我国幼儿教师的专业性得到很大程度的提升。与此同时，教育部等部委从 2011 年开始做全国范围内的幼儿教师国家级培训（国培），计划 5 年时间为所有幼儿园教师提供进行一轮全面培训的机会。目前，在每年培训中，幼儿教师数量上不断攀升，培训内容不断翻新，培训形式上多样化，大大提高了幼儿园教师的专业水平，引领了幼儿教师的专业成长途径。

随着社会的前进，经济的发展，教育学和心理学的理论支撑得到前所未有的重视。儿童周边产品的研发逐渐成为经济发展的一个强有力的支撑。同时随着家庭经济收入的增加、个人素质的提高，社会及家庭对学前教育的认识逐渐全面，早期教育、胎教等与学前教育结合更加密切。

4. 师德的重视

教师道德是一个世界各国从古到今都普遍重视的话题，我们国家自古以来就很重视，留下了不少名篇佳句。这几年，随着市场经济的发展，行政机构监管不到位，教师本人法律道德意识淡薄，教师中出现了不少不堪人师的现象，严重破坏了教师这一职业的主体形象，教师职业道德越来越引起政府部门和社会的广泛重视。2013 年教育部颁布了《中小学教师资格定期注册暂行办法》（以下简称《办法》），中小学教师资格（含幼儿园教师）实行 5 年一周期的定期注册。《办法》中特别强调师德表现的重要性，违反《中小学教师职业道德规范》和师德考核评价标准的不予注册，不得从事教育教学工作。2016 年 3 月新修订的《幼儿园工作规程》中，将幼儿园培养目标由“体智德美全面发展”改为了“德智体美全面发展”，将对幼儿的品德教育放到了第一位，这也就意味着教师作为幼儿直接相关的品德的影响者和行为的示范者，就应该是一个有德行和操守的人。从 2016 年开始的全国幼儿教师资格证统一考试中，师德作为考试的重点模块，凸显出师德在教育教学中的重要地位和教育行政部门对师风示范的重视，教育部从 2017 年下半年启动对师范专业进行专业认证。师范专业不再直接拿到教师资格证，教育部教师工作司将从 2017 年开始对师范专业进行专业认证。认证优良的，经过一定程序，还可以颁发教师资格证；认证一般的，毕业生要参加资格考试；认证较差的取消资格。

**拓展阅读**

我们是教师，都是些普通的人，但我们从事着神圣的事业。我们每天面对着的是人，我们的学生，他们天真、可爱、充满生命的活力和幻想，他们对我们无限地信任和敬慕。一天又一天，一年又一年，在对话和交流中，他们求知，他们立志，他们成长，成为自立的个体，成为家庭的支柱，成为社会的栋梁。而我们每一个教师，除了岁月的流逝之外，没有失去任何东西，我们的知识在教学中更充实，我们的智慧在交流中更增长。我们付出了多少爱，得到的是更多的爱；我们对学生有多少理解，他们会给我们更多的理解。这就是我们最大的成就和幸福。但是，我们也经常困惑、烦恼，甚至痛苦。我们也经常遇到阻力、误解，甚至非难。正常的知识传承，往往变成机械的操练；坦诚的心灵交流，往往变成枯燥乏味的训诫，加上人事的纠纷、社会不良风气的侵袭，这些使我们的心灵失衡而不知所措。这些问题的解决，固然需要有相应的改革和时间，但如何直面这些问题并持一种积极的态度，确实是我们应当不断自省的。先辈、前辈和同辈中有不少楷模，为我们树立起精神的支柱，究其核心，那就是一种人之所以为人的精神，即人文精神。人文精神博大精深，但首先是爱，唯其有了爱，我们才能成为一个育人之人。我们爱祖国、爱同胞、爱亲人，当然也爱自己。我们爱科学、爱艺术、爱自然，但我们对教育和我们可爱的学生应该付出最多的爱。在爱的基础上，我们还要坚守和充实我们为师的一些基本观念：平等、真诚、守信、博学、崇德……这些是我们立足于世的根基，是我们生活的坐标，也是我们为人师表的基础。当然，作为知识分子，我们还要思考那些人生的基本问题：生与死、宇宙与人生、历史与现实、传统与变革、科学与人文、物质与精神、个人与集体、道德与审美……这些问题既推动我们又困惑我们，使我们始终处于不断思考和追求之中。

## 第二节 幼儿教师劳动的特点

### 一、幼儿教师的作用

徐特立老先生曾说过“幼儿教育是教育基础之基础”。幼儿教育是幼儿人生教育阶段的起始，幼儿的道德情操、行为言谈、行为习惯和意志品质的培养离不开幼儿园的启蒙。幼儿教育事关民族的繁荣和国家的昌盛，是整个国民人文素质体系的根基。

### （一）幼儿教师促进下一代健康成长

幼儿是社会的希望、国家和民族的未来。幼儿期是身体发育最迅速的时期，幼儿机体各组织器官还没有发育成熟，神经系统的机能处在不断发展和完善之中，免疫功能较差，他们缺乏自我保护和独立生活的能力，因此，幼儿教师首先担负和保护幼儿健康和成长的责任。教师要保护幼儿健康，根据幼儿身体发展的特点，照顾幼儿的日常生活，保护幼儿身体不受损伤，为幼儿创造最佳的生活条件，保证幼儿健康成长。要减少和杜绝幼儿教师的过失行为，为幼儿今后的发展打下良好的基础。因此，幼儿教师的工作关系到千家万户，直接影响着下一代的健康成长，其意义是不可低估的。

### （二）幼儿教师忠实地传递着人类文明

幼儿教师不仅担负着促进下一代健康成长的光荣任务，而且忠实地传递着人类的文化和文明，对人类社会的延续和发展起着桥梁作用。正如唐代学者韩愈所说："师者，所以传道受业解惑也。"任何社会，正是由于幼儿教师的传道、授业、解惑，才使人类长期积累的社会精神财富得以一代代相传并不断发展。虽然因时代和阶级的不同，传道、授业的内容有所不同，但仅从幼儿教师传递文化知识这一点来讲，其作用是任何社会不能缺少的。随着生产力的发展、社会的不断进步，人类对自然和社会的认识日益深刻，科学知识的门类和内容日益丰富，幼儿教师在促进儿童形成良好的学习态度、培养积极的学习习惯上的作用也愈加显著。因此，如果没有幼儿教师采用有效的方式方法让儿童在幼儿园形成很好的学习行为和习惯，儿童未来要在很短的时间内掌握人类积累下来的知识财富是一件相对比较困难的事情。

幼儿期是一个人获得知识、逐渐成长的启蒙时期，他们对生活的向往、对知识的渴求是那样的纯洁和执着。幼儿教师正是在这样美好的时刻，通过幼儿在幼儿园一日生活的各项活动打开他们学习知识的大门，撞击他们知识的火花，让幼儿把天真可爱活泼带到五彩缤纷的生活中去，而且还要逐步给幼儿获得新知识和新思想的勇气，萌发他们推动社会前进的思想。教师把人类积累的知识传授给幼儿的同时，又要发展他们的智力，使他们在将来的社会实践中创造新知识。如果没有教师所进行的知识传递工作，科学知识的继承就很难设想，也就不可能有今天这样高度发展的科学文化水平。

### （三）幼儿教师促进幼儿个性全面发展

幼儿教师的作用不仅是保护幼儿健康成长、传授现存的知识，更重要的是改变和培育他们，把他们改造成为社会所需的人。幼儿阶段是人生的奠基阶段，幼儿教育关系到一个人一生的发展。我们国家要求未来一代应在体、智、德、美诸方面得到发展，具有开拓创新精神，这一要求是通过教师来实现的。幼儿教师是年轻一代的启蒙教师，在幼儿成长中起着主导作用。幼儿是活生生的有思想、有感情的人，他们的心灵需要用幼儿教师的心去塑造。幼儿教师要按照教育目的，结合幼儿的年龄特点和身心发展水平，有目的、有计划地利用一切可以利用的外界条件，精心的选择加工和创造，使他们在体、智、德、美各方面都得到发展，为他们的一生打下最初的也是最重要的基础。幼儿身体的健康成长、智力的发展以及道德品质、行为习惯与个性的形成，都与教师的精心培养分不开，幼儿成长处处凝聚着幼儿教师的辛勤劳动。

### （四）幼儿教师是提高我国教育科学水平不可忽视的力量

幼儿教师理论来源于幼儿教育实践，幼儿园既是幼儿教育的阵地，也是科学研究的重要场所。为了使幼儿教育工作“面向现代化、面向未来”，必须加强幼儿教育的科学研究工作，提高幼儿教师的科学水平，建设中国特色的幼儿教育学。目前越来越多的幼儿教师承担了科研项目，取得了可喜的成果。在新形势下，许多新情况摆在幼儿教师面前，需要幼儿教师在工作中不断探索创新、反复实践、总结经验，为幼教事业的发展贡献力量。幼儿教育是我国教育事业的重要组成部分，祖国是花园，幼儿是花朵，教师则是辛勤的园丁。幼儿教师和所有的教师一样，通过直接培养人才，对社会的延续、发展和进步起着承前启后的作用，对推动科学发展与生产力水平的提高承担着重大责任。随着社会的发展，幼儿教师的作用愈加重要。

## 二、幼儿教师劳动的特点

清晨，幼儿教师忙碌的一天开始了。卫生工作、家长沟通、安全工作都在同一时间进行，主班老师和一名保育老师要带领孩子到操场上进行晨练活动，在注意安全的同时也要及时跟送孩子来园的家长进行交接，配班老师在 8 点之前必须就餐完毕，8：00—8：30 指导学生就餐并且陆续迎接来园的孩子。有个别孩子因特殊情况来得晚的要记得给孩子们留早餐，家长们交代的每一件事、每一个细节都要铭记在心，或者拿笔记录，以免遗漏。早餐完毕后是孩子们的区域游戏活动，在指导他们活动的同时要做好指导观察记录、个别教育和上课前的准备工作等。9：20—10：30 是课间操和户外活动时间，在户外要时刻注意安全和孩子们的身体状况，10：30—11：00 是集体教学时间，主班老师要提前熟悉教案、准备教具，与学生沟通交流，因此老师的休息时间都交给了学生，配班老师就坐在孩子旁边一边配教一边批改作业，或者写家园联系册、观察记录、做教具、环创等一系列工作，有时还要批改一些附加的作业，完成案头工作，如教养笔记、教学案例、观察笔记、幼儿成长故事、专题论题、活动记录表格等，有时这些工作不得不留到中午或晚上休息时间继续完成。11：30—12：00 便组织孩子们吃午餐，孩子们吃午餐时，老师们也轮流去办公室进餐。12：30—14：30 是老师中午休息时间，如果学校在中午时间召开教研活动或座谈会之类，中午休息时间就得泡汤了。14：30 后孩子们也该起床了，又要继续下午的课程活动，于是教师们又重复着上午的活儿，直到下午家长们把孩子接回家。然而孩子们回家了，老师的工作并没有结束，回到办公室或者房间，就要准备好明天要上的课的教案、教具、课件以及还没改完的作业，或处理班级未做完的事宜。尤其是在幼儿园要举办活动时，制订方案或制作课件、道具就需要一周或者更长时间才能完成。等结束办公时间已是晚上 10 点多甚至更晚，余下的时间才是老师们自由支配的时间，去计划自己的事情。一天下来最安心的时候莫过于回到房间里躺在床上，细想着这一天孩子们身上发生的点滴的进步，孩子们的欢声笑语，不知不觉进入梦乡。一觉到天亮，第二天新的战斗便又开始了！

这是一个省级公立幼儿园新入职老师记录的她在幼儿园的一日生活，给旁观者的第一感觉就是“忙”。其实幼儿园的工作，除了忙，还有很多别的与众不同之处，你觉得幼儿教师的劳动有何特点呢？

### （一）劳动对象的主动性和幼稚性

幼儿教师的劳动对象为 3 ～ 6 岁幼儿。这个时期的儿童对外界充满着好奇心，他们对万事万物充满着新鲜感，对问题会有打破砂锅问到底的韧劲，一件他不明白的事情非得搞明白才行。

每个幼儿都是独立的个体，都是正在发展的个体，是身心俱全、各种能力都在发展的完整的个体，他们有自己独特的性格、独特的爱好，有自己做出选择的能力和权利，能对外界事物进行主动的判断与反应。苏霍姆林斯基说：“最大的教育是学生的自我教育，让学生在亲自体验中感悟人生，从而逐渐完成由他律到自律的社会化过程。”这说明，在教育过程中，教育对象并不是消极被动地接受教师的影响，即使是 3 ～ 6 岁的幼儿，也可以通过自身的内部作用来主动选择和接受外界的影响，形成自己的认知结构，发展自己的思想感情。因此，作为幼儿教育工作者，幼儿教师必须了解、尊重幼儿，遵循幼儿的发展特点和水平，激发他们主动学习的动机和兴趣，提高幼儿主动学习的积极性。教师通过了解幼儿，对幼儿进行正确的引导，并在教育过程中不断调整教育的内容和方法，使教育工作取得更好的效果。

幼儿教师的劳动对象不仅具有主动性，还具有幼稚性，这是由幼儿年龄的特殊性决定的。由于幼儿的年龄特殊，无论是知识经验、生活经验还是思维想象，均尚未发展完善，对周围事物的认识充满了天真和幼稚的表现。因此，幼儿教师在劳动过程中，在与幼儿的互动中，更需要了解每个幼儿的个性特点和发展水平，这使得幼儿教师的劳动更为艰巨。

### （二）劳动任务的全面性和细致性

为了保证幼儿的全面发展，幼儿教师的劳动任务具有全面性。《幼儿园教育指导纲要（试行）》以下简称《纲要》指出，“幼儿园教育应当贯彻国家的教育方针，坚持保育与教育相结合的原则，对幼儿实施体、智、德、美诸方面全面发展的教育”，幼儿园教育的内容是广泛的，按照幼儿学习活动的范畴相对划分为健康、社会、科学、语言、艺术等五个方面（五大领域），各方面的内容都应包含知识技能、情感态度、活动方式方法等多方面的学习。幼儿教师对幼儿要全面负责，不仅要照顾他们的生活，指导体育锻炼活动，增进儿童的健康，做好保育工作；

而且要教育他们，既要教给他们知识和技能，发展他们的智力，又要培养他们良好的道德行为和习惯，实现全面发展的各项教育任务。为保证幼儿的全面发展，幼儿教师的各项任务要全面完成，不可偏废。

此外，幼儿教师的劳动任务还具有细致性的特点。由于幼儿的各种能力尚未发展完善，照顾自己的能力有限，幼儿独立生活能力比较差，无法独立生活和保障自身的安全。因此，幼儿在幼儿园生活和活动的期间，需要幼儿教师给予细心的照料和教育，才能使得幼儿健康成长。比如幼儿洗手时，要提醒或帮助幼儿卷起袖子；幼儿对外界的温度感知没有成年人强烈，教师需要随时按气温和活动量为幼儿增减衣服；幼儿的认知、智能，都是在教师的启发诱导下，激发他们对周围环境的兴趣和求知欲而发展起来的；幼儿的品德和行为习惯的形成也是在教师的具体示范、反复说明和提醒下逐步培养起来的。幼儿身体健康情况以及情绪有什么微小的变化，也都是在教师细心的观察下才发现并获得及时处理。幼儿教育工作是一项非常细致的工作。

### 案例分析　5 岁男童幼儿园午睡时发生意外

一个早上，5 岁的小万吃了一份糯米鸡外加一杯牛奶，就跟着妈妈去幼儿园了。

中午吃饭时候，林老师说小朋友不能浪费食物，一定要把饭菜吃完，小万是个乖孩子，老师说什么就是什么，于是大口大口把饭吃完了。12:10 的时候林老师就叫孩子们回去睡午觉了，唱完 3 首儿歌，林老师就要求小朋友要进入睡眠了，可林老师发现小万还在玩，还没睡，便呵斥了几声。

小万跟老师说他睡不着，肚子还饱饱的，可林老师却强迫他一定要睡，说小朋友一定要睡午觉，不然不会长高，在老师的威严下，小万趴着枕头最终进入睡眠。

下午 2 : 30 的时候，大部分小朋友已经睡醒了，陆续回到教室上课，林老师见到小万还没醒，以为是迟睡的原因，因此并未叫醒他。20 分钟后，林老师过去叫小万的时候，发现怎么叫都没有反应，于是上前摸他额头，才发现小万嘴唇发黑，嘴巴鼻子里都有黑色污物，已经停止了呼吸，随后两位老师合力把小万抬往医务室，不久又让司机开车送往医院，等去到医院抢救时，孩子已经抢救不回来了。

医生诊断：孩子午餐时，吃撑了，还没消化就直接入睡，导致小孩子因食物倒流，堵塞气管致死。医生的话直接让林老师瘫痪在地。最终园方承担了相应的责任，林老师的结局便是被解雇并赔偿。

这件事情的发生很大程度上与幼儿老师的不够细心有关系。幼儿园里的孩子的表现和平时的表现有差异，老师应该有敏锐的洞察力。值班老师对幼儿睡眠的个体差异必须细心了解，“对症下药”，用正确的心态去看待不同个性的孩子，根据幼儿不同的个性需要做出调整，仔细观察幼儿的动态，掌握幼儿的午睡情况。对晚睡早起，中午不想睡觉，精力还特充沛的幼儿，把孩子午睡时间推迟几分钟，允许他们在老师身边叠纸、看图书等，让兴奋神经系统慢慢平静下来，使周围安静的气氛勾起他的睡意，自然睡下。

在管理上也要做到程序上的细心，幼儿午睡时，教师必须来回检查，做到“一听”“二看”“三摸”“四做”。“一听”是听听幼儿的呼吸是否正常；“二看”就是看看幼儿的神态，严密注视幼儿的举动有无异常，发现问题，及时处理；“三摸”就是摸摸幼儿的额头温度；“四做”就是对个别踢被子的孩子要亲自为其盖好。

午睡期间，幼儿园要安排行政领导值班巡回检查，既检查值班老师是否认真值班，也对幼儿园孩子的午睡情况进行了解并做记录，好及时发现问题、处理问题，杜绝意外事故的发生。此外，还要及时建立幼儿午睡突发安全应急处理预案。

### （三）劳动过程的创造性

幼儿教师劳动过程的创造性是由其劳动对象的特殊性决定的。在很多职业的劳动过程中，其劳动的对象是没有生命的物品，他们可以按照一定的模式或统一的程序进行操作。然而，幼儿教师的劳动对象是人，是有意识、有生命的、灵活的个体，他们有着不同的兴趣爱好，独特的个性特征，不同的行为习惯和教育基础。而且，幼儿期是一个迅速发展变化的时期，幼儿的个性特征、兴趣爱好都随时可能随着个体的发展变化进行改变。正是由于幼儿的这些特殊性，加上社会的发展和教育理论的不断完善，使得幼儿教师的劳动过程变得相对多变和复杂，这就需要幼儿教师在劳动过程中能够做到灵活应变，根据幼儿的变化来不断调整自己的教育内容和教育方式，使得幼儿教师劳动过程具有更大的灵活性和创造性。

小思考

幼儿教师的劳动对象是有生命的，那该怎样用“生命性”来进行环境创设这样的劳动呢?

### （四）劳动手段的主体性和示范性

幼儿教师的劳动手段带有很大的主体性，主要体现在以下几个方面。

#### 1. 幼儿教师是教育活动的设计者

幼儿园教育活动是教师以多种形式有目的、有计划地引导幼儿生动、活泼、主动活动的教育过程。教育活动作为幼儿园教育的基本形式，幼儿园课程的实施载体，它是以儿童为主体的，在教师创设的以适合儿童身心发展需要和特点的多种形式的活动和与材料环境的互动过程中，引发儿童积极参与，主动探索并大胆表现，皆在促进儿童全面、健康、和谐、整体地发展。幼儿教师要根据幼儿的经验基础和发展特点，选择适合幼儿的教育内容，采取有效的教育方法和手段，设计合适的教育流程，让幼儿在德智体美各方面得到应有的发展。活动设计能力是幼儿教师素养的内容之一。

2. 幼儿教师是教育活动的组织者

从教育活动的开始到教育活动的延伸，幼儿教师要充分考虑各种教育因素，充分利用各种教育资源，协调各方面的关系，保证教育活动的顺利进行。

幼儿教师的劳动手段还具有示范性。教师的劳动是一种示范性劳动，是通过教师自身的形之于言与行的德识才学，展示教育内容的本质，把知识、技能、社会行为规范转化为学生的知识、才能、品行的。同时，因为向师性是这个年龄阶段孩子的主要特点，模仿是幼儿一个重要的学习方式，幼儿的智能很大一部分是通过直接模仿和感悟而获得的。幼儿对某个老师的喜爱和认同直接表现在自己的行为习惯上。在一个班老师爱穿裙子，她班上的幼儿也喜爱穿裙子。幼儿教师不能染发、染指甲、戴比较抢眼的首饰的原因也是出自于此。幼儿教师劳动的示范性体现在教育活动的各个方面，对于尚未发展成熟的幼儿有着至关重要的榜样作用。

### （五）劳动周期的长期性

幼儿教师劳动的长期性源自人在教育中发展的缓慢性。《管子·权修》中说："一年之计，莫如树谷；十年之计，莫如树木；百年之计，莫如树人。"这说明人才的培养不是一朝一夕的事情，需要长时间的积累和沉淀。它不像其他的行业，可以在短时间内能够见教育成效。而处于幼儿期的儿童，其认知能力和发展程度决定了他们无论是知识、技能还是情感态度价值观，都需要教师的长期培养和引导。教师对幼儿的影响不会随着幼儿学业的结束而消失，而是会在幼儿长期的实践中更趋于完善和成熟。教师劳动周期的长期性是教师劳动特性中最突出最明显的性质，这就要求教师要有坚定的信念和强烈的责任心，足够的耐心耐性，要忠诚和献身于教育事业，为国家的整体发展和学生的长远利益着想，克服急功近利的思想，相信学生、鼓励学生，以耐心细致、坚持不懈的精神，承担培养社会主义事业的建设者和接班人的职责。因此，为了幼儿身心全面发展，要求幼儿教师有坚韧不拔、锲而不舍的精神。

### （六）劳动效果的滞后性

幼儿教师劳动效果具有一定的滞后性，这是由于教师的教育行为和教育效果有着一定的时间差。在幼儿教育的过程中，教师对于幼儿的指导和引导，并不是都能立竿见影地显现出很好的效果，而是往往要通过长时间的累积和幼儿不断潜移默化的理解和接受，方能显现出一定的效果。例如，幼儿教师在教育过程中，培养幼儿良好的想象力、创造力以及良好的行为习惯，这些教育行为带来的效果有可能不能立马显现出来，而是可能在受教育者未来成长的过程中慢慢体现出来，或者说教师现在的教育劳动要在学生未来的即时情境中顿悟才会感受到教育的效果。

1978 年，75 位诺贝尔奖获得者在巴黎聚会的故事可以说明这一特性。当时人们对于诺贝尔奖获得者非常崇敬，有个记者问其中一位："在您的一生里，您认为最重要的东西是在哪所大学、哪所实验室里学到的呢？"这位白发苍苍的诺贝尔奖获得者平静地回答："是在幼儿园。"

记者感到非常惊奇，又问道：“为什么是在幼儿园呢？您认为您在幼儿园里学到了什么呢？”诺贝尔奖获得者微笑着回答：“在幼儿园里，我学会了很多很多。比如，把自己的东西分一半给小伙伴们；不是自己的东西不要拿；东西要放整齐；饭前要洗手；午饭后要休息；做了错事要表示歉意；学习要多思考，要仔细观察大自然。现在看来，我学到的全部东西就是这些。”所有在场的人对这位诺贝尔奖获得者的回答报以热烈的掌声。事实上，大多数科学家认为，他们终生所学到的最主要的东西，就是幼儿园老师教给他们的良好习惯。这位诺贝尔奖获得者回忆自己幼儿园时期学到的知识给自己带来的影响，就能很好地说明幼儿教师的劳动效果只有当受教育者走向社会，在实践中才能体察到，具有明显的滞后性。

## 三、幼儿教师的使命

### （一）作为普通人的教师

每个教师都是一个普通的人，实现人生价值是作为一个普通人的人生使命。什么样的人生最有价值？教师个人的人生目标在专业角色中间，扮演着非常重要的作用。教师个人是公正的，认真的，值得信任的，负起责任的，诚实和勇敢的人，还是为了个人利益撒谎和欺骗别人，或者冷淡冷酷地对待别人感受的人，这些对于教师完成他的职业使命有着至关重要的作用。教师自身所坚持的道德原则，为他们作为道德实践提供了基础。教师是一个处于存在状态的主体，拥有着双重的任务，教师职业道德是他自身道德原则和修养的实践，这些都是通过自身的行为表现出来，不管这些行为是否有意的。所以作为一个普通人的老师，他的使命应该是，在实现自己人生价值的过程中，应有良好的个性品质，这是教师道德责任的核心。

### （二）作为专业教育者的教师

教师是人类灵魂的工程师，承担着影响人培养人的神圣使命。传道者自己首先要明道、信道。幼儿教师面对着的是稚嫩的鲜活生命，作为孩子人生路途中最先接触的教育工作者，要坚持先受教育，努力成为先进思想文化的传播者、幼儿人生的导师，更好担起幼儿健康成长指导者和引路人的责任。孩子在其周围所看到和听到的内容对他们的道德影响是巨大的，幼儿教师要有高尚的师德师风，坚持教书和育人相统一，言传和身教相统一，潜心问道和关注社会相统一，以德立身、以德立学、以德施教，成为一个优秀的人民教师。

**拓展阅读**

美国国家年度教师评选是美国历史最悠久、声望最高的优秀教师评选，自 1952 年首次启动以来，这一评奖活动，至今已经连续举办了 63 届。美国各方面均认为自己优秀的公立学校教师，致力于教育儿童的伟大事业，理应得到各级政府及全社会广泛而且隆重的认可。美国最优秀的教师是什么样的？我国对教师的要求主要是师德、教学成绩和教研成果，而美国对教师的要求不仅包括师德和教学成绩，还包括带领学生从事学校社区社团的服务。在美国人的心目中，教师除了要肩负起教学育人的职责，还要成为公民的模范，通过对学生、同事、学校、社区、社团的服务，引导学生成为为他人和整个社会服务的良好公民。

天底下没有两个教师是一模一样的。优秀教师也是如此，不过他们又有许多显著的相同之处：①优秀教师有强烈的职业认同感，也就是我们通常所说的对教学育人有深切的爱。②优秀教师对教书育人有极大的投入，也就是我们通常所说的有激情，致力于奉献。③优秀教师必须对所有的学生都给予满满的关心和热情的帮助，不放弃任何一名学生，竭尽所能，让他们都在最大限度上发挥潜能，得到发展。④优秀教师积极创新教育教学的方式方法，以提高教育教学的质量，包括学生的考试分数。⑤优秀教师还是优秀的服务者，指导同事进行专业发展，帮助学校进行教育教学改革，作为公民服务自己所在的社区，作为会员服务自己所参与的专业协会组织。

优秀教师之所以伟大，其实并不是因为他们使学生的考试分数令人瞩目，尽管这的确是非常重要的，而是因为他们用火热的心温暖了每一个孩子的心，尤其是那些处于学业不利状况和受到家庭问题困扰的孩子，让孩子们切实感受到老师是一视同仁的。

## 四、幼儿教师的魅力

魅力包括一个人的外表和容貌，气质和风度，性格和内涵，人格和思想，学识和智慧。我们在幼教国培调研中发现，一个长期从事并热爱幼教的幼儿教师，普遍具有以下共同的魅力。

### （一）和蔼可亲，仪态端庄

一个富有魅力的幼儿教师，她不管幼儿教师的现实状况怎样，都深爱着这一份职业，对自己工作和职业有着一种神圣的使命感、责任感。她们举止大方，体态稳重、端正，能通过肢体语言表现出对幼儿的关爱。对待幼儿和他人和蔼可亲，语言甜美、温柔亲切，给人一种亲近感。她们装束自然优雅，气色明美，给幼儿自然美、亲切美、内在美的感觉，有活力和吸引力。这是一种自然而不造作的幼师之美。

### （二）能歌善舞，多才多艺

幼儿教师在职业能力上表现出比其他教师不同的是，她们既有渊博的知识和教书育人的能力，还在声乐、舞蹈、钢琴等技能技巧上发展全面。幼儿教师不但具有深厚的幼儿教育教学理论知识和过硬的专业知识，同时有广阔的视野和广博的相关学科知识，尤其是教育学、幼儿心理学、审美学、社会学等方面的知识，她们的教育教学情感丰富，畅达而生动，有趣而有效，能用科学的方法引导幼儿学习，达到预期的教育教学目标，深受幼儿的喜欢和家长的好评。幼儿教师的多才多艺使她们具有很强的综合素质和能力，在工作和生活中表现出的满满信心让她们散发着超群的魅力。

### （三）阳光灿烂，青春常在

幼儿教师因为长期和幼儿打交道，孩子的天真无邪、阳光活泼影响着老师的心境和心情，教师不必像与成年人打交道那样顾忌很多，教师对幼儿的热情、温和、宽容等都会得到幼儿积极的回应，教师对学生的无限关爱，用爱心赢取爱心，用真诚换得真诚，使得我们的教师青春永驻，充满着阳光和活力。

## 第三节 幼儿教师职业的性质、意义和地位

### 一、幼儿教师职业的性质

性质是指事物本身所具有的与其他事物不同的根本属性，幼儿教师职业的性质即幼儿教师这个职业所具有的特性。《中华人民共和国教师法》第一章第三条对教师概念进行了全面、科学的界定：教师是履行教育教学职责的专业人员，承担教书育人，培养社会主义事业建设者和接班人，提高民族素质的使命。这一界定包含了两个方面的内容：

第一，教师职业是一门专门职业，教师是专业人员。

教师是从事教育教学的专业人员，他的工作具有专业性，这是教师职业的基本性质。教师职业具有自己独特的职业要求和执业条件，有专门的培养制度和管理制度：

（1）教师专业既包括学科专业性，也包括教育专业性，国家对教师任职既有规定的学历标准，也有必要的教育知识、教育能力和职业道德要求；

（2）国家有教师教育的专门机构、专门教育内容和措施；

（3）国家有对教师资格和教师教育机构的认定制度和管理制度；

（4）教师的职业成长要通过比较长时间的专业训练，专业训练是他的一个基本内容。教师专业发展是一个持续不断的过程，教师专业化也是一个发展的概念，既是一种状态，又是一个不断深化的过程。

第二，教师是教育者，教师职业是促进个体社会化的职业。

（1）教师职业是以培养人、服务于社会为宗旨的。在个体社会化过程中，承担教化任务的是教师。他们根据一定社会的要求，向年轻一代传授人类长期积累的知识经验，规范他们的行为品格，塑造他们的价值观念，引导他们把外在的社会要求内化为个体的素质，实现个体的社

会化。我国教师承担者教书育人，培养社会主义事业建设者和接班人，提高民族素质的使命。

（2）教师在自己的专业范围内有一定的自主权力，如教育内容的选择权、教育时机的把握权等。

（3）教师有自己的专业团体作为自己专业引领的机构，如幼儿教师协会。

1966 年，联合国教科文组织在《关于教师地位的建议》中提出，教师工作应被视为一种专门职业，是一种要求教师需要经过严格的训练和持续的学习获得并保持专业知识和专门技能的职业。1993 年,《中华人民共和国教师法》指出 :“教师是履行教育教学职责的专业人员，承担教书育人，培养社会主义事业建设者和接班人，提高民族素质的使命。”这是我国第一次从法律角度确认了教师的专业性质。1985 年 1 月 21 日,第六届全国人大常委会第九次会议确定，每年 9 月 10 日为中国教师节。

从幼儿教师与儿童关系的性质上来看，同父母与孩子的关系相比，儿童具有明显的向师性，教师在儿童的心目中更具有权威地位，有时家长不能有效地说服儿童，只能采用告诉老师这样的方法让儿童臣服。因此教师对儿童的教导、要求更能激发儿童形成或改变自身观念和行为的动机，儿童更容易接受教师对自身观念和行为的要求。这也就不难解释为什么有些孩子在家里和在幼儿园的行为表现截然不同了。由于教师的权威地位，以及同伴交往中的角色意识，让儿童特别是年龄较小的儿童，更多地把教师作为模仿认同的对象。在这个意义上讲，教师的影响往往具有效力。从影响时间的角度上来看，绝大多数儿童在进入幼儿园以后，一周有五天在学校中度过，每天在学校与教师相处的时间有 5 到 8 个小时，如果每学年以 40 周计算，孩子在幼儿园小中大班，足足有 3000 ～ 4800 个小时与老师一起度过，在如此漫长的时间中，教师能够在多个方面对儿童的身心发展产生重要的影响。

从幼儿教师职业的性质来看，幼儿教师是中小学教师队伍中的一员，教师法赋予了她教师的基本性质。《标准》中指出 :“幼儿园教师是对幼儿实施保育和教育职责的专业人员，需具有特定的专业素质，具有良好的职业道德与态度、专业的教育知识和技能。”这肯定了幼儿教师职业同其他阶段教师一样，是从事教育的专业人员，具有专业性。第一，幼儿教师职业同其他阶段教师职业一样，是以培养人、服务于社会为宗旨的。第二，幼儿教师的形成要通过比较长时间的专业训练。第三，幼儿教师在自己的专业范围内有一定的自主权力，能够通过自己的专业性对教育教学活动进行判断和选择。第四，幼儿教师有自己的专业团体，从事幼儿教师职业要取得相应资格证书。第五，国家对幼儿教师职业有明确的专业标准。

## 二、幼儿教师职业的意义

教师是人类灵魂的工程师，是知识与文明的传播者。幼儿教师是在幼儿园履行职责、对幼儿身心施加特定影响的专业教育工作者，担负着培养社会主义事业的建设者和接班人、传播精神文明、提高全民族素质的历史使命。同时，幼儿教师职业的出现，为我国的家庭教育提供了强有力的引导和支持，为整个国民教育体系的发展奉献出了重要的力量。

### （一）幼儿教师职业对幼儿的意义

在现代社会中，幼儿教师成为除父母以外儿童发展的重要影响者，她所从事的是专业的工作，对儿童的影响具有目的性、计划性和系统性。

#### 1．幼儿教师能全面促进幼儿健康成长

幼儿教师的教育对象是 3 ～ 6 岁的幼儿，幼儿的成长，是儿童自身在生理和心理上不断变化和适应环境的过程，幼儿教师是幼儿成长历程中身心健康的保护者和教育者。

（1）幼儿教师是儿童情感发展和心理健康的促进者

幼儿的心理健康是指在幼儿园的一日生活中培养幼儿良好的情绪，注重健康、积极的情感培育；培养幼儿探索环境、适应社会的能力，同时还要培养幼儿良好的交往能力。教师在幼儿的学校生活中具有主导作用，是儿童情感依恋的重要对象，在儿童的情感世界中具有不可忽视的重要地位，在日常活动和师生交流互动中，教师是幼儿眼中的重要他人，具有突出的情感意义。儿童对自身、对学校和学习的情感体验在相当程度上受到其与教师关系的影响，儿童会由于教师的亲近、关怀、鼓励而高兴、自信、活跃，还会由于教师的疏远、冷淡而沮丧、自卑。儿童的心理健康与教师的关系密切相关，对于教师而言，最为关键的是面向全体儿童，在日常的教学活动组织中，在师生互动中为儿童营造关怀温暖，宽松和谐而富有知识性的心理环境，从而在根本上为儿童情感和心理健康提供有力保障。

（2）幼儿教师在儿童的身体健康中承担着保护作用

健康的生命是保证人体发展的物质基础，人要在社会上生存并求发展，首先必须有健康的体魄。幼儿期是一个人生命的起始，是幼儿开始生长发育的阶段，幼儿身体各器官、系统的机能尚未发育成熟、组织比较柔嫩，其物质基础还相当薄弱。同时，幼儿期又是生长发育十分迅速和旺盛的时期，此时正是开始塑造身体的关键、有效时期。而幼儿的体能如果任其自然发展，那么只会达到一般水平，将难以适应多变的自然环境和具有抵抗疾病的能力。健康是幼儿成才之根本，促进幼儿身体的健康发展乃是幼儿期的首要任务，它是实现幼儿全面和谐发展的基础和必要条件。孩子的健康不仅是个人最大的财富，也是一个民族、一个国家的最大财富。由于幼儿身体各组织器官尚未发育成熟，身体各机能处在不断发展和完善之中，他们缺乏自我保护和独立生活的能力。对幼儿的发展来说，身体健康始终是第一位的，是幼儿心理健康的基础。幼儿的健康是幼儿园工作的重中之重，教师有责任去为幼儿的健康发展服务。幼儿园教育者要全面、科学地锻炼幼儿身体，增强幼儿体质，并对各幼儿进行保护和促进幼儿自己身体和心理健康的教育，帮助幼儿形成对健康的正确认识和态度，且在生活实践中养成良好的行为习惯，为他们今后的健康和安全打下良好的基础。

《纲要》明确指出："幼儿园必须把保护幼儿的生命和促进幼儿的健康放在工作的首位。"针对幼儿发育迅速但远未完善的生理特点，天真纯洁但容易受到伤害的心理特点，活泼好动但自我保护能力欠缺的活动特点，我们应将幼儿健康教育置于幼儿园工作的首位。

从当前幼儿园体能常态教育来看，普遍存在下列四种现象：一是幼儿每天的户外活动基本能达到幼儿工作规程中规定的两小时，但体育活动远低于一小时，运动密度低，导致运动负荷不足；二是幼儿受过度保护却忽略了安全自护能力的培养；三是体育教学场地器材缺乏，自制体育器材开发不足，传统体育项目没得到很好的传承；四是家长基本能认识到体育活动的重要性，但是具体实施起来体育活动仍然处于被忽略的位置，导致体育锻炼在家难以坚持。在幼儿中普遍存在着体质较差，发病率相对较高的现象，特别是换季时，幼儿咳嗽、感冒、发烧等常见病较多，幼儿生长发育达标情况也不理想等。幼儿在五项体能测查中，也表现出动作协调性、柔韧性差，速度、耐力都不够，胆子较小等弱点，自护自控能力薄弱。因此，幼儿教师担负着保护幼儿身体健康成长、适应社会生活的责任。幼儿教师的工作关系到千家万户，直接影响着下一代的健康成长，其意义是不可低估的。

**2. 幼儿教师培育幼儿全面发展**

我国幼儿教育的基本出发点和任务就是对幼儿实施全面发展的教育，促进幼儿德、智、体、美全面发展。幼儿教师作为幼儿阶段全面发展教育的实施者，以幼儿身心发展的现实和可能为前提，结合幼儿的年龄特点和身心发展水平，有目的、有计划地对幼儿施以影响，使他们在德、智、体、美各方面全面和谐发展。幼儿身心的健康成长、智力的发展以及道德品质、行为习惯与个性的形成，都凝聚着幼儿教师的心血。

首先，幼儿教师应认识到自己在儿童认知和学习发展中起着组织引导和促进的作用。儿童的认知与发展的培养，主要是从间接地吸收人类已有的文明成果中来，教师的作用主要是根据儿童的特点，以适当的方式予以组织和引导，体现出儿童知识经验和能力发展组织者的作用。幼儿教师通过对儿童认知活动的指导，为儿童转化发展提供有效的支架，时刻起到引导和促进作用。在教师与儿童的交往过程中，教师同时也影响着儿童在学习动机、认知方式、认知策略等方面的发展。相反，如果教师过度地关注知识的记忆和大量重复的机械训练，缺乏支持与宽容，那么学习的内部动机也就会被抑制，学生也难以发展灵活创新的高水平人才具备的能力。

其次，教师对儿童的价值观与态度的形成和改变具有重要的影响。一方面，价值观和态度的养成，是教师对儿童进行全面发展教育的有机组成部分，无论是知识的传授还是能力的培养，情感的养成，或是行为的规范，实际上都是孩子对世界、对人生等方面的价值判断和态度取向。另一方面，幼儿教师的一言一行是儿童具体直接展示的榜样，教师通过言语和非言语的方式向儿童传递着自身认可的价值观及态度。教师在师生交往中所表现出来的对具体行为事件和好恶等的各种评价中，儿童可以感知教师的价值选择，以及教师对知识对学习，对工作对人对己的态度取向，为儿童所选择，从而使教师的价值观与态度转移为儿童自身价值观念的组成部分。

最后，幼儿教育对儿童个性与社会行为的发展日益受到重视，在师生互动过程中，学生不仅发展了对知识与学习，对自我对他人对社会的基本观念，而且形成了一定的个性品质和行为方式。一方面，教师对儿童的期望较大，教师的教导与评价，是儿童自我概念的重要来源。罗森塔尔效应体现了教师积极的期望，经由更具激励性的教导和评价，促进儿童认知和学业的提升，做儿童的重要他人。教师对儿童的态度方式和行为，通常成为儿童感知自身价值，评价自身发展水平和可能性的重要线索；另一方面，教师对儿童的态度和行为直接影响儿童在学习活动中与同伴交往的特点，在教师不同的领导风格下，儿童不仅在活动的积极性上，而且与同伴的交往行为和情绪等均不相同。专制型老师的领导风格，带来儿童的恶性竞争和消极情绪；放任型教师的领导风格，带来儿童的散漫无序和破坏行为；在民主型教师的领导风格影响下，儿童的主动性、活动性较强，工作认真尽责。

幼儿教师在儿童发展成长的过程中，既可以体现出积极的促进作用，也可以产生消极的阻碍作用，具有品行修养优秀、观念先进和教育行为科学的教师，无疑会成为儿童发展和成长的促进者，而品行和修养粗劣、观念落后、行为随意消极的幼儿教师则会是儿童发展的阻碍者，甚至成为一个危险的因素。

### （二）幼儿教师职业对家庭的意义

幼儿教师作为一种专门职业，受过专业化的教育，在幼儿教育教养方面具有较强的专业性，能够在一定层次上对幼儿的家庭教育提供强有力的引导和支持。首先，幼儿教师以专业者的身份和角色，帮助家长树立正确的儿童观、教育观；其次，幼儿教师以示范者、指导者的角色为家庭教育构建有效的平台，为家庭教育提供适宜的实施方法和策略，指导家庭教育正确有效地开展；最后，幼儿教师以合作者的角色，充分利用家庭教育资源，与家庭形成教育合力，共同促进幼儿的发展。

### （三）幼儿教师职业对社会的意义

幼儿教师不仅是幼儿身心健康成长的保育者、全面发展的教育者、家庭教育的指导者，还是将幼儿培养成社会主义接班人、振兴民族、完成历史使命的专业工作者，对民族的振兴、社会的发展、人类文化的传递，有着十分重要的意义。

#### 1. 幼儿教师是提高我国教育科学水平不可忽视的力量

《纲要》总则中明确指出：“幼儿教育是基础教育的重要组成部分，是我国学校教育和终身教育的奠基阶段。”幼儿教师和所有的教师一样，培养人才，推动科学的发展与生产力水平的提高。因此，提高幼儿教师的科学水平，是推动我国整体教育科学水平非常关键的一环。

幼儿教育也积极响应党和国家领导人的号召，大力加强幼儿教育的科学研究工作，提高幼儿教师的科学水平。随着《标准》的出台，越来越多的教育部门和幼儿园开始重视幼儿教师的培养，加强幼儿教师的职前职后培训，提高幼儿教师的教育科学水平。近年来，越来越多的幼儿教师对自己的专业发展有了更明确的方向，大量的幼儿教师开始主动提升自己的学历和业务水平，越来越多的幼儿教师开始参与科研项目，并取得了可喜的成果。在 21 世纪的今天，仍然需要幼儿教师在工作中不断探索创新、反复实践、总结经验，为我国教育科学水平的提升贡献一份力量。

**2. 幼儿教师传递着人类文化**

所谓："师者，所以传道、授业解惑也。"教师有着传递人类精神文明和物质文明的历史使命。作为广大教师队伍中的一员，幼儿教师不仅担负着促进下一代健康成长的光荣任务，也是人类文化的传递者。幼儿教育是我国教育的基础，向幼儿传递着人类最基本的知识、技能，影响着幼儿的终身发展。随着生产力的发展、社会的不断进步，人类对自然和社会的认识日益深刻，科学知识的门类和内容日益丰富，幼儿教师的作用也愈加显著。

## 三、幼儿教师的职业地位

幼儿教师的职业地位主要是指幼儿教师的社会地位，是其在整个社会职业体系中所处的位置。目前，幼儿教师职业的社会地位在不同的地区各有不同。华东师范大学的马和民教授指出，教师社会地位主要可以分解为四个指标：收入、权力、声望、专业，它们分别对应了经济地位、政治地位、文化地位和专业地位。目前，幼儿教师的社会地位整体来说还是比较低的。但随着我国社会政治经济的繁荣与发展，依法治国方略的推进，全社会已经认识到，振兴民族的希望在教育，振兴教育的希望在教师。首先，通过《教师法》和《教育法》为我国幼儿教师社会地位提供了基本的法律依据和充分的实施；其次，优质幼儿教师的稀缺性让整个社会意识到了幼儿教师的地位提升的重要性；最后，幼儿教师的奠基性工作对社会的作用越来越被全社会所认识，幼儿教师越来越受到党和国家的重视以及人民的尊敬。虽然当前幼儿教师的社会地位与我们的期待仍有一定的差距，但随着国家有关学前教育的相关文件逐步出台，有关政策的逐步落实，幼儿教师的收入、权利、声望、专业，都会在很大程度上得到提高。

幼儿教师的职业地位的提高同时也需要幼儿教师通过集体行动去获得，如果我们幼儿教师在教育教学过程中始终怀着一种鄙薄自己的心态：我就是一保姆，看孩子的，消极对待这份职业，最终你永远也脱离不了这种自己心理对自己投射下的职业阴影，在专业上不可能有任何的成长和建树。幼儿教师的职业地位，不但需要外围的环境的改变，如国家政策支持，园所重视，更需要的是我们能够有自己对自己职业价值的正确认同和理解，通过自身的努力去改善整个职业群体的生存境况。

# 第四节 幼儿教师职业之比较

**拓展阅读**

三个抄写员的故事

黎锦熙是我国著名的国学大师，民国头十年他在湖南办报，当时帮他誊写文稿的有三个人。

第一个抄写员沉默寡言，只是老老实实地抄写文稿，错字、别字也照抄不误，后来这个人终身不过是个小职员，一直默默无闻。

第二个抄写员则非常认真，对每份文稿都先进行认真仔细地检查然后才抄写。遇到错字、病句都要改正过来。后来，这个抄写员写了一首歌词，经聂耳谱曲后命名为《义勇军进行曲》，他就是田汉。

第三个抄写员则与众不同，他也仔细看每份文稿，同时积极地思考，认真地推敲，但他对那些观点惹人反感的文稿干脆不抄，更不屑于在枝节问题上纠缠。后来，这个人在历史上成就了一番大事业，他就是毛泽东。

启示：无论你干什么工作，工作都可以分四个层次：平平庸庸，浑浑噩噩，经常出差错；老老实实，按部就班，不越雷池一步；认认真真，主动积极地工作；用心思考，深思熟虑，有强烈的创造欲望和自信心。这是四个层次的工作和人生态度。不同的态度，自然就会有不同的人生结局。

小思考

有同学觉得做个幼儿教师不如小学和初中老师，仅仅是因为幼儿教师表面上工作简单吗？还是自身能力水平不能胜任或是没有认真审视自己这份职业的基本内涵？

幼儿教育是我国教育制度的基础阶段，与其他教育阶段有着十分密切的联系，同时也有着十分显著的区别。与幼儿教育联系最为密切和相近的教育阶段为小学教育，两者是相互衔接的两个教育阶段，幼儿阶段教育对受教育者的影响，直接关系着受教育者在小学教育阶段的表现。但是，由于两者所属教育阶段的不同，其教育性质、课程设置、教学方式等都有着很大的不同，幼儿教师与小学教师在一定程度上，也有着明显的区别。

## 一、幼儿教师承担的角色更加多元

幼儿教师担任着幼儿生活的照料者、知识的传授者、游戏的合作者等多元的角色。与小学教师最为明显的角色区别就是生活照料者的角色，这是因为幼儿教育的基本原则为“保教结合”，这就意味着幼儿教师首先应该承担的是保育者的角色，要像母亲一样悉心照顾幼儿的饮食、睡眠、冷暖、卫生等；同时也要承担守护者的角色，保障幼儿在室内户外活动时的安全。小学教师固然也会照顾儿童的生活，但其主要精力是放在课堂教学、批改作业和班级管理上。

## 二、幼儿教师知识、能力要求更加全面

当代学前教育对于幼儿教师知识、能力的要求更加全面，这是由幼儿园独特的课程模式决定的。幼儿园的课程设置分语言、健康、社会、艺术、科学五大领域，五大领域内容互相渗透，而小学教育阶段的学习内容有详细的分科。幼儿教师需要学习五大领域的知识和教学法，并以游戏活动的方式开展，使幼儿在快乐的体验中学习；小学教师主要学习和掌握其所承担学科的知识与教法。相比之下，幼儿教师的知识、能力要求更加全面。

## 三、幼儿教师需要更加耐心、细致

幼儿教育与小学教育的教育对象，都是身心正在发展的个体，都处在不成熟、不完善的阶段，都需要教师细心的照顾和耐心的教育。但相比之下，幼儿教育的教育对象更加具有不成熟性，更加缺乏自我保护的意识和独立生活的能力。因此，需要幼儿教师在与幼儿的交往过程中，更加耐心地教导每一个幼儿，更加细致地照料幼儿的生活。

## 四、男幼师群体逐渐成长发展

和中小学教师群体相比，长期以来，学前教育被理所当然地认为是女性专属的职业，这方天地成为女性的天下。但女性教师和男性教师在教育教学中对孩子的发展起到的作用是有所不同的。可喜的是，随着经济的发展和社会的进步，在我国，这一行业出现了越来越多男性幼儿教师，在幼儿园中直接从事学前教育相关的教育教学等工作。现在，有专业化的中国幼儿园男教师联盟网。2016 年 3 月，湖南省男性幼儿教师协会在湖南省政府机关附属第三幼儿园成立。

相对于女性幼儿教师，男幼师具有极大的优势，男幼师具有的坚强、勇敢、理性等特征，尤其在需要力量展示的时候，若缺少了男幼师，仅仅依靠女幼师，往往无法向孩子们展示出最直观的榜样作用。

相对于女性幼儿教师，男性幼儿教师的思维更敏捷，好奇心更强，兴趣广泛，特别是涉足数理化、史地生哲等学科，往往精于女性教师。这有利于拓展幼儿的视野，扩大幼儿的知识面，促进幼儿的发散性思维，培养孩子的动脑和动手能力。男性幼师的个性特点，表现为更自信，独立豁达，灵活和幽默。男幼师加入学前教育这一行业有利于培养幼儿勇敢独立、坚毅果断、

进取、冒险拼搏等优良品质，更对幼儿的性别意识形成方面产生积极的影响。男性幼师的心胸比较开阔、豁达，他们成为幼儿游戏的组织者和伙伴，可以帮助幼儿扩大社交范围，丰富社交内容，提高社交技能，从而使他们在交往中表现得更加活跃，主动和自信。

从我国的现状来看，虽然整个社会对男性从事幼教这一行业的认同程度有所增加，但男幼师在整个幼儿教师群体中所占比例仍然比较低。2016 年全国教育事业发展统计公报显示，2016 年我国学前教育教职工 248.997 万人，其中女性教职工 228.017 万人，占教职工总数的 91.57%；男性教职工只有 20.98 万人，占教职工总数的 8.43%；专任教师 147.92 万人，其中专任女教师 144.91 万人，比重为 97.97%，其中专任男教师 3.01 万人，比重为 2.03%。国外的统计数据表明，在多数的西方发达国家，男幼师的比例在 1% ～ 4% 范围浮动。综合国内外相关数据，我们了解到幼儿园男幼师的匮乏已经是全球性问题。另外，男幼师在我国还呈现出分布极不均衡的现象。男幼师主要分布在我国的南方地区，北方各地区分布较少。沿海经济比较发达地区分布较集中，而内陆地区的男幼师分布较分散。

## 本章小结

本章从发展的视角阐述了幼儿教师职业的与时俱进过程，并着重强调了幼儿教师这一职业在新时代下所赋予的新的特点，并将幼儿教师的职业作、劳动特点、历史使命进行了全面的展示，在与其他教师的横向比较中，突出了幼儿教师的职业性质、意义及地位。

## 课后思考

1. 课间说故事：我最喜欢的老师

第一部分：课后完成材料收集

（1）记录一位在你的成长历程中让你最受影响的一位老师，他的德行、教育策略、处世方法等。或记录所亲历的让你最受影响的某位老师处理某个教育事件的经过、结果；或在某位老师的引导下让你改变人生航向的一系列教育活动，你是怎样通过这一系列活动，认识自己、改变自己的；或记录一件让你感受最深刻的震撼力最强的发生在他人身上的教育片段，或者教育故事。

（2）请用记叙文体记录故事，并加以简单评论，说出你喜欢该老师的原因，具体到是哪些内在的品质还是外在的颜值或穿着打扮等因素让你如此喜欢。

第二部分：课间展示

（1）通过班委会进行评选，选出比较优秀的文章。

（2）将初选出的文章在班级 QQ 群进行展示，并投票，选出最具感染力的文章。

（3）将最具感染力的文章在班级课间进行现场展示。

第三部分：组织讨论

（1）总结学生最喜欢的老师的基本特点是什么？

（2）“厚德博学”是一个老师从教的基本要求，如何理解“厚”字的意思？你觉得应该从哪些方面去提高自身的德行修养才能做到“厚德”？

2. 故事收集

收集并学习2010—2017年全国教书育人幼儿教师楷模的故事，并总结他们对待学前教育的情怀特点，组织一次故事报告会，讲述他们的师德闪光点。

# 第二章

# 幼儿教师职业道德修养的职业理解

**知识结构图**

- 第二章 幼儿教师职业道德修养的职业理解
  - 第一节 道德与幼儿教师职业道德修养
    - 一、道德的起源
    - 二、道德的内涵
    - 三、道德的分类
    - 四、职业道德与教师职业道德
    - 五、幼儿教师职业道德修养
    - 六、幼儿教师职业道德修养的特点
    - 七、幼儿教师职业道德修养的目标
    - 八、幼儿教师职业道德修养与职业素养的关系
  - 第二节 法律视角下的幼儿教师职业道德修养
    - 一、幼儿教师职业道德修养的伦理价值
    - 二、幼儿教师职业道德修养与法律的关系
    - 三、幼儿教师应遵守的教育法律责任
    - 四、《中小学教师职业道德规范》解读
  - 第三节 文化视角下的幼儿教师职业道德修养
    - 一、道德与文化的关系
    - 二、教师职业道德与文化
    - 三、传统文化中的教师职业道德观
    - 四、美国教师的职业道德

## 导入案例

19世纪末美国纽约有位大将军，雇佣华人丁龙为仆，数年后辞退。后来该大将军不幸家中失火，身受罹难。丁龙闻讯后，返回照料伺候，大将军不胜感激，就问丁龙："我早将你辞退，为何自愿重返？"丁龙回答："家父早有明训，亲邻有难，必助之。"大将军听后又问："令尊是否读过孔孟圣贤书，有以教之？"丁龙说："家父乃草莽农民，不识字。"大将军继续问："令祖父必读过书？"丁龙回答："吾家世代皆未读过书，非书香子弟。"大将军听后惊叹不已。这样，丁龙在大将军身边又工作多年，后来辛劳成疾，临死前，他对大将军说："余多年来所获薪金未尝多用，悉数积存于此，有一万余元，不如奉还。"大将军大恸，遂又捐赠十余万元，在哥伦比亚大学设立"丁龙讲座"，以纪念这位目不识丁但集中国伦理道德于一身的一个普通的中国人，这个讲座至今仍在继续。

从这个故事，我们可以看出生活的过程与目的是什么呢？教育全部的意义究竟是为了什么？

## 本章学习要点

1. 理解幼儿教师职业道德修养的基本内涵及其特点、意义；
2. 理解幼儿教师职业道德修养与职业素养的区别与关系；
3. 掌握幼儿教师必知基本法律常识；
4. 掌握文化与幼儿教师职业道德的关系。

# 第一节 道德与幼儿教师职业道德修养

教师职业道德修养是道德规范在教师这一职业中的具体体现，指教师在从事教育劳动过程中形成的比较稳定的道德观念、行为规范和道德品质的总和。它是调节教师与他人、与集体及社会相互关系的行为准则，是一定社会对教师职业行为的基本要求与概括。它是在教育这一大环境的引导和作用下，教师自我形成、发展与完善的一种品质。

道德是教师职业道德理解的基础，只有正确地理解和运用道德的概念，才能全面和深入地把握师德的内涵和发展脉络。

## 一、道德的起源

道德这一词语在我们日常生活中常见到常听到，但什么是道德呢？却很少有人能说出一个所以然来。

一天，古希腊哲学家苏格拉底像往常一样，赤脚敞衫，来到市场上，突然，他一把拉住一个过路人说道：“我有一个问题不明白，向您请教。人人都说做一个有道德的人，但道德究竟是什么？”那个人回答道：“忠诚老实，不欺骗人。”

苏格拉底问：“您说道德是不能欺骗人的，但和敌人交战的时候，我军将士千方百计地去欺骗敌人，这能说不道德吗？”

答：“欺骗敌人是符合道德，但欺骗自己的人就不道德了。”

问：“和敌人作战时，我军被包围了，处境险恶。为了鼓舞士气，将领们欺骗士兵说：我们的援军就要到了，大家奋力突围。结果成功了。这种欺骗能说不道德吗？”

答：“那是战争中处于无奈才这样做的，我们日常生活中就不能这样。”

问：“我们常常会遇到这样的问题，儿子生病了，又不肯吃药，父亲骗儿子说那不是药，是一种十分好吃的东西，请问这也是不道德的吗？”

那人只好承认：“这种欺骗行为是道德的。”

苏格拉底又问：“不骗人是道德的，骗人也可以是道德。也就是说，道德不能用骗人不骗人来说明。究竟用什么来说明呢？您告诉我吧。”

那人只好说：“不知道道德就不能做到道德，知道了道德就是道德。”

苏格拉底高兴地说：“您真是位伟大的哲学家，您告诉了我道德就是关于道德的知识，使我明白了一个长期困惑的问题，我衷心地谢谢您。”

苏格拉底认为道德就是关于道德的知识，要做到有道德，首先要明白什么是道德。

道德，源自拉丁语 Mores，意思是指传统习惯和习俗。中国古代对道德的思考则可以追溯到殷商时期。在商朝出土的甲骨文中，已经有了“德”字，西周初期，人们已具有“明德”的思想。《尚书·康诰》说，“克明德”“德裕乃身”，何尊铭文上有“恭德”的记载。“明窻”具有修身正心、教化人民的意思，要求人们按照当时的规范去行事而有所得。在最早的典籍中，“道”与“德”是分开使用的，“道”表示事物运动和变化的规则，“德”表示对“道”的认识，践履而后有所得。

**小知识**

何尊，是中国西周早期一个名叫何的西周宗室贵族所作的祭器。1963 年出土于陕西省宝鸡市宝鸡县贾村镇（今宝鸡市陈仓区），收藏于中国宝鸡青铜器博物院。

尊内底铸有铭文 12 行、122 字，其中“宅兹中国”为“中国”一词最早的文字记载，记述的是成王继承武王遗志，营建东都成周之事。铭文上有“恭德”的记载。

先秦思想家老子所著的《道德经》一书对“道”与“德”有了明确的阐述。老子说：“道生之，德畜之，物形之，势成之。是以万物莫不尊道而贵德。道之尊，德之贵，夫莫之命而常自然。”其中“道”指自然运行与人世共通的真理；而“德”是指人世的德性、品行、王道。德的本义实为遵循道的规律来自身发展变化的事物。在当时道与德是两个概念，并无道德一词。“道德”二字连用始于荀子《劝学》篇：“故学至乎礼而止矣，夫是之谓道德之极。”

道德的形成与发展源于人类社会中个体自身生存和发展的需要。人类社会从产生之日起，就形成了“人与人”“人与社会”的复杂关系，其中的利益冲突不可避免地包含“人与人之间的矛盾”以及“个体与族群之间的抗争”。经过长时间的社会冲突与磨合，人类逐渐明智地创建出一系列解决这些矛盾和利益冲突的规则。人与人之间的道德正是在社会利益冲突中产生和发展，随着社会生产关系的日益复杂，道德规则不断创建和调整，以及人们对规则等不断对抗、适应和默认的过程中逐渐产生、稳定和发展的。道德的产生始于人类利益的纠纷，贯穿于利益的调整与均衡始终。道德就是协调个人与社会、个人与他人之间的利益关系，使其达到和谐与统一的基本工具。

道德源于人类的社会生产和生活实践，它是一定社会经济关系的产物，从这个意义上来说，不同的经济文化背景下的具体道德观念是不相同的。在同一个经济文化背景下的群体中，作为经济关系集中表现的利益关系直接决定一个时代、一个社会现实道德的原则与规范。如“奉献精神”在我国一直是一种美德，但在我国改革开放前，这是个体社会生活中自然存在的美德，改革开放后，变成了一种被要求的美德，这就是群体利益关系的转换所然。但从理性的高度来看，道德是在一定社会经济基础之上产生的一种社会意识形态。从产生条件的角度看，社会关系的形成和个体意识的产生是道德发生的前提。从道德形成和发展的现实动力来看，社会分工起到了举足轻重的作用。在复杂的社会关系和社会交往中，分工使个人利益与所有交往者的共同利益之间有可能发生矛盾冲突，而共同的利益又是需要共同维护的，因为只有存在共同利益，才使社会的分工、交往活动和社会管理成为可能。由于发生了个体利益与群体共同利益的矛盾冲突，因此产生了明确调整二者利益关系的自觉要求，从而逐步形成了特定历史时代人们所共同遵循的行为规则。从此，道德就开始履行自己调节利益的义务，服务于人类生活。

## 二、道德的内涵

究竟什么是道德？道是指特定社会调整人们之间及个体与社会之间关系的行为规范，是一种外在要求，具有社会性和他律性。德是个体修炼的效果，是一种内在状态，是个体之所得，具有个体性和自律性。在中国道德智慧的文化母体中，德与得是相通的。老子曰：“德者，得也。”“得”有两层含义：一是得“道”，即个体分享、获得了作为普遍生活原则的“道”，进而凝结为自己的“德性”。这揭示了“道”与“德”的关系。在这里，“德”便具有“内得于己，外施于人”之意。二是得于人之意，德是得的途径和方法，得是德的目的和指向。这就是德得相通，它指出了“得”与“德”的关系，并构成中国道德的元点精神。在中国道德发展史上，德得关系的实质就是义利关系。德者义也，得者利也。重义轻利是中国道德的价值取向，影响着包括师德在内所有道德内容的构建，如忘我、舍己等一直就是我国社会公德、职业道德、家庭道德中的美德。

道德作为一种社会意识形态，是社会的一种特殊的规范调节方式，这种特殊性首先表现在他对社会行为的调节具有非强制性。它不是通过国家特设的机构，使用强制性手段和方式发生作用，而是通过社会舆论、风俗习惯、内心信念、榜样感化、思想教育等对个体行为产生作用，从而达到广泛持久地调整人际关系的目的。

道德调节社会关系的第二个特性是自律性。强调个体自觉、内省。当外在的社会性规定一旦被个体内心所认同即内化为个体的道德准则，人们倾向于自觉地用这些规定来约束自己的行为时，执行了这些规定将给个体带来道德愉悦，而违背了这些规定则可能给个体造成发自内心的“良心”谴责。

道德对社会关系调节的第三个特性是节制性。这一特点体现在典型的义利之辩的古老命题中。就是说，道德要求个体在“利”上做出必要而合理的节制，社会提倡的是舍利取义的德性准则，以必要的自我利益的节制和牺牲为前提来调节个体与个体以及个体与群体之间的利益冲突。至此，我们发现了一个有趣的事实：道德因利益纠纷而产生，孕育于利益这个母体，但一味追逐个人利益又是和道德要求背道而驰的。

### 小知识　义利之辩

长期以来，中国人对“义利之辩”其实存在误解。误解有两个极端的表现：一是传统社会里那种羞于谈利益的风气。即使在今天，一些人说起“公益”“道德”，似乎就不能跟财富、商业有任何关系。这种观念常常让许多事做不成，人际关系也搞得十分扭曲。这种对于“义”的误解和迷信引起了一些人的反感，于是走向另一个极端，就是彻底地否定“重义轻利”的原则。这些人会认为现代社会就应该理直气壮地追求“利”,讲究“义”已经是过时的观念了。这种观念的后果则是人们为了“利”无所不用其极——在我们生活中，这样的例子已经多得不必列举了。我认为，这两种认识都是狭隘地理解了“义”和“利”，把“利”狭隘地等同于金钱、名声等好处，同时把“义”作为它的对立面。

笔者认为，所谓“义”，其实就是人们通常讲的“做好本职工作”或者“演好自己的角色”，就是中国人提倡的“本分”，也就是把心思放在自己的社会位置所要求的那些正当事务上面。这并没有排斥待遇、荣誉方面的考虑，因为世间绝大多数的工作，都是要有一定的财力物力做保障的，有些还需要有相当的体制资源和名分来做担保。以教师的工作为例，“义”就是专心于教学和科研工作。为了给学术工作一种超脱的地位和立场，我们当然可以并且应该去为自己争取比较体面的待遇——包括薪资、职称、头衔、荣誉、稿酬、项目费、讲课费，等等。如果所有这一切都是围绕着做好自己的工作，比如要用心地打磨自己的作品，提升讲课水平，以便更好地满足学生、学术界和社会公众的需要，这就是“义”;相反，当教师把待遇、名分等当成目的，而把教学科研工作当成手段、工具，这就是本末倒置了，说得严重些，就是“见利忘义”。

## 三、道德的分类

道德的分类方式根据分类角度有许多种，依据社会生活和社会活动来划分，道德可分为社会公德、职业道德和家庭道德三个层次。

社会公德即社会公共道德，简称“公德”，是指存在于社会群体中间的道德，是生活于社会中的人们为了群体的利益而约定俗成的应该做什么和不应该做什么的行为规范。在本质上是一个国家，一个民族或者一个群体，在历史长河中、在社会实践活动中积淀下来的道德准则、文化观念和思想传统。它对维系社会公共生活和调整人与人之间的关系具有重要作用。与“私德”相对，这里的“公德”是指与国家、组织、集体、民族、社会等有关的道德；而“私德”则指个人品德、作风、习惯以及个人私生活中的道德。如“倒地老人扶不扶”就成为当前社会广受议论的公德与私德的话题。

职业道德，指人们在职业生活中应遵循的基本道德，即一般社会道德在职业生活中的具体体现。它是职业品德、职业纪律、专业胜任能力及职业责任等的总称，属于自律范围。它通过公约、守则等对职业生活中的某些方面加以规范。不同的职业有不同的规范和要求，是与人的职业角色和职业行为相联系的一种高度社会化的角色道德，以责任、权力和利益为基础，是在工作中协调个体、群体与社会之间的关系的职业行为准则和规范系统。它是同人们的职业活动紧密联系的具有自身职业特征的道德准则和规范，是担任一定社会职业角色的个体和群体所应该自觉遵守的特殊道德。随着社会经济的发展，职业关系成为人类社会关系中的主体，职业道德便成为整个社会道德体系的重要组成部分。如医生的职业道德是治病救人，警察的职业道德是除害安良。

家庭道德，调整家庭成员之间关系的道德原则和规范。社会主义社会家庭道德的特点是以社会主义道德为指导，夫妻之间以诚相见，互敬互爱，尊敬长辈，赡养父母，抚养教育子女，邻里之间和睦相处。

## 四、职业道德与教师职业道德

职业是人类社会在劳动过程中的分工现象，是人们在社会生活中所从事的专门业务和对社会所承担的一定职责。不同的职业在其劳动过程中都有一定的操作规范性，这是保证职业活动的专业性要求。当不同职业在对外展现其服务时，又存在一个伦理范畴的规范性，即职业道德。

### （一）职业道德与教师职业道德

职业道德，就是同人们的职业活动紧密联系的符合职业特点所要求的道德准则、道德情操与道德品质的总和，它与人们的职业生活紧密相连。它既是对本职人员在职业活动中的行为标准和要求，同时又是职业对社会所负的道德责任与义务。职业道德是一般社会道德在职业生活中的特殊要求，在范围上具有有限性，内容上具有稳定性和连续性，形式上具有多样性等职业或行业特征。

遵守职业道德是从业之本，它是促使个人做好本职工作的前提，促进行业发展的基础，推动社会进步的动力，如三鹿奶粉事件，它的发生对中国的奶制品企业几乎是一场毁灭性的打击。与此相关，中国的奶农，以及整个产业链条，也面临了一场冰冷刺骨的寒冬。中国几十年发展起来的奶制品行业，面临毁于一旦的危险，无论是在国际还是国内市场，中国食品行业都遭遇了巨大的信誉损失和经济损失。

教师职业道德则是指教师在从事教育教学工作时所应遵循的行为规范和必备的品德总和。它从道义上规定了教师在教育教学过程中以什么样的思想、情感、态度和作风去对待他人，处理问题，做好工作，为社会尽职尽责。它是教师行业的特殊道德要求，是调整教师与学生、教师与教师、教师与学校领导、教师与学生家长以及教师与社会其他方面关系的行为准则，是一般社会道德在教师职业中的特殊体现。

教师必备的品德是指教师应具备的道德品质，一般称为教师的品格、品行、品性或德性。它是一定社会或一定阶级的道德原则、规范在教师思想和行为中的体现和凝结，是每个教师在一系列的道德行为中所表现出来的比较稳定的特征和倾向。它是教师教书育人、塑造完美人格的必要条件。教师个人品德是其职业道德修养达成的前提。任何一个勤勉、无私、尊重他人，为人正派的老师在职业生涯中同样也显示出崇高的职业操守。

小故事：我最难忘的老师

读中学时，我们学校条件特别差，初三都快一学期了，还没做过一次化学实验，因为没有仪器设备，每次上课都是看书凭空想象演示实验的过程。我们的化学老师很忧心，说娃儿们光看书不动手这样下去不成，不断地跑到校长办公室去跟校长要求买设备。经过一段时间的软磨硬泡，设备终于批下来运到学校了。化学老师在那天的化学课上把本来第一节课就应该上的《氧气制作》的设备搬到教室，给大家演示。在操作过程中，可能是氧气纯度问题，发生了爆炸，老师脸上划了道口子，并且流血了。同学们都很担心，但老师摸了一下伤口，呵呵一笑，“不用担心，小事，我们继续”。初中三年，那么多老师上了那么多课，我就记住了这位老师的这一节课。

根据这个故事，口述你生命中遇到过的恩师，总结让人一辈子难以忘记的老师的特质。

### （二）教师职业道德形成基础

教师职业道德是离不开一定的社会物质和文化基础的，它既要反映当时社会的经济基础和当时统治阶级的利益要求，受当时社会占统治地位的思想意识、道德原则和规范的影响，同时又必然要借鉴和吸收以往社会教师职业道德思想的合理因素和精华部分。教师教育教学过程中客观存在的各种利益关系是教师职业道德产生和形成的客观根据。我们可以从以下几个方面去分析教师职业道德的构成。

第一，教育教学实践是教师职业道德形成的客观基础。

利益是道德的基础，道德是利益的反映。教师职业道德同样是教育劳动实践中各种利益关系的反映。也就是说，教育劳动实践中客观存在的各种利益关系是教师职业道德产生和形成的客观根据。在教育劳动实践中，主要有以下几方面的利益：教师的个人利益、学生的个人利益、教师集体的利益和社会教育事业利益，即教师、学生、集体和社会彼此之间存在着密切的利益关系。尽管在不同的社会制度和教育制度下，这些利益关系的性质和状况有所不同，尽管随着人类文明的进步和社会教育的发展，这些利益关系的状况在不断改进和完善，但是，只要存在利益关系，利益矛盾和利益冲突就在所难免。这些冲突和矛盾有时是公开的，有时是隐蔽的；有时责任在这一方，有时责任在另一方。这些矛盾和冲突往往恶化教育劳动的条件，影响教师的威信和劳动情绪，影响教师劳动行为方式的选择和教育过程的顺利进行，从而最终影响着整个社会教育事业的发展。要保证教育劳动实践顺利而有效地进行，就需要有一些机制来调节各种利益关系和矛盾。虽然教育行政制度、各种奖惩措施等，在调节利益关系和矛盾、指导教师行为方面起着重要作用。但是，这些刻板的行政手段不可能迅速地、准确地反映出教育过程中随时产生着的各种难以预料的矛盾，因而难以及时地、有效地调节教育过程中的各种关系。

教育教学实践中的道德调节则是一种灵活、有效、时时处处都能起指导和监督作用的调节机制。这种道德调节机制既应当来自与教师劳动密切合作和交往的人，更应当来自教育活动的主体即教师自身。这种来自教师方面的道德调节机制就是教师职业道德。它通过对教师的思想和行为进行灵活的、内在的、自觉的引导和监督，从而实现对教育过程的调节作用。所以说教师职业道德是基于教育劳动中的利益关系、保证教育劳动顺利进行这一客观需要而产生和形成的。作为一种调节机制，它通过社会舆论和教师自我修养，特别是通过教师在内化职业道德基础上所形成的职业良心、职业理想、职业信念等更为根本的调节机制，来引导和支配教师在教育劳动中的行为，鼓励和支持他们采取有益于教育过程的行为，反对和阻止他们采取不利于教育过程的行为，与教育过程的其他参加者以及社会各方面建立起协调一致的良好关系，以便顺利地进行教育活动，完成教育任务，实现教育目的。

第二，生产关系和阶级利益的制约是教师职业道德形成的阶级基础。

马克思指出："物质生活的生产方式制约着整个社会生活、政治生活和精神生活的过程。不是人们的意识决定人们的存在，相反，是人们的社会存在决定人们的意识。"教师职业道德作为道德的一个部分，是一种社会意识现象，因此，它必然要受到一定社会生产关系的制约。正如马克思、恩格斯所指出的："支配物质生产资料的阶级，同时也支配着精神生产的资料，因此，那些没有精神生产资料的人的思想，一般是受统治阶级支配的。"教师职业道德是在教师职业劳动中形成的，但它又必然要置于统治阶级的思想意识、道德原则的制约和影响之下。因此，教师职业道德在阶级社会里总是带有一定程度的阶级性，反映一定阶级的利益要求，或者说，教师职业道德是一定社会统治阶级的道德原则和规范在教育领域中的具体体现，是当时社会占统治地位的思想意识、道德原则和规范与教育劳动特点相结合的产物。

第三，吸收和借鉴历史上优秀教师道德是教师职业道德形成的社会基础。

一定社会教师职业道德的建立和形成，一方面要反映当时社会的生产关系和统治阶级的利益要求；另一方面，又必然要充分借鉴和吸收历史上一切有价值的师德思想。在中外教育史上，许多思想家、教育家都曾提出过丰富的、有见识的师德思想，许多人还在他们的教育实践中树立了良好的师德榜样。例如，我国古代伟大的思想家、教育家孔子，就曾对教师职业道德有过深刻思考和系统论述。他所提出的"有教无类"、平等施教、对学生一视同仁的思想；以身作则、率先垂范、重"言教"更重"身教"的思想；热爱学生、乐于教诲的思想都是很有价值的师德思想。更为难能可贵的是，孔子不仅在理论上提出了这些思想，而且在自己的教育行为中贯彻了这些思想。再比如，被称为"教师的教师"的19世纪资产阶级教育家第斯多惠，非常重视教师的自我道德修养。他作为一个教师，他选择了把培养和教育的事业作为自己一生的使命。由于这一点，在一生中自我教育的任务就具有更加崇高的意义。他希望引导别人走正确的道路，激发别人对真和善的渴求，使别人的素质和能力得到最高的发展；因此他应当首先发展他本身的这些品质。第斯多惠还特别强调教师要具有崇高而坚定的事业信念。中外教育史上，还有许多其他的教育家，他们都曾对教师职业道德进行过深刻的思考和研究，他们所提出的师德思想，虽然不可避免地受着特定的时代和阶级的局限，但其中包含的合理成分和精华部分，以及他们在实际教育行为中所表现出来的师德精神，无疑是值得后来人继承和借鉴的。事实证明，任何社会教师职业道德的形成和发展，都离不开对历史上教师职业道德的批判继承。

综上所述，任何一个时代的教师职业道德，都是在教育劳动实践基础上产生，既受一定社会生产关系和阶级利益所制约而建立和发展，同时又是在批判继承历史上优秀教师道德遗产的基础上建立和发展的，这是教师职业道德形成和发展的一般规律。

## 五、幼儿教师职业道德修养

修养指人达一定水平高度的综合素质，通过个人修为，培养高尚的品质和正确的待人处世的态度，求取学识品德之充实完美，具有自主、自觉、内省等特征。概括起来包含两层含义：一是作“动词”时，修养是指幼儿教师在思想、政治、道德品质、知识技能等方面所进行的自我改造、自我磨炼、自我解剖、自我提高、自我教育等活动；二是作“名词”时，修养是指幼儿教师在长期的自我改造、自我磨炼、自我解剖、自我提高、自我教育等活动后在思想、政治、道德品质、知识技能等方面所达到的水平。

道德修养是指个人为实现一定的理想人格而在意识和行为方面进行的道德上的自我锻炼，以及由此达到的道德境界。道德修养是个体不断进行自我教育的过程。道德修养的实质是人们按照社会生活和社会道德的要求，对自己的道德意识和品质进行的自我改造和自我完善，是人们不断进行自我斗争的过程。不同社会、时代和阶级的道德修养有不同的目标、途径、内容和方法。道德修养是我国源远流长的历史传统，是公民道德的基本内容，是经济和社会发展的要求和原则。

幼儿教师职业道德修养，就是从事学前教育的人员在道德意识和道德行为方面的自我锻炼及自我改造中所形成的职业道德品质以及达到的职业道德境界。这是一种自律行为，关键在于“自我锻炼”和“自我改造”。本书采用职业道德修养而不是职业道德，是因为职业道德修养它更强调在职业行为中个人的修身养性，个人内涵的提升，而不仅仅是被动承受一种职业规范的约束，更重要的是把个人修养的发展作为一个人的基本要素去衡量。任何一个从业人员，职业道德素质的提高，一方面靠他律，即社会的培养和组织的教育；另一方面就取决于自己的主观努力，即自我修养。两个方面是缺一不可的，而且后者更加重要。

## 六、幼儿教师职业道德修养的特点

小故事：麻将

麻将可以谓之“国粹”，已成为流行的娱乐方式，人们在打麻将的时候还要来一点经济上的奖励和惩罚，并且随着大家生活水平的提高，这种惩罚和奖励也越来越大。受大环境影响，不少老师下课之余也参与其中，表面上当地居民并不拒绝老师们的参与，但暗地里却议论纷纷。久而久之，便传到了教育行政部门那里，行政部门觉得教师在课余时间不应该参与类似的活动。于是教育行政部门做出规定，要求教师在周一到周五的任何时间都不能参与打麻将。规定下发以后一些教师认为教育行政部门的要求，不近人情，他们说其他行业的人在 8 小时之外可以参与，为什么教师不能参与？他们认为，对于 8 小时工作之外的教师活动，教育行政部门不应该干涉。

通过这一个故事，你怎样看待教师职业道德与个人日常修养的联系与区别？

### （一）教师是一个有道德的人

道德有私德与公德之分。私德是私人生活中的道德规范，指个人品德、修为、作风、习惯以及个人生活中处理爱情、婚姻、家庭问题、邻里关系的道德规范。作为职业道德的师德在性质上是属于公德。但在世人看来，教师应该是在公德和私德上德行完美的人，师德的崇高性对教师个人的德行修养也提出了较高的要求，师德不再是一个单纯的公德问题，他会理解为教师的道德，涵盖着教师的个体道德层面的内容。现实中，教师也只是一个从事着普通工作的凡人，教师的个人道德是教师自我追求的一种道德，是私人的，脱离了校园这个环境，他可以境界不高，但一定要有基本的意识，得注意自己的言行在校园内就很可能演化成直接影响学生的道德成长的因素。

幼儿园教育是幼儿成长历程中学校教育的第一站，幼儿教师不仅要肩负起幼儿生活能力培养以及智力开发的重任，还要帮助幼儿树立正确、健康的道德意识，幼儿教师的个人德行和修养直接影响着幼儿身心的发展。幼儿教师要在幼儿园教育过程中帮助幼儿逐渐地形成社会性特征，帮助幼儿顺利地实现从自然人到社会人的初期转变，让幼儿在学习与游戏的过程中，逐渐形成良好的道德品质。

幼儿教师自身的道德水平对幼儿道德能力的形成会起到重要的熏陶作用，为了有效地实现教育的目标，就要求幼儿教师必须要拥有高尚的道德品质，并且具备自觉传播道德理念的行为意识，在开展幼儿教育工作的过程中时刻注意自身的角色定位，自觉维护职业道德，自觉地践行职业道德。

### （二）教师是一个道德的示范者

教师不仅要传授学生专业知识，而且要在各方面为学生做表率。我国的传统教育理论对于教师的职业道德做出了“学高为师，身正为范”的科学解释，阐述了教师在道德行为方面所发挥的示范作用。因为幼儿教师面对的教育对象是身心发展水平低，身体各个器官还不够成熟，辨别是非能力差但模仿能力极强的幼儿，因此，在整体教育的过程中，幼儿教师的职业道德会产生高度的示范性，这种榜样作用是其他教育手法所不能替代的。

学生有很强的向师性，他们认为老师是最值得尊敬和崇拜的人，他们会主动模仿老师的言行举止，老师的思想品德、生活习惯等都会潜移默化地熏陶和感染学生的性格和品质；他们觉得不能接受的老师，便会采取如撒谎、不愿上幼儿园等逃避的方式去应对，在一定程度上对幼儿的品德行为造成负面效果。教育学家第斯多惠认为，在学校教育中，一个教师最重要的行为就是师表，因为它是最直观和权威的，是学生现实生活中活生生的榜样。因此师范生在接受学校教育时，必须提高自身的职业道德水平。如果一位老师工作认真负责，关心孩子，平等对待每一个孩子，就能够赢得孩子的尊重；相反，如果老师工作态度消极，态度生硬，常常辱骂孩子，对孩子不能一视同仁，那么这位老师必定得不到学生的尊重。

### （三）生命理念下的师德修养

师德修养是教师这一职业的灵魂，也是教师这一职业的生命，体现在教师日常工作中，首先体现的是对幼儿的尊重，其次是幼儿教师对自身可持续发展的重视。

教师教育成功是其教育力量的源泉，这种成功是建立在对生命个体的尊重，体现在关注每一个儿童的成长。幼儿教师面对的是一群柔弱的孩童，对儿童的爱，是幼儿教师师德修养的生命体现。

首先，要尊重他们，从思想上、情感上尊重他们的人格，尊重他们的个性，要蹲下来和孩子寻求平等的对话，还要留一份纯真，要学会从孩子的角度去思考问题。如有的老师看到儿童的所作所为，没有完全按照自己的指令来进行，便大声地进行训斥，甚至进行体罚，这便是一种典型的对于儿童生命的不尊重。从精神的角度来说，我们要学会赏识孩子，要对教育对象永不放弃，尤其是对于特殊群体的关爱和期待，在幼儿园活动的组织过程中，教师应该以学生为主体，建立正确的儿童观和学生观，帮助学生去探索学习，学会合作。教师的主要任务是引导，倾听和支持学生的活动，将日常活动过程变成一个师生情感共荣，价值共享，共同成长，共同探索求知的，享受生命体验的完整的教学过程。

其次，教师自身是一个生命的成长过程，教师的师德修养立足于教师本身的生命成长过程。师德修养是教师职业及个人生存的基础，优良的师德修养是教师职业信心和职业发展的动力。我们不一定要求每一个教师师德高尚，但是我们必须要求每一个老师在工作的过程中必须具有人性的脉脉的温情，遵守最基本的教师职业道德守则。我们的工作不只是为了生存，而是为了自身的充实和发展，每一个教师不但要在日常的活动过程中学会反思和总结提高，同时也要不断地学会自我学习，养成读书的习惯，经常参加教育科研活动，参加各种教师培训，提高自己、充实自己，成为可持续发展的教师。

### （四）职业幸福感的源泉

教育是幸福的事业，教育过程本身就是追求幸福和创造幸福的过程。教师是专门与人的心灵世界打交道的人，是各种职业最直接感受到他人感情的人。教师的职业幸福感就来自于欣喜看到学生的成长、成才。

幼儿教师的职业幸福感源自教师在工作中物质环境和精神环境的称心如意，源自在工作中实现了自己的职业理想和目标，从而获得了物质和精神上的满足感。幼儿教师培养的是祖国未来的建设者和接班人，他们被誉为幼儿的第二任母亲，是托起明天太阳的人。幼儿教师拥有其他任何职业所无法享受的幸福。幼儿的爱、幼儿的天真无邪是幼儿教师职业幸福感的主要来源。因为他们面对的是一群天真烂漫的儿童，这是一片纯真的天地，交往的方式简单明了，交往的空间自由开放，你只要给孩子足够的爱心和耐心，孩子们必会回报你足够的热情，所以幼儿教师可以永葆青春活力。幼儿教师是在整个教师群体中最受学生喜爱和尊敬的。一个师德高尚的幼儿教师在方方面面都无不受到幼儿和他人的尊重和欢迎，让教师收获着人生和事业的幸福感。

## 七、幼儿教师职业道德修养的目标

中国社会有悠久的道德文化传统，从国家政治的宏观层面到百姓生活的微观层面，都有着深厚的道德浸染，伦理道德已深深地植根于人们的思想观念、思维方式、行为方式和生活方式之中，因此执教者的道德问题很容易成为社会大众所首先关注的焦点，甚至一些与道德没有关系或者没有直接关系的问题，有时候也被泛化为道德的问题，品德的问题。因为教师在社会文化生活中的特殊性，教师的道德，它是那样的神圣而又高不可攀。仿佛有着优良师德修养的老师，都是扎根于大山深处，家庭不顾，贫病交加，无私奉献不计报酬，累倒在讲台，惊天动地等样子。实际上，我们每一个老师，都只是一个普通的人，我们也需要有幸福的生活，所以，每一个老师，只要做好普通人应做的本分，遇见明天更好的自己，以自身成长引导学生，让教育成为一件美丽而幸福的事情。

作为一个幼儿教师，其职业道德目标是：

在职业情感上，坚定自己的职业信仰，树立崇高的职业道德理想和信念，常怀一颗敬畏之心，去面对一个个鲜活的生命，热爱教育事业、热爱学生；

在职业行为上，以科学的教育理论武装自己的头脑，形成正确的教育观、教学观、儿童观，尊重幼儿、信任幼儿，知法懂法，科学保教；

在个人修为上，勤于学习不断进取，善于自我调节情绪，保持心态的乐观，积极向上，用自己的爱心责任心，耐心和细心，促进每个幼儿的茁壮成长。

## 八、幼儿教师职业道德修养与职业素养的关系

职业道德原则、规范渗透到社会生活的各个方面，对人们的各个方面产生影响。人们在纷繁复杂的社会生活中，通过职业道德修养，可以从职业道德价值上确认自己的哪些思想和言行是应该的，哪些是不应该的，不断提高自己的职业道德认识能力，陶冶自己的道德情感，锻炼自己的职业道德意志，坚定自己的职业道德信念，从而对现实社会中出现的各种现象做出正确的道德判断和抉择，使自己的行为符合职业道德理想的要求，并在实践中磨炼成始终如一的职业道德习惯和职业道德行为，形成优秀的职业道德品质和高尚的职业道德人格，以不断适应社会发展提出的职业道德要求，促进个人的全面发展和自我完善。幼儿教师职业道德修养，更加注重的是老师个人的德行与在日常教育教学工作中所表现出来的职业道德品质，不但包括教师所拥有的中庸、自治、和善、温和、公正等方面的个人修为，还要有在日常工作中表现出来的对孩子的爱心、责任心。职业道德修养是一个教师个人私德与公德的完美结合。而职业素养偏重于教师职业能力方面，强调教师个人的素质和修养。两者都有教师的道德层面的要求，仅侧重点不同。

# 第二节 法律视角下的幼儿教师职业道德修养

## 一、幼儿教师职业道德修养的伦理价值

### （一）伦理和道德的区别与联系

伦理，作为关爱人的一种情怀，它侧重的是人身上这种情怀的发生与养成，最终演化为人的良好品质，道德就是用来特别表示在人身上养成的品质，所以我们习惯把道德称为道德品质，把人的优良品质也称为道德品质。当伦理表示现实和谐有序的人际关系时，它侧重人们如何行动才能建立起这种关系，一旦认识清楚之后，它就要求人们把这种规范固定下来，让人们去积极遵守，道德就表示人们认识到了这些规范，伦理与道德的关系如图 2-1 所示。

图 2–1　伦理与道德的关系

由此可见，伦理的概念大，道德的概念小，它们的关系是包含与被包含的关系，其中道德部分与伦理部分重合，这也就是有些情况下两者可以相通、互相替换的原因。其次，伦理侧重于从人的内在要素出发，强调人的认识和关心，具有浓厚的人道主义色彩；道德侧重于从人的外在条件出发，强调对人的规范和约束，具有浓厚的社会情结和强烈的理性色彩。再次，从个人与社会的关系来讲，伦理重点呵护人的心灵家园，给个人寻找心灵宁静与幸福的空间，道德信守社会集体利益，给社会集体寻找稳定和谐的次序。如教师心情不好，不关心幼儿，这是伦理问题；教师心情不好，将自己的坏心情发泄到孩子身上，就上升到了道德问题。

### （二）教师伦理与师德

教师伦理是教育伦理的重要范畴，与教师职业道德有明显的不同，教师制度伦理和教师德性伦理构成了教师伦理的全部内容，即伦理规范的要求和个人德行修养的统一。教育伦理是指教育主体与客体在教育实践活动中沟通和交流，从而明辨善恶的、指导教育主客体实践的规范体系，以及主体内化于心中的评价善恶的教育观念和教育精神。教师职业道德是指教师在教师职业生活中，调节和处理与事业、与学生、与同事、与社会、与集体等的关系时所应遵守的基本道德行为规范或准则，以及从中内化而成的道德观念或行为品质。教师制度伦理是指教师制度本身内蕴涵的教育伦理原则、道德追求和价值判断，以及对教师的道德要求与价值目标制度化的规则、规章、法规等的总称。

教师劳动是一种与人直接互动的劳动形式，需要为与其互动的人制造一种积极、愉悦、信任的情绪状态，教师在互动中要学会以适当的表情、语态和语气展示其恰如其分的情绪。教师

在工作中所遵守的职业道德准则，特别是我们今天提倡的儿童观、教育观、教学观，都体现了对人的尊重和关怀。

### （三）幼儿教师职业道德修养的伦理价值

伦理，从它的发展历程来说，就是指人身上具备的与品质相关的一系列素质和如何达到这些素质的正确行为，就是完善人的内在品质和外在做法。作为幼儿教师这一个职业品质中最核心的部分，就是对幼儿深深的爱，甚至更多时候是超过了师生关系的一种情感与精神。这就是教师职业伦理在教师职业道德修养中的深刻体现。

无论是在中国还是在西方，伦理强调的是人应具备的优良品质，一个人在社会关系中所处的地位，很多时候是由他的个人品格所决定，这也是构建和谐有序的人际关系的基础。幼儿教师职业道德修养更加侧重于个人的品质在职业行为中的良好展现，更加强调的是一个伦理的精神，而不仅仅只是一种道德行为的遵守。

伦理精神就是尊重人，关心人，爱护人，理解人，支持人，成就人，以人的本来面目来对待人，唤起人的主体意识，挖掘人的潜能，激发人的创造性，实现人的价值，让人健康生长，积极发展，幸福生活。这是幼儿教师在自己的日常教育行为中，面对柔弱的幼儿选择工作方式方法的思想基础。

如在户外活动中，有些幼儿喜欢独辟蹊径，不按照老师指定的规则去做，而是按照他们自己意愿去做想做的事情，玩滑滑梯时他们从滑滑梯底部往上爬，走独木桥时他们荡来荡去，这是一件存在安全隐患的事情。从教师职业道德的角度来讲，保护幼儿生命安全是幼儿教师的首要任务，老师们应该禁止，这是关爱孩子。但也有老师意识到了禁止之后他们偷偷去做更加危险，于是有老师就组织大家都统一去做，加强保护，满足幼儿的探索与猎奇心理，这也是关爱孩子。但后者就表现出了一种浓厚的伦理精神，也是教师职业道德的升华。

## 二、幼儿教师职业道德修养与法律的关系

我们国家是法治国家，提倡依法治国。法治国家倡导的是将法律作为至高无上的权力。在这种基本原则下，法律正式成为调控教育活动的最高权力行使者，这也是依法治教的真正意义所在。在全力建设法治社会的今天，在为实现依法治教而努力的今天，所有教育事业的从业者都应加大法律知识储备，秉持着法治的观念，为我国法治建设贡献出自己的一份力量。

法律是社会规则或社会契约的一种，通常指：由国家制定或认可，并由国家强制力（即军队、警察、法庭、监狱等）保证实施的，以规定当事人权利和义务为内容的，具有普遍约束力的社会规范。每一个幼儿教师要知法、懂法，能在自己的日常工作和生活中灵活运用法律法规维护自身权益，行使自己的权利，这就是幼儿教师的基本法律素养。

案例分析

某中心幼儿园刘老师现在很不开心，三天前，园长要她到省城参加幼教师资国培。她满怀欣喜来到培训班后才知道，原来她是在代替园长进行培训，也就意味着十来天培训结束后，她拿的结业证的署名是园长。她跟园长申诉，园长答复是，园里出钱送她来学习，获得了知识，送她来的人获得证书，合情合理。如果她不能将培训坚持完，来去的车费由刘老师自己负担。想着这个培训完了，结业证不是自己的，心理怎么也舒坦不了，如果不培训完就这么回去，这平白产生的往返千元的交通费不是让自己充当了一次冤大头。所以刘老师一直处于郁闷中。

如果你是刘老师，你觉得该怎么办才能有效维护自己的权益？你觉得这个园长说的合不合理？如果不合理，她的行为是道德问题还是法律问题？

## （一）道德与法律的关系

一个四岁的小孩在河边玩耍，不小心掉进河里，此时有一男子正在河里划船游玩，他只要伸出手就能把小孩救起，但是他认出小孩是自己仇人的儿子而没有去救，最后小孩因抢救无效而死亡。一位乡里来的老大爷第一次出城，因为不懂得交通规则而闯了红灯，被一辆奔驰而来的汽车撞飞，最终也不幸身亡。

在第一个案例中，由于男子的见死不救使得一个正处于蓓蕾的生命终结，这个男子除了受到人们道德上的谴责和可能自己良心上的斥责外，他还应不应该为此付出更大的代价呢？对于第二个案例，虽然悲剧是由于老大爷的过错造成的，但难道仅因为他的“无知”就要付出宝贵的生命且得不到任何规定性的补偿与关怀吗？难道“撞了就白撞”吗？法律就应该沉默？

法律是成文的道德，道德是内心的法律。道德在本质上是人类实践的一种评价方式，而人类的实践具有社会性的、制度性的特征，因此，道德更是属于法和国家制度的特征。通常认为法律有两大基本价值，一是追求社会和谐与秩序；二是追求公平与正义。它们构成了法律的内在生命。道德与法律一直以来就像两座丰碑捍卫着人类社会大厦。法律对社会中出现的恶行强力制裁，道德则对各种恶行进行深度挞伐，二者相辅相成、相互支撑，构成强大的社会规范力量。

真正的法律是符合道德的法律，其本质就内含着一定的道德因素。法律与道德同源，法律是对道德之支撑和扩张。“法律是以利益多元化和利益冲突普遍化为必要条件而在原始氏族制度的解体和私有制与阶级出现而形成的。”它以外显制度化的形式而存在，需要通过各种复杂的程序和外力来发挥作用，它在生成方式上具有建构性，在行为标准上具有确定性，在强制方式上具有他律性，在运行机制上具有秩序性，在解决方式上具有可诉性，因此是规范化、形式化、强制化、现实化了的道德。

法律与道德之价值取向和终极目标相同，道德是法律的评价标准和推动力量，正义是评价法的良善邪恶的最重要的标准，是社会法律信仰形成的道义基础。法律中的“诚信”“平等”“公序良俗”等原则也恰恰体现了法律的道德追求。古罗马时期罗马人就承认“诚信”是一种规范要素，“诚信”创造出一系列罗马的规则。

道德是以春风化雨润物无声的方式来约束着人们的行为，而法律不行，它要靠强制力，具有他律性。但是“强扭的瓜不甜”，不是发自内心地去遵守并不是真正的遵守，也并不能真正实现法律存在的目的。只有树立法律的权威，建立人们对法律的信仰，才是真正的法治之路。法律必须包含着道德的要求，道德原则作为法律所应该维持的底线而内化于法律中，并通过实践融入法律之中。也只有这样的法律才是真正的法律。

法律与道德的交叉与渗透，有两个重要表现：一是法律意识与道德观念具有同一属性而相互联系，二是法律规范与道德规范的调控范围有所重叠而相互包容。一般来说，凡是法律所禁止和制裁的行为，也是道德所禁止和谴责的行为；凡是法律所要求和鼓励的行为，也是道德所培养和倡导的行为。反言之，许多道德观念也体现在法律之中，许多道德问题也是可以诉求法律解决的问题。不过，从规范作用的范围来看，法律与道德对人们的行为有着不同层次的要求。前者一般只能规定最起码的行为要求，而后者可以解决人们精神生活和社会行为中更高层次的问题。例如，道德可以要求人们“毫不利己，专门利人”，而法律只能规定人们不许损人利己或损公肥私。

案例分析　船员吃人案——生死之间：法律如何面对道德挑战

1883 年，澳大利亚游船木樨草号从英国埃塞克斯前往悉尼，途中沉没，四个幸存者——船长杜德利、助手斯蒂芬、船员布鲁克斯和见习船员帕克——被困在一艘十三英尺长的救生艇上，全部食物只有两个罐头。在第 19 天，杜德利建议，以抽签的方式选出一个人被杀掉，让其他三人吃掉，以求生存。对此，布鲁克斯反对，斯蒂芬表示犹豫。而杜德利表示：无需犹豫了，帕克身体最弱又没有家人，他肯定先死。杜德利随后杀了帕克，他们三人以帕克的尸体为食撑着。四天后，他们被路过的法国帆船蒙堤祖麻号救起，蒙堤祖麻号进英国法尔茅各斯港短暂停留，杜德利、斯蒂芬和布鲁克斯以涉嫌故意杀人罪被逮捕收监。

（1）杜德利、斯蒂芬、布鲁克斯该被起诉吗?

（2）他们的行为构成紧急避险或正当防卫了吗?

（3）他们有罪还是无罪？如果有罪，他们的行为到底构成何种犯罪，是故意杀人罪还是侮辱尸体罪，抑或两者兼有?

（4）如果当时帕克同意牺牲自己，那他们还是属于犯罪吗?

### （二）幼儿教师职业法律素养

教育的政策、法律法规是规范幼儿园保育保教工作的准绳，同时也是处理有关意外事故的法律依据。法律法规知识是幼儿教师遵守法律、运用法律、维护法律和促进法律发展的前提条件。幼儿教师首先要知法、懂法，在此基础上才能做到以法为准，真正运用法律武器，维护自身合法权益，更能保证幼儿的身心健康。幼儿教师在职业中应具备的法律知识是其职业领域所必需的法律、法规知识的集合。

目前，幼儿教师队伍整体素质不高是制约学前教育发展的因素之一，其中，幼儿教师的职业法律素养更是亟待提高。幼儿教师职业法律素养的缺失，一方面造成很多侵犯幼儿合法权益的事件发生，另一方面幼儿教师自身也不能很好地利用法律武器维护自身的合法权益，造成了一些侵权的事件得不到合理的申诉和解决。近年来，随着新闻媒体和网络的发展，幼儿教师虐童事件、“喂药”事件，校园安全事故、工资拖欠、合同纠纷事件频频曝光，这些事件纷纷指向一个不容忽视的问题——幼儿教师职业法律素养的缺失。提高幼儿教师的职业法律素养是国家依法治教进程的需要，是学前教育进一步发展的需要，也是幼儿教师队伍素质建设的需要。

**1. 幼儿教师应具备的职业法律知识**

幼儿教师职业法律知识应该包含基础法律知识和专业法律知识两部分。

基础法律知识是指，幼儿教师应该了解法律最基本的知识。幼儿教师应具备的基础法律知识没有具体的纵向或横向划分，而是法律的基本入门知识，例如法律的渊源、概念、种类、价值，法律主客体关系及地位、权利义务关系，法律产生的过程、实施、救济和监督等。

专业法律知识在这里指具体的法律法规文件。按照法的渊源，其效力纵向来划分，幼儿教师的职业法律知识应涵盖宪法、法律、单行法、行政法规、地方性法规、规章中所有有关学前教育和幼儿教师工作的知识。除了教育法体系中涉及的法律文件，例如教育基本法《中华人民共和国教育法》，教育单行法《中华人民共和国教师法》《民办教育促进法》《中华人民共和国未成年人保护法》《中华人民共和国民办教育促进法》，教育行政法规中的《幼儿园管理条例》《教师资格条例》，地方性教育法规《湖南省学前教育条例》，以及教育规章《教育督导暂行规定》《幼儿园教育指导纲领》等，幼儿教师还应涉猎与其职业有交叉的相关法律知识。因为教育法的归属问题仍有争议，有的学者认为教育法属于行政法的范畴，有的学者认为是民法范畴，而在实际工作生活中，发生在幼儿园内的教育纠纷案，有的是按照行政诉讼方式处理，有的是按照民事诉讼途径处理。因此，幼儿教师的职业专业法律知识，也应该涉及一些民法、行政法等相关内容，比如《最高人民法院关于审理人身损害赔偿案件适用法律若干问题的解释》。

**2. 幼儿教师职业法律知识标准**

关于幼儿教师职业法律知识的标准，也从基础法律知识和专业法律知识两个角度来分析。幼儿教师的职业基础法律知识，是幼儿教师认识法律，知法、懂法的开端，要具备一定的法律素养，对法律应该有的最基本的了解都包含其中。因此，对于幼儿教师来说，这一部分的法律知识是必须掌握的。而对于幼儿教师的职业专业法律知识，是更加重要的，因为这些法律文件中规定的每一条内容，涉及幼儿教师职业生活的方方面面，是幼儿教师职业生活中一言一行的标准。具体来说，专业知识的每一部分，对幼儿教师掌握的要求也不尽相同。各级法律、法规按照效力依次降低，下级的法律是上级法律的进一步延伸和更详细的解读，因此，对于幼儿教师而言，知识的熟悉程度可以与法律、法规效力成正比。也就是说，最具权威性的法律、法规相对于具体的地方性法规、规章更应该被重视和牢记。下级法律、法规虽然详细，但因数量较多，内容也是上级法律、法规精神的延续，熟知上级法律、法规更有助于快速、有效地学习下级种种法律、法规知识。但这并不代表下级法律、法规并不重要，详细的法律文件是工作中最主要的指导性文件，应该重视。而《中华人民共和国民法总则》和《中华人民共和国刑法》(以下简称《刑法》)等其他法律内容，如果要幼儿教师全部掌握确实有些强人所难，但与学前教育的教育纠纷有交集的法律、法规文件还是应该稍加了解，一旦有纠纷发生，应该知道选择何种法律处理。

值得注意的是，对于不同的主体，要求掌握的知识程度是不同的。幼儿教师是一线工作者，与幼儿相处时间最长，对幼儿在园期间影响作用最大，同时，幼儿教师具备一定程度的法律素养，普遍接受过高等教育，因此，对幼儿教师法律知识储备的要求应该最高，他们应该掌握全面的法律知识，熟练程度也应较高。

**小知识　幼儿园教师应掌握的法律法规**

法律：

《中华人民共和国教育法》(以下简称《教育法》)

《中华人民共和国学位条例》

《中华人民共和国未成年人保护法》(以下简称《未成年人保护法》)

《中华人民共和国教师法》(以下简称《教师法》)

《中华人民共和国劳动法》

法规：

《幼儿园教育指导纲要(试行)》

《幼儿园工作规程》

《幼儿园教师专业标准(试行)》

《幼儿园管理条例》

《中小学幼儿园安全管理办法》

《3～6岁儿童学习与发展指南》

《幼儿园教师管理条例》

《幼儿园收费管理暂行办法》

《中小学教师职业道德规范》

《教师资格条例》

### 3. 幼儿教师应具备的法律素养

#### 案例分析

张老师，40 岁，某幼儿园的大班主班老师。一天，一名幼儿吴某在做集体活动时拿起体育器材玩闹并砸中一名幼儿头部，导致红肿。张老师发现后及时制止并呵斥吴某，并要求其向受伤幼儿道歉，随后在班级中点名批评。第二天，幼儿吴某的父亲来园后，不问青红皂白，冲进教室，对张老师大打出手，毫无防备的张老师被打倒在地，鼻口流血不已。吴某其父还扬言，若再欺负其儿子，要把所有老师教训一番。其他老师赶来时吴某其父已离去，而张老师被送往医院后鼻骨骨折，身上多处软骨组织受损。

如果你是张老师该怎么办？

（1）召集一帮人，跑到吴某家，狠狠教训吴某家长一顿，并要求赔偿医药费。

（2）忍气吞声，自认倒霉，自己掏医药费，并暗自下决心下次注意点。

（3）报警，让警察协同园方来处理。

幼儿教师法律素养是指幼儿教师在长期学习和实践中形成并内化的，在其职业中应具备的法律知识、法律观念以及法律能力。这里的幼儿教师指的是包括专业从事教育工作的教师，以及幼儿园保育员、行政工作教师、园长在内的各类幼儿园、早教中心等学前教育机构中的老师。

（1）法律意识

培养法律意识应做到学法、知法、守法和用法的统一，依法治国，建设社会主义法治国家，是我国治理国家的基本方略。在我国开始走上法治社会的时候，培养学生的“法治”意识，其意义重大而深远。法治要求有法可依、有法必依、执法必严、违法必究。在立法、执法、守法和法律监督的系统中，贯穿其始终的是“法律至上，依法办事”的意识。“法律至上”是指宪法和法律作为人民意志和利益的集中体现，拥有至高无上的权威。任何人任何组织，都必须遵守法律。任何人任何组织违背了法律，都必须受到法律的制裁。“依法办事”，对国家机关及其工作人员来说，切实做到有法必依、执法必严、违法必究；对公民来说，必须使自己的行为符合法律规定和要求。公民守法不仅是其实现民主权利的保障，还是其应尽的法律义务，也是其进行自我教育，自我改造，建设社会主义精神文明的有效措施之一。幼儿教师要成为具有德行兼备的高素质教育工作者，必须要有完善的法律体系作为发展的后盾，在法律体系还不完善的社会主义初级阶段，在社会的变革时期，更应重视法律教育，树立法律意识和法制观念，在今后的工作和生活中遵守“依法办事”的宗旨，做遵纪守法的模范。

（2）民主意识

民主是社会发展的必然产物，它既是一种观念，更是行动实践；既是国家形式，更是国家本质；既是人民权利，更是国家制度。在实施依法治国建设社会主义法治国家的今天，培养公民，特别是青年学生的民主意识，显得尤为重要。社会主义民主，除了国家制度的民主，还包括非国家制度的民主，这种民主扩展到了政治生活、经济生活、文化生活和社会生活的各个方面，具有广泛性。只有具备了正确的民主意识，才能辩证地看待民主与专政，民主与集中，民主与法律，自由和纪律的关系；真正认识到社会主义民主是公民进行自我教育的方法，是建立人与人之间平等关系的原则。深刻意识到没有民主就没有社会主义，没有社会主义现代化。反之，没有人民居于主人翁地位的社会主义法制，人民的民主、自由、人权就不可能真正实现。

（3）公民意识

公民是组成社会的细胞，具有独立和完整的人格和尊严。公民作为法律概念，意味着个人与国家存在一种固定的法律联系，它普遍地适用于国家的每一个成员。人民一旦具有公民身份，那种因身份关系造成的种种差别在法律面前就会消失。在我国，凡具有中华人民共和国国籍的人，都是我国公民，就平等地享有我国宪法和法律所规定的权利，承担相应的义务。

作为我国公民一员的幼儿教师有了公民意识，不但有利于形成年人民当家做主的观念，法律面前人人平等的观念，而且有利于正确判断是非，正确运用法律来行使公民权利和自觉履行公民义务，自觉做遵纪守法的公民。

（4）平等意识

平等作为人类的理想和现代化国家的政治原则是通过法律来体现和实现的。平等是指在一定的群体里人与人的地位完全处于同一标准和水平，在一般意义上意味着社会全体成员（包括团体和组织）同受法律保护和约束。《中华人民共和国宪法》明确规定，公民在法律面前一律平等，是指任何公民在适用法律和遵守法律上平等，其法定权利和义务都是平等的，都必须严格履行并予以保护，不存在高低贵贱之别。幼儿教师在树立平等意识时要特别注意，公民的平等权不是绝对的平均权，而是机会的平等。因此，真正的平等是指在法律规定的条件或情形下，应有相同的权利，不得有所歧视或享有特权。也就是说，只要社会向公民提供了同等的机会，便做到了平等。至于人们的行为，由于存在其天赋、才能和机遇等因素的差别，其结果是有差异的。如地域的差异造成受教育机会上的不平等。在社会主义市场经济条件下，只有树立了正确的平等观，才能以健康、平等的心态自主表达自己的意志，做出合理的选择，才能参加公平竞争，发挥聪明才能，推动社会进步。

（5）诚信意识

所谓诚信意识就是自觉按照市场经济制度中互惠原则办事，即在订约时诚实行事，不欺不诈；在订约后重视信用，自觉履行；在行使权利、履行义务时，主观上不损害国家、社会或者他人的利益，不希望、不放任自己的行为给国家、社会和他人造成损害；诚实守信，在不损害国家、社会或者他人利益的前提下追求自己的利益。

《论语·为政第二》言“人而无信，不知其可也”，指一个人不讲信用，真不知道怎么能行。诚实信用作为道德层面的一种操守，表现为公众对社会规则或人群之间约定规则的自觉遵循。纵观古今，横观中外，社会评价体系都极其注重诚信的培育，将诚信视为社会秩序得以维系的基本前提。同时，诚信又是民主法制社会中调整市场经济行为的重要原则，它也体现了社会主义道德规范的要求。市场经济体制下，诚信要求依法经营，规范交易。但是这只是市场主体应该承担的最低职业道德标准和法律义务，而蕴涵在具体的法律规范中，集中体现市场经济法律坚持的诚实信用原则才是每个市场参与者应该遵守和奉行的最高标准。所以，在我国正致力于建设社会主义市场经济的今天，每个幼儿教师具备诚实守信的观念和意识，对幼儿的行为发展和习惯养成就显得十分重要。

（6）权利义务意识

权利在本质上是国家对某种行为的许可和保障，是以国家的法律规定为前提，即由法律规定权利主体的资格和权利客体的范围，以及人们行使权利的方法、原则和保障权利的程序，没有相应的法律规定，就没有相应的权利及其实现。权利享有人在不违背有关法律规定的前提下，有是否做出某种行为的自主、自由意志。义务则是国家通过法律规定对人们某些行为的约束。

我们在树立权利和义务意识时，应注意到：第一，要认识到权利不是天赋的，而是国家赋予的，是国家法律规定的。第二，权利和义务是辩证统一的关系。它们相互对应、相互依存、相互转化、密不可分。任何一项权利都必然伴随着一个或几个保证其实现的义务；义务的存在是权利存在的前提，权利人要享受权利必须履行义务；法律关系中的同一人既是权利主体又是义务主体，权利人在一定条件下要承担义务，义务人在一定条件下要享受权利。权利和义务是一切法律规范、法律部门，甚至整个法律体系最为核心的内容。特别在处理国家、集体和个人的关系方面，不能过分强调国家、集体利益，只要求公民无限度地对其尽义务，而漠视个人的合法权益；同时，也不能片面强调个人利益，否定其应尽的义务，以损害国家、集体利益为代价而谋取个人利益。第三，必须在法律范围内正确地行使权利。在法治国家中，法律是权利和自由存在的基础。有了法律才有秩序，才有保证公民权利和自由的实现前提。因此任何一个民主国家都有这样的理念，即权利和自由是相对的、有限制的。

（7）契约意识

市场经济的关键在于市场，而市场的关键在于契约。在现代市场经济中，一切交换活动乃至分配活动，几乎都是通过契约来实现的，换句话说，离开了契约这种法律形式，市场经济尤其是现代市场经济就寸步难行。从身份到契约，这是从自然经济到市场经济的一个标志，契约是市场的必然产物，是商品经济发展的必然结果。契约本身具有法律的约束力，同时它也被国际惯例和国内法律所确认。帮助学生树立契约意识，使他们认识到，一旦订立了合同（即使是口头的）就要按合同约定的来办，要全面履行契约，不能随意反悔，不得单方面随意变更或者解除，如果违约要承担违约责任。同时订立契约时，要把自己的意愿充分表现出来，平等地与对方确定合同内容，最大限度利用这一合法形式来维护自己的合法权益。这对于他们走向社会以后，能够主动积极地去维护自己的合法权益，有十分重要的现实意义。如我们的毕业生在签署就业协议时就特别要注意，所签协议具备的法律效力，签之前要慎重，签之后不要轻易毁约。

（8）公平竞争意识

市场经济的正常运行和健康发展离不开公平竞争，竞争是市场实现优胜劣汰、优化资源配置的必要条件。没有竞争，市场参与者就失去了动力，市场就没有活力，就不成其为市场经济。因此在市场经济中竞争是不可避免的。我们不仅要鼓励学生增强竞争意识，更要引导他们树立公平竞争意识。公平竞争是指竞争主体，在竞争过程中，其行为遵循自愿、平等、公平、诚实信用原则和公认的道德标准的竞争。要做到公平竞争：其一，竞争行为和手段必须合法；其二，在竞争过程中不能以损害竞争对手和他人以及集体的合法权益为代价，否则就是不正当竞争。引导学生树立竞争意识，特别是公平竞争意识，对于他们走向社会以后，尽可能地发挥他们的聪明才智，为社会做贡献，实现自己的人生价值有十分重要的意义。

## 三、幼儿教师应遵守的教育法律责任

法律责任，就广义而言，它具有两方面的含义：一是指根据法律的规定，人们所应当履行的义务。它要求人们主动、自觉地履行，如赡养父母、抚养子女等。二是指行为人所实施的行为违反了有关法律规定而必须承担的法律后果。它是具有强制性的责任。前者为第一性义务，后者为第二性义务。

狭义上所讲的法律责任仅指后一种含义。所以我们通常对法律责任定义为：法律责任是由法律关系主体的违法行为引起的，应当由其依法承担的惩罚性法律后果。

教育法律责任是指行为人违反教育法律规范的行为所引起的，应当由其依法承担的惩罚性的法律后果。

### （一）违反《教育法》相关行为的法律责任

#### 1. 违反国家财政制度、财务制度，挪用、克扣教育经费的

案例：刘老师是某幼儿园的主班老师兼财务，主要工作是管理幼儿园的日常伙食开销。2015 年，股市大涨，刘老师利用供销商货款月底结算的便利，将手中当月的 10 万元公款投入股市，在第一波行情中就赚了 10 万元。于是，她采用拖欠的办法，将更多的货款挪用，参与到利润空间更大的贵金属和石油的炒作活动中。结果亏损严重，所投入的近 40 万元全部血本无归。

行为分析：刘老师这种行为属于挪用公款用于其他活动为自己谋取利益。这种违法行为主要表现为利用管理、经手或其他职务上的便利，挪用教育经费归个人或集体进行其他活动或非法活动等，克扣教育经费集体私分或为个人非法占有的，是贪污行为；违反有关规定，将教育经费挪作他用，无论是公用还是私用，都属于挪用行为。挪用教育经费数额较大不退还的，属贪污罪。

法律责任主体：主要包括各级政府的行政部门、学校、幼儿园及其企事业单位等社会组织，或者上述部门、组织的负责人以及其他经手、管理教育经费的人员。刘老师作为财务人员，是管理经费的第一责任人，所以是法律责任主体。

执法机关根据具体情节，应该对刘老师分别做如下处理：

（1）由上级机关责令限期归还被挪用的教育经费；

（2）对直接负责的主管人员和其他直接责任人员，由有关部门和单位依法给予行政处分。在认定和把握是否给予行政处分和给予何种行政处分中，适用《国家行政机关工作人员贪污贿赂行政处分暂行规定实施细则》；

（3）构成犯罪的，根据《刑法》和全国人大常委会《关于惩治贪污罪贿赂罪的补充规定》，由人民法院对行为人以贪污罪和挪用公款罪追究刑事责任。

**2. 扰乱教育秩序，破坏、侵占教育机构财产的法律责任**

（1）结伙斗殴、寻衅滋事、扰乱幼儿园教育教学秩序

案例：某镇黄某因怀疑在幼儿园工作的妻子与校车司机李某有不正当关系，几次带人来幼儿园吵闹，严重影响到幼儿园的正常教学秩序，后纠集另外两名男子在幼儿园对李某进行殴打，胁迫李某写下赔偿人民币 10 万元作为精神损失费。

行为分析：黄某等人构成敲诈勒索罪，因为黄某的初衷就是以李某与他妻子有不正当关系为由，从李某那里敲诈勒索一些钱财。黄某胁迫李某写下赔偿 10 万元精神损失费的协议，从黄某犯罪行为、犯罪事实看，他采取敲诈手段勒索李某钱财，具备敲诈勒索罪构成要件。

结伙斗殴、寻衅滋事、扰乱幼儿园教育教学秩序行为，主要表现在幼儿园内或周围结伙斗殴、寻衅滋事。所谓结伙斗殴，是指出于私仇宿怨、争霸一方或其他动机而成帮结伙地进行殴斗。所谓寻衅滋事，是指在幼儿园无事生非、肆意挑衅，起哄捣乱，进行破坏骚扰等。

幼儿园内部工作人员实施上述行为，一般是因与领导或同事之间闹矛盾、纠纷或者因对工资、待遇等方面不满引起的。其他单位的人员实施上述行为，有的是因为个人私怨，有的是因单位与学校及其他教育机构之间闹纠纷,还有的纯属无理取闹。扰乱教育秩序的行为违反了《教育法》《中华人民共和国治安管理处罚法》或《刑法》。

法律责任主体：主要是实施上述违法行为的公民个人，包括社会人员和幼儿园的工作人员或者是其他单位的直接责任人员。

执法机关根据情节轻重及危害结果，分别给予以下处理：

情节较轻，危害后果和影响不大，可由主管部门给予批评教育直至行政处分。

情节较重，致使幼儿园的教育教学秩序、工作秩序遭到严重破坏，影响恶劣，致使幼儿园的正常工作无法进行或者造成其他危害后果的，由当地公安机关给予治安管理处罚。

情节严重，构成犯罪的，由人民法院给予刑事制裁。

（2）破坏园舍、场地及其他财产

案例：周老师是某乡镇幼儿园的退休老师，但他退休了之后一直还在占用着幼儿园宿舍用来堆放杂物。幼儿园在几次通知周老师来园协商没有结果的情况下，园方将周老师所在的房间进行清理，安排其他老师入住。周老师知道以后，带领一行人，跑到幼儿园以园方破坏了他放

在房间的贵重物品为由要园方进行赔偿，园方不答应，周老师怒砸园长办公室，损坏计算机一台，办公桌椅一套。

行为分析：破坏园舍、场地及其他财产行为是指偷窃、抢夺或哄抢、毁坏幼儿园房屋、设备、教学器材或其他物资，使园舍、场地及其他财产的价值或使用价值部分或全部地丧失。情节较轻的，是一般违反治安管理行为，情节较重构成犯罪的，系故意毁坏财物罪。周老师的行为是属于毁坏幼儿园财产的行为，根据《中华人民共和国治安管理处罚法》第九条，园方可以对周老师加以起诉。

法律责任主体：主要是实施上述违法行为的公民个人。具体来说，与前一行为主体相同。执法机关及处理：根据情节轻重及危害后果，分别给予处理，具体执法机关及处理同前一行为所述。

3. 使用危险教育设施造成年人员伤亡或重大财产损失的法律责任

案例：2014 年 3 月 4 日 12 点多，信阳浉河区董家河镇驼店村百川亲子幼儿园房顶倒塌，13 名全托幼儿被覆没。附近群众和幼儿园人员紧急施救，在瓦砾中扒出 13 名孩子，送往医院。1 名孩子在途中死亡，3 名孩子受伤，9 名孩子无恙。浉河区经调查，查明百川亲子幼儿园系无证私自开设驼店村分园。该园系租用民房改建。改建中，该园园长余某擅自拆除两间房子中间的山墙，致使房顶失去依托，结构不稳，最终垮塌。浉河区决定依法拘留余某，检察院同时介入。

行为分析：使用危险房屋进行教育教学活动，违反了《教育法》，同时违反了《未成年人保护法》。明知园舍或教育教学设施有危险，而不采取措施，造成年人员伤亡或重大财产损失的，构成犯罪，属于教育设施重大安全事故罪。

犯罪的主观方面，是明知有危险，却放任或者轻信能够避免危害结果发生。

犯罪的客观方面，是责任主体的行为一般表现为严重不负责任，不履行或不正确履行职责，即不采取任何措施，听之任之，漠不关心，或者认为可以侥幸避免危险。主要情形有：（1）负责房屋维修及保育教育设施的购买、保管、维护的单位和人，不认真履行职责，发现隐患不及时报告或通知有关人员的；（2）设计、建筑园舍及设计、生产保育教育设施的单位及个人，在设计、建筑、生产过程中因设计失误、粗制滥造及偷工减料造成不安全的隐患，已发现、察觉有危险而不及时采取补救措施或故意隐瞒真相，欺骗幼儿园及有关人员的；（3）幼儿园的负责人、教师及其他员工，已经知道或发现园舍、教育教学设施不安全，可能发生危险事故，不及时报告或未采取有效措施进行预防和修缮的；（4）教育及其他有关主管部门、当地人民政府的有关负责人员、幼儿园的举办者，在得知有关事故隐患或险情报告后，推脱搪塞，久议不决或有其他玩忽职守及严重官僚主义的。该种犯罪行为破坏了幼儿园的正常保育教育活动，侵犯了受教育者的人身权利，使公共财产、国家和人民的利益造成重大损失。司法实践中造成年人员伤亡或者重大财产损失，一般是指：死亡一人以上或者重伤三人以上的；直接经济损失 5 万元以上的情形。

法律责任主体：该种犯罪行为的主体包括教育主管部门、基层人民政府、幼儿园的举办者、幼儿园的负责人或其他责任人员。

执法机关及处理：由人民法院对明知园舍或者保育教育设施有危险，而不采取措施或者不及时报告，致使发生重大伤亡事故的，对直接责任人，处三年以下有期徒刑或者拘役；后果特别严重的，处三年以上、七年以下有期徒刑。

### （二）违反《教师法》相关行为的法律责任

#### 1. 侮辱、殴打教师的法律责任行为

案例：据新闻媒体报道，2011 年 6 月 21 日 9 时许，某县公安局城区分局接到报警，称该县某幼儿园女教师齐某某被一幼儿家长殴打，起因是该家长怀疑老师逼自己的孩子吃吐出来的饭菜。民警立即赶到案发地点，并将违法行为人许某传唤至分局进行询问，随后受害人齐老师也赶到。民警通过受害人了解了简要案情后，让齐老师先到医院进行检查治疗。经侦查，事实清楚，证据充分，公安机关依法对违法行为人许某行政拘留。

行为分析：侮辱教师，是指公然贬低教师的人格，破坏教师的名誉。所谓"公然"，就是在众多的人面前，或者是在可能使众多的人知道的情况下进行的，包括网络空间、微博，微信、QQ 群等。公然侮辱并不一定要求被害人在场，关键是侮辱被害人的内容已被众多的人知道，从而使被害人的人格、名誉受到损害。侮辱的方式，一是行为侮辱，即对被害人施以一定的行为而使其人格、名誉受到损害，如强制被害人做出某些损害其自身人格或名誉的举动。二是言词侮辱，即对被害人进行嘲笑、辱骂而使其人格、名誉受到损害。三是图文侮辱，即以漫画、大小字报等图文形式对被害人进行侮辱。殴打教师，是以暴力方法侮辱教师，或故意非法伤害教师人身健康。在一般情况下，侮辱教师的行为可能会单独实施，而殴打教师的行为往往同侮辱教师的行为同时并存。侮辱、殴打教师是侵犯人身权利的违法行为。

法律责任主体：实施上述行为的公民个人。

执法机关及处理：对侮辱、殴打教师的，应根据不同情况，依法追究其相应的法律责任。

（1）对于国家机关工作人员或者企业事业组织、社会团体等社会组织的人员侮辱、殴打教师的，应由其所在单位给予相应的行政处分。

（2）对于违反《治安管理处罚条例》殴打教师，造成轻微伤害的；公然侮辱教师的，侵犯教师人身权利，尚不构成刑事处罚的，依照该条例的规定，由公安机关处以十五日以下拘留、二百元以下罚款或者警告。

（3）对于侮辱、殴打教师，造成损害的，应当依照《民法通则》的规定，由人民法院追究民事责任。其中造成年人身伤害的，应当赔偿医疗费、因误工减少的收入等费用；造成教师的姓名权、肖像权、名誉权、荣誉权受到损害的，应当停止侵害，恢复名誉，消除影响，道歉，并应赔偿相应的精神损失。

（4）对于侮辱、殴打教师，情节严重，构成犯罪的，由人民法院依法追究刑事责任。

2. 打击报复教师的法律责任

案例：某教师因幼儿园违规招生向教育行政部门反映，幼儿园园长受到上级主管部门的通报批评。接下来的三年，园长对待该老师处处刁难，想方设法排挤。最后编造无故缺勤的理由给该老师年终考核不合格。该老师提出申诉，教育局以没有权力干涉学校考核为由驳回。该老师便向当地教育局提出申诉。该老师对于考核不合格的事情正在申诉过程中时，幼儿园却以考核不合格为由终止劳动合同（没有提前30天告知）。

行为分析：申诉、控告、检举是教师的一项公民权利。对依法提出申诉、控告、检举的教师打击报复，是指国家工作人员、幼儿园和其他社会组织的负责人以及其他行使一定职权的人员，故意滥用自己的职权对申诉人、控告人、检举人实施报复陷害，致使他人的合法权益蒙受损害的违法行为。

法律责任主体：主要包括幼儿园负责人、教育行政部门工作人员及其他国家工作人员。

执法机关及处理：对打击报复教师的，由所在单位或上级机关责令其改正；情节严重的，由所在单位或上级机关根据具体情况给予行政处分。

对国家工作人员打击报复教师情节严重的，依照刑法规定，以报复陷害罪，处二年以下有期徒刑或者拘役；情节严重的，处二年以上、七年以下有期徒刑。

3. 拖欠教师工资的法律责任

案例：按照学制要求，小黄同学于2017年6月从师范学院毕业。2017年1月，根据学校顶岗实习的要求，跟某幼儿园签订了就业协议书，在签订实习协议上该幼儿园写明了实习期工资每个月为两千元。但到幼儿园工作一个月后，该幼儿园却以小黄同学还没有拿到毕业证为由不予发放每月的工资，声称将于拿到毕业证之后统一发放。小黄便提出辞职，要求领取当月工资。该幼儿园便以小黄没有履行协议为由，拒绝发放。

行为分析：拖欠教师工资，是指未按时、足额地支付教师的工资性报酬，包括基础工资、岗位职务工资、奖金、津贴和其他各种政府补贴等。有两种情况，一是地方人民政府违反有关法律规定，拖欠教师工资；二是违反国家财政制度、财务制度，因挪用国家财政用于教育的经费，拖欠教师工资。该案例中，幼儿园已经和小黄签署了就业协议书，已经属于幼儿园的合法教师，幼儿园必须按照协议要求给小黄按时结算工资。拖欠教师工资，是违反《教师法》、侵害教师合法权益的违法行为，不仅侵害了教师获取劳动报酬的基本权利，危及教师及其家庭的生计，还严重影响了教师队伍的稳定和保育教育工作的正常进行，损害了党和政府的威信。

法律责任主体：主要是地方人民政府或挪用教育经费的有关责任人员。

执法机关及处理：（1）对违反本法规定，拖欠教师工资的，无论是政府及其有关部门，还是学校及其他教育机构，无论是公办学校还是民办学校，均由地方人民政府责令其限期改正；当地政府拖欠的，由上一级人民政府责令其限期改正。

（2）对于违反国家财政制度、财务制度，挪用国家财政用于教育的经费，拖欠教师工资的，由上级机关责令限期归还挪用的经费，并根据具体情况对直接责任人员给予行政处分。情节严重，构成犯罪的，由人民法院追究刑事责任。

**4. 教师违反《教师法》的法律责任**

教师违反《教师法》应承担法律责任的情况主要有以下三种。

（1）故意不完成保育教育任务给保育教育工作造成损失的

教师明知自己的行为会给保育教育工作造成损失的后果，而放任这种后果的发生。这里所说的保育教育任务，是依照聘任合同的约定岗位职责所明确的教师应当完成的保育教育任务。幼儿园保教行为，包含法律上的作为和不作为两个方面的内容。保教人员在保教活动中必须依法履行自己的职责，如果不认真履行自己的职责就是不作为的行为，要对此后果承担责任。

（2）体罚幼儿，经教育不改的

体罚幼儿，是指教师以暴力的方法或以暴力相威胁，或以其他强制性的手段，侵害幼儿的身体或心理健康的侵权行为。教师偶尔有轻微体罚幼儿没有造成不良后果且经教育改正的，不视为构成此项违法行为。

（3）品行不良，影响恶劣的违法行为

品行不良，影响恶劣的违法行为指教师的人品或行为严重有悖社会公德和教师的职业道德，严重有损为人师表的形象和身份，在社会上和幼儿中产生恶劣影响的行为。

法律责任主体：造成事实违法行为的教师本人。

执法机关及处理：

幼儿园教师凡有上述三种违法行为之一的，按现行教师管理权限，由幼儿园或者教育部门分别给予行政处分或解聘。解聘包括解除岗位职务聘任合同，由幼儿园另行安排其他工作；也包括解除教师聘任合同，被解聘者另谋职业。

教师有上述三种违法行为中的后两种行为，情节严重构成犯罪的，由人民法院追究刑事责任。

教师有上述违法行为之一，对幼儿园和幼儿造成损失或损害的，还应当依照《民法通则》的有关规定赔偿损失，消除影响，恢复名誉。可由幼儿园或教育行政部门处理，也可由人民法院强制执行。

### （三）违反《幼儿园管理条例》行为的法律责任

《幼儿园管理条例》和《幼儿园工作规程》是政府加强对幼儿教育管理和指导的两个重要行政法规。它们是举办、管理和评估幼儿园的基本依据。《幼儿园管理条例》第五章第 27 条、第 28 条对违反该条例的下列几种行为规定了相应的法律责任：

（1）教育内容和方法违背幼儿教育规律，损害幼儿身心健康的；

（2）体罚或变相体罚幼儿的；

（3）使用有毒、有害物质制作教具、玩具的；

（4）克扣、挪用幼儿园经费的；

（5）侵占、破坏幼儿园园舍、设备的；

（6）干扰幼儿园正常工作秩序的。

其中，许多规定同《教育法》《教师法》是一致的，既违反该条例的行为同时违反了《教育法》和《教师法》，因此，这里不一一重复，下面仅举几个典型的案例，以加深印象。

### 案例分析 1

某市某区第三幼儿园为参加某小区楼盘开盘庆典活动，组织该园中班、大班幼儿排练舞蹈。每天在室外排练 3 个小时，排练期间不许幼儿小便，致使个别幼儿体力不适，直至晕倒。

幼儿园的保育和教育工作应当遵循幼儿身心发展规律，促进幼儿在德、智、体、美诸方面和谐发展。然而，该幼儿园组织幼儿排练舞蹈，并且用于商业行为，打乱了幼儿一日生活常规，违反了《幼儿园管理条例》第 16 条“幼儿园应当以游戏为基本活动形式”。幼儿园可以根据本园的实际，安排和选择教育内容与方法，但不得进行违背幼儿教育规律，有损于幼儿身心健康的活动，以及《幼儿园工作规程》第 17 条“不得限制幼儿大、小便的次数、时间”，第 21 条“幼儿园一日活动的组织应动静交替，注意幼儿的实践活动”的规定，故应根据《幼儿园管理条例》第 27 条“教育内容和方法违背幼儿教育规律，损害幼儿身心健康的”，“由教育行政部门视情节轻重，给予限期整顿、停止招生、停止办园的行政处罚”的规定处理。

### 案例分析 2

4 岁男童冬冬比较好动，常常不按照老师的要求活动，因此班主任陈老师一直都不喜欢他。2014 年 10 月 12 日，班里的小朋友都在一起玩玩具，冬冬与成成因为一部小汽车而争抢起来，冬冬将成成推倒在地，并将小汽车扔出了窗外。事后，陈老师将冬冬的小手绑住，将他放在教室里高高的柜子上，随即关上门离开教室。冬冬为了挣脱绳索，在扭动身体时不慎从柜子上掉下来，头部被摔成脑震荡，额头缝了三针。事后，冬冬的家长要求陈老师承担全部责任。

体罚、变相体罚或讽刺谩骂挖苦幼儿，都是违法的。变相体罚和侮辱人格的行为违反了《义务教育法》第十六条、《教师法》第三十七条、《未成年人保护法》第十三条和第十五条、《学生伤害事故处理办法》第九条和《幼儿园管理条例》第十七条中关于严禁体罚和变相体罚幼儿的规定，体罚幼儿是违法行为。本案中陈老师因为孩子淘气，就体罚幼儿，这种错误的做法严重侵害了孩子的人格尊严等人身权利。《未成年人保护法》第四十六条规定：“未成年人的合法权益受到侵害的，被侵害人或者其监护人有权要求有关主管部门处理，或者依法向人民法院提起诉讼。”第四十八条规定：“学校、幼儿园、托儿所的教职员对未成年学生和儿童实施体罚或者变相体罚，情节严重的，由其所在单位或者上级机关给予行政处分。”《教育行政处罚暂行实施办法》第十条规定，教育单位或个人侮辱、体罚或变相体罚学生的，由教育行政部门给予警告、1000元以下的罚款；经教育不改的，由所在学校或者教育行政部门给予行政处分或解聘；情节严重，构成犯罪的，由司法机关依法追究刑事责任。

对学校存在的教师违法行为究其原因：主要是立法不全、执法不严、普法不宽，教师要对这些原因有清醒的认识，以坚定的信心去推行依法执教，才能有效地预防违法行为的产生。

教师良好的职业道德修养是依法执教的基础和保障，教育法规仅是对教师行为的基本规范和从业条件要求，这是一种外在的强制力作用下的影响。幼儿教师需要具有较高的道德理性自觉水平，形成内心的道德自觉性，自觉地营造和谐美好的学校教育环境和公共秩序，遵纪守法，以做到依法执教。提高幼儿教师职业道德修养是依法执教的重要因素，师德能弥补教育法规的不足和缺陷，大量的教育教学活动要通过高尚的师德来调节补充，以形成良好的教学秩序和民主合作等良好的道德风尚。依法执教也能有效地对师德修养的建设起到良好的促进作用，是提升教师职业道德水平的保证。总之，依法执教和师德修养是紧密联系，相互渗透、相互补充、相互作用、相辅相成的。

## 四、《中小学教师职业道德规范》解读

改革开放以来，我国于1985年、1991年、1997年先后三次颁布和修订了《中小学教师职业道德规范》。现今我国社会经济和教育进入新的历史阶段，为适应时代发展的需要，2008年9月，教育部、中国教科文卫体工会全国委员会联合发布了重新修订的《中小学教师职业道德规范》。新《规范》基本内容有六条，体现了教师职业特点对师德的本质要求和时代特征。我国幼儿教师一直是中小学教师队伍的一员，国家也没有制定专门针对幼儿教师的职业道德规范，所以幼儿教师应认真遵守《中小学教师职业道德规范》(以下简称《规范》)的要求。

### (一)规范具体条文

**中小学教师职业道德规范**

**(2008年修订)**

**1. 爱国守法**

热爱祖国，热爱人民，拥护中国共产党领导，拥护社会主义。全面贯彻国家教育方针，自觉遵守教育法律法规，依法履行教师职责权利。不得有违背党和国家方针政策的言行。

**2. 爱岗敬业**

忠诚于人民教育事业，志存高远，勤恳敬业，甘为人梯，乐于奉献。对工作高度负责，认真备课上课，认真批改作业，认真辅导学生。不得敷衍塞责。

3. 关爱学生

关心爱护全体学生，尊重学生人格，平等公正对待学生。对学生严慈相济，做学生良师益友。保护学生安全，关心学生健康，维护学生权益。不讽刺、挖苦、歧视学生，不体罚或变相体罚学生。

4. 教书育人

遵循教育规律，实施素质教育。循循善诱，诲人不倦，因材施教。培养学生良好品行，激发学生创新精神，促进学生全面发展。不以分数作为评价学生的唯一标准。

5. 为人师表

坚守高尚情操，知荣明耻，严于律己，以身作则。衣着得体，语言规范，举止文明。关心集体，团结协作，尊重同事，尊重家长。作风正派，廉洁奉公。自觉抵制有偿家教，不利用职务之便谋取私利。

6. 终身学习

崇尚科学精神，树立终身学习理念，拓宽知识视野，更新知识结构。潜心钻研业务，勇于探索创新，不断提高专业素养和教育教学水平。

## （二）规范的核心内容解读

### 1.《规范》特点

《规范》的基本内容是在继承优秀师德传统的基础上，根据教师职业特定的责任与义务做出的，充分反映了新形势下经济、社会和教育发展对中小学教师应具有的道德品质和职业行为的最基本要求。《规范》对教师的职业道德起指导作用，是调节教师与学生、教师与教师、教师与学校、教师与国家、教师与社会相互关系的基本行为准则。

《规范》的许多内容是《教师法》等法律法规相关条文的具体化。但《规范》不是强制性的法律，而是教师行业性的纪律，是倡导性的要求，但同时具有广泛性、针对性和现实性。如新《规范》中写入"保护学生安全"，这是由中小学教师职业特点所决定的。中小学教师面对的是自我保护能力弱的儿童和少年。对于未成年人群体，教师应当负有保护的必要责任。

《规范》中的"禁行规定"是针对当前教师职业行为中存在的共性问题和突出问题，也是社会反映比较强烈的问题而提出的，如"不以分数作为评价学生的唯一标准""自觉抵制有偿家教"等，但"禁行规定"也并非包括了教师职业行为中存在的所有问题。一个阶段提出一些阶段性的、可操作的、具体化的要求，能够使学校和教师在教育教学过程中，明确要求，有规可依，有章可循，规范教师职业行为，不断提高师德水平。

### 2. 如何贯彻落实《规范》

（1）与教师队伍整体建设相结合。在把师德摆在首位，进一步加强和改进师德建设工作的同时，需要从完善教师资格准入制度、创新教师补充机制、深化教育人事制度改革、推进教师培养模式创新、加大对中小学教师培训的支持力度，努力改善教师的工作、学习、生活条件，调动广大教师的积极性、主动性、创造性，表彰宣传优秀教师先进事迹，鼓励和吸引优秀人才进入教师队伍等方面，采取有力措施，全面加强教师队伍建设。

（2）多方共同努力，互相配合。师德建设是一项社会系统工程，贯彻落实《规范》也需要多方整体参与，形成教育行政部门、学校齐抓共管，有关方面大力支持、社会有效监督的良好工作局面。

（3）在“实”字上下功夫。要制定实实在在的实施办法，形成制度、完善机制。

（4）强调自律。

**3.《规范》的核心内容解读**

《规范》共六条，体现了教师职业特点对师德的本质要求和时代特征，“爱”与“责任”是贯穿其中的核心和灵魂。

• “爱国守法”——教师职业的基本要求。

热爱祖国是每个公民，也是每个教师的神圣职责和义务。建设社会主义法治国家，是我国现代化建设的重要目标。要实现这一目标，需要每个社会成员知法守法，用法律来规范自己的行为，不做法律禁止的事情。

• “爱岗敬业”——教师职业的本质要求。

没有责任就办不好教育，没有感情就做不好教育工作。教师应始终牢记自己的神圣职责，志存高远，把个人的成长进步同社会主义伟大事业、同祖国的繁荣富强紧密联系在一起，并在深刻的社会变革和丰富的教育实践中履行自己的光荣职责。

• “关爱学生”——师德的灵魂。

亲其师，信其道。没有爱，就没有教育。教师必须关心爱护全体学生，尊重学生人格，平等公正对待学生。对学生严慈相济，做学生的良师益友。保护学生安全，关心学生健康，维护学生权益。

• “教书育人”——教师的天职。

教师必须遵循教育规律，实施素质教育。循循善诱，诲人不倦，因材施教。培养学生良好品行，激发学生创新精神，促进学生全面发展。不以分数作为评价学生的唯一标准。

• “为人师表”——教师职业的内在要求。

教师要坚守高尚情操，知荣明耻，严于律己，以身作则，在各个方面率先垂范，做学生的榜样，以自己的人格魅力和学识魅力教育影响学生。要关心集体，团结协作，尊重同事，尊重家长。作风正派，廉洁奉公。自觉抵制有偿家教，不利用职务之便谋取私利。

• “终身学习”——教师专业发展不竭的动力。

终身学习是时代发展的要求，也是教师职业特点所决定的。教师必须树立终身学习理念，拓宽知识视野，更新知识结构。潜心钻研业务，勇于探索创新，不断提高专业素养和教育教学水平。倡导“终身学习”就是要求教师做终身学习的表率。

终身学习是时代发展的要求，也是由教师职业特点所决定的。教师必须树立终身学习的理念，才能不断提高专业素养和教学水平。教师终身学习应涉及教师职业道德修养的养成、教师教育科研能力的发展、教师反思能力的培养以及现代信息技术的掌握。

## 第三节 文化视角下的幼儿教师职业道德修养

### 一、道德与文化的关系

道德与文化的关系是密不可分的。首先，文化可以通过影响人们的道德心理来提升人们的道德素质。文化作为一种隐形的力量，在潜移默化当中改变了人们的习性、气质。其次，道德对文化也能够起到一定影响作用。道德作为文化的重要组成部分，在文化的发展历程中，道德深刻地影响着文化的发展方向，充实、光大着文化。 接下来我们对这两者的关系进行详细的分析和探讨。

#### （一）文化

文化是一种社会现象，它是由人类长期创造形成的产物，同时又是一种历史现象，是人类社会与历史的积淀物。确切地说，文化是凝结在物质之中又游离于物质之外的，能够被传承的国家或民族的历史、地理、风土人情、传统习俗、生活方式、文学艺术、行为规范、思维方式、价值观念等，它是人类相互之间进行交流的普遍认可的一种能够传承的意识形态，是对客观世界感性上的知识与经验的升华。

文化是人类在社会历史发展过程中所创造的物质财富和精神财富的总和。幼儿教师资格证考试已将文化素养作为一个十分重要的考点。

#### （二）文化对道德的影响

文化发展的程度可以反映出社会发展的程度，也就是人类所达到的历史发展水平。从文化的涵义也可以看出，文化是人和自然界与社会统一的特殊表现，是个人创造力和才能发挥程度的体现。所以文化本身包含人们活动的对象及其可能产生的结果，其中就包括道德。文化和道德存在辩证关系，表现为文化包含和内蕴着道德，道德反过来也充实着文化，并对文化起到发扬光大的作用，即文化与道德互相交融、相互渗透。但是文化的发展同时也对道德有制约作用。

1. 文化对人的道德心理和道德人格的影响

道德心理本质是一种自责心理，长期的社会实践或者社会环境和舆论，会对人产生一定的道德观念，会令其懂得哪些事情是对的，哪些事情是错的，而且会受到其他人的谴责，自己因这些压力而产生自责，这就是道德心理。道德人格是从伦理学角度理解的人格，是指个体在一定的生理和心理素质基础上，在一定的社会历史条件下，通过社会实践活动形成和发展起来的比较稳定的行为倾向和生活态度。它是个体比较稳定的内在精神组织系统，支配和决定个体的道德行为，并通过个体的道德行为体现出来。

人类现实生活中，隐形的道德往往无处不在，在不同社会文化熏陶和影响下，人们往往形成正义感、羞耻感、荣誉感、良心，以及其他的道德品质，如伟大与渺小、崇高与卑鄙等。在不同的文化体系当中，人们形成了不同的思想、价值取向以及心理素质。因此，我们从一个人的道德人格的表现就可以看出这个人的文化修养素质如何。就是说什么样的文化造就什么样的人格。一个人如果接受了先进的文化教育，他的道德人格就越高尚，也就越能从庸俗的习气当中脱离出来。如苏格拉底所认为的“知识决定着行为，因为你不能想象一个人竟然会做他自己认为不正当的事情”。

不同区域、不同文化系统形成的道德规范也是不同的，其道德评价机制造成了不同地区人们的个性特征。比如英国的男子比其他国家的男子要绅士，而日本的女子则更具有牺牲精神。

文化产品内在地蕴涵着民族的智慧、品格、历史、灵魂和生命力，所以文化产品是文化的物质或精神载体。其对于社会和人们的影响也是或强或弱、无孔不入的。那么，理所当然的，文化产品具有“教化”的功能也是一定的了。通过这样的形式形成的文化氛围，大多折射着社会的心理和意识，渗透着浓郁的道德情怀。如鲁迅的《阿Q正传》，这是一本成功反映社会心理的小说，它不仅在当时，即便是现在也震撼着人们的心灵。价值观是道德的核心，不同的文化具有不同的价值观，因而产生不同的道德。文化的核心是文化价值观。文化价值观直接影响和决定着道德价值观。

小练习

观看《刮痧》这部电影，讨论不同区域、不同文化系统形成的道德规范的异同。

2. 文化对人们的习性和气质的影响

人之所以是人，道德也是关键。而文化能够改造人们的习性和气质，进而促进人们道德的进步和完善。唐朝时期，中国国力强盛，文化也异彩纷呈，大国文化的宽容精神吸收了世界各地的优秀文化，人们的精神面貌也是奋发向上、自信的。也只有在那样的条件下，在那样的氛围里才能形成那样的气质。我们现在的很多中国人是不自信的，不仅对自己不自信，对国家也没有自信，所以我们太需要国家的强大来改变这种局面。因此，我们在发展经济的同时也要促进文化大发展大繁荣。

## （三）道德对文化的反作用

道德并不是被动地接受着经济、政治、文化的改变而做出改变。在社会历史中，经济和政治做出的变化，文化也会在继承先前的文化成果的基础上做出应有的变化、发展。道德对文化也具有能动的作用，道德对文化的渗透和能动作用，表现在以下几个方面。

1. 道德深刻影响着文化的形成和发展

风俗习惯、价值观念、道德规范均属于人类精神文化的内容，道德在文化中属于深层次的方面，具有重要的价值目标。道德融合了人类文化中的精华，规范着人们的行为，在文化的形成过程中有着极为深刻的影响。比如，在中国云南和四川的摩梭族还保留着“走婚”的习俗，这种文化形式实质是母系氏族社会遗留下来的，继承了母系氏族的道德。

2. 文化氛围对社会道德规范的影响

中国古代很早开始便非常重视道德。商朝时期人们羡慕有“得”者，这个“得”后来逐渐演变为“德”，儒家思想成为占统治地位的思想后，便形成了中国“家国同构”的伦理主义政治，这种文化要求臣民的政治人格和道德人格合一。上至天子，下至黎民百姓无不以“孝”来约束自己，若有人做出不孝，甚至大逆不道的事，便会遭到世人的唾骂。在这样的政治文化背景下，家庭内部礼仪道德要求的是“孝”，“百善孝为先”，“父母在不远游，游必有方”，时时处处都要考虑是不是做到了“孝”。

通过文化产品来表现道德规范的例子举不胜举，尤其是文学艺术，道德规范为其提供了无限广阔的活动平台。譬如说文学，它被公认为“人学”，就是因为它所表现的对象和服务的对象都是以“人”为中心的，惩恶扬善、创美拒丑、斥假求真，始终是它的内在良知和追求。这样，文学就潜移默化地处在了感染人们道德、情操、品质的先锋位置上。其他的文化产品，如音乐、舞蹈、戏剧、绘画、雕塑、电影、电视等，也无不起着相同或相似的功能。所以，丰富多彩的文化产品是满足人们日常生活情感释放、道德诉求和精神需要不可或缺的东西。

3. 道德的职能对文化的发展产生影响

道德的调节职能、价值取向职能可以激励或抑制文化某一层面的发展。道德的调节功能是指道德能够通过评价、命令、指导、激励、惩罚等方式来调节、规范人们的行为，调节社会关系，使道德关系逐步由实有向应有过渡。古希腊推崇智慧的道德价值取向催发了科学文化的发展。苏格拉底提出“知识即美德”。这种思想认识推动自然科学的发展，为古希腊文明注入鲜活的动力。而在中国却没能形成西方这样促进科学大发展的思想，儒家学说成为正统学说后，强调修身，注重个人德行的修成，尤其发展到了魏晋玄学、宋明理学，推崇礼教、压抑人的个性。

4. 道德文化是人类精神文化的重要组成部分

道德在人类的社会中并不是独立存在的，它还潜藏在其他的文化形式中。中国是礼仪之邦，自古以来人们就很重视礼仪，孔子是其中的代表，主张“克己复礼”。不论是晚辈对长辈的恭敬，还是夫妻的相处之道，无不体现着道德文化。

道德观念反映了地域风俗习惯，如中国农民的勤劳质朴，欧美商人的诚实守信。随着社会的发展，内化了的道德作为人们的心理世界，在维护礼仪、风俗习惯方面起到了重要的作用，它保证了社会向善的方向发展，保护了人们的精神独立。

道德水平也体现着一个民族的基本素质，反映着一个社会的文明程度，加强道德建设，是提高国家文明素质的一项基础性工程。民族凝聚力又是一个国家文化软实力的重要标志，换言之，加强道德建设、提升国民素质、增强民族的凝聚力对提升文化软实力有重要的推动作用。

## 二、教师职业道德与文化

当我们自觉或不自觉地根据自己的道德观点去评判别人的行为、衡量自己的行为时，这无疑是道德评价在工作，亦可说是向恶向善的价值判断在起作用。所以，要使文化知识有真知灼见和真实有效，要使文化教育起到传承文明、促进人的全面发展的作用，就要求从事文化知识传播和教育的工作者恪守职业道德，确保文化知识传播和教育的科学性和道德性。

教师作为人类文化的传播者和道德的影响者，直接关系到教育目标的实现，教育价值观的传承。

师德是人类文化体系中的重要组成部分，而教师职业道德是一般社会道德在教师职业中的特殊表现。因此，教师职业道德既是一种行为规范，又是一种文化现象。

师德，它反映着教育对自身文明和社会文明的系统思考和追寻，体现出浓郁而又独特的文化意蕴，进而使教师职业道德不仅呈现出一种独特的范畴存在，也体现出一种独特的文化存在。

师德的文化性对师德的发展是至关重要的，一种富有浓厚文化底蕴的道德体系往往内含着博大精深的道德精神和人文精神，富有发展的稳定性，总是对社会有着深远的影响。

## 三、传统文化中的教师职业道德观

孔子有弟子三千，他对待学生可谓是如慈母般关怀备至，如严父般导以正道，如朋友般切磋成长。像子羔那样愚笨、曾参那样鲁莽的均成大器。他教化学生提出“有教无类”方针，不分贫穷贵贱，均可以在他那里受教。教学目的就是他的人道学说，即克己复礼为仁，变化学生气质，成就其人格。后人尊称他为“至圣先师”是当之无愧的，他的教育深受当今教育者追求。

“中华民族在 4000 年有文字可考的历史中形成了足可引以自豪的优秀文化传统。传统思想文化的重心，是伦理道德的学说。几千年的漫长时间里把道德看作文化的核心，这是中国传统文化的一个特点。中华优秀文化的特点和优点之一就是它的道德精神。故我国素以礼仪之邦著称于世。”文化蕴涵的人生智慧、价值观念、道德理想、人生追求、情操境界以及对世界感知的方式，为我们提供了丰富的精神文化资源。

“师”在古代是最受尊敬的职业，这也决定了师德的极端重要性，同时也决定了师德与社会经济文化之间有着密不可分的关系。我国传统文化中对教师道德的要求体现在以下几个方面。

第一，重视教师职业道德的社会作用。

重视教师职业道德的社会作用、对道德的尊重和对道德价值的追求，这是中华民族的第一传统美德。对此，许多教育家都有论述。如孔子就曾明确地指出："志于道，据于德，依于仁，游于艺"，要求人们立志于道，据守于德，依倚于仁，游憩于礼、乐、射、御、书、数六艺之中，陶冶与塑造完美的人格。这种尊道贵德的基本精神，就是强调人兽之分，突出人格尊严，就是突出道德的社会作用，突出道德的自律性，它体现了我国人民一贯重视道德建设的思想，有利于我们社会主义教师职业道德的建设，我们应予以继承、弘扬。

第二，准确地反映教师职业活动共同要求的某些道德规范。

长期以来，我国历代教育家从自身教师职业活动实践中提炼和概括出了许多教师道德规范，内容准确，用词简练，含义精辟。如"为人师表""以身作则""循循善诱""教学相长""学而不厌""诲人不倦""闻道在先""术业有专攻""圣人无常师"等。

第三，指出了进行教师职业道德修养的某些途径和方法。

中国人重视人格修养，形成向内探求的主体性道德精神。"自天子以至于庶人，壹是皆以修身为本。"从天子一直到普通的民众，一心所要实行的，都是把修身作为根本。对此，许多教育家提出了不少修养途径和方法，如"博学""慎思""穷理""明辨""内省""笃行""慎独"等。这些途径和方法虽带有忽视社会实践，脱离社会实践的唯心主义倾向，但也包含着强调人的主观能动性，重视自我教育的智慧火花。

第四，体现在历代教育家和优秀教师身上的某些道德品质。

在中华民族创造人类文明的行列中有着难以计数的优秀教育家和教师。他们在教师职业活动中身体力行地表现出来的高尚情操和品德，使人仰慕起敬，一直激励和鼓舞着从事教育活动的广大教师。如孔子的不耻下问，墨子的"赴火蹈刃、死不旋踵"，王充的不畏权贵、反对天命等都值得我们学习。

小讨论：关于教师的隐喻

陈向明：记得在哈佛大学上学时，有一次教育哲学课教师要求每位学生从自己的文化中找出一个有关教师的隐喻，就其哲学意义与西方常用的一些隐喻进行比较（如绘画隐喻、雕塑隐喻、生长隐喻等）。当时，我的第一反应就是从小到大听得最多的一句话——"教师是人类灵魂的工程师"，便就这个隐喻写了一篇小论文。在这之前，虽然经常听人将"教师"比喻为"人类灵魂的工程师"，自己做教师的时候也常常将其挂在嘴边，引以为豪，但对其进行如此深入的"哲学"反思，这还是头一次，感觉很新鲜，小组活动时，与来自其他文化的同学一起讨论各种隐喻所隐含的对"教师"职业的期待，更觉视野开阔，思绪万千。

后来，每当应邀就教师培训、课程和教学改革这类话题举办讲座时，我便会不时使用上述隐喻，以启发听众对这些自己平时习以为常的“口头禅”进行反思。听众的反应似乎非常热烈，常表现出如梦初醒、茅塞顿开状。

请根据陈向明博士关于“教师是人类灵魂的工程师”的隐喻，思考和讨论如下几个问题。

（1）这个隐喻令你想到了什么？

（2）按照这个隐喻，教师的角色是什么？教师应该如何教学？教师应该与学生保持什么样的关系？

（3）这个隐喻对于教师作用的发挥有何利弊？

## 四、美国教师的职业道德

大华跟随父母来到美国。在美国的教学模式中，他感到深深的不适应：在学校学生直呼教师姓名，课堂上学生与教师为某个问题争论得面红耳赤，他的老师麦克甚至告诉他如果不喜欢这堂课可以去做自己喜欢的事。一时间，大华陷入了困惑。

日常我们也听人说起过美国教师和学生的关系很自由，那么是什么在维系着他们之间的关系呢？其实美国在维系师生关系的准则和规范上比我们想象的要多得多。

### （一）《全美教师职业道德规范》

美国作为世界教育强国，各州曾经在教师职业行为标准及道德判断方面做法不一，导致教育工作者及研究者并不清楚社会对教师职业行为道德底线方面的期待。为此，全美各州教师教育与证书主管协会（NASDTEC）自 2009 年起收集各州的教师职业道德规范，并在 2015 年 6 月发布了首份《全美教师职业道德规范》。

美国的教师职业道德理想是：“相信每一个人的价值和尊严，追求真理，力争卓越，培养民主信念。”与师德理想相比，《全美教师职业道德规范》更具可操作性，它将直接影响教师的教学行为。这份《全美教师职业道德规范》看上去更像是具体的行为准则，可操作性强。

美国素有实用主义传统，深受行为主义的影响。美国人深信，特定的品质表现为特定的行为，例如，《全美教师职业道德规范》就规定了当学生的学习、健康及安全受到危害时，应为保护学生做出努力；不应故意使学生处于尴尬或受贬低的处境中等切实可行的内容。

这份《全美教师职业道德规范》不仅体现在对教师职业道德的一般要求上，还体现在教师与学生交往最密切的教学活动上，更体现在教师自身人格的不断提升和追求上。

《全美教师职业道德规范》将教师应遵守的职业道德要求分为五大类：对职业本身负责、对专业能力负责、对学生负责、对学校集体负责、合理运用科学技术及遵循伦理道德。

对职业本身负责，教师应认识到选择教师作为职业意味着要承担高于法律最低要求的道德责任；对专业能力负责，在对知识和技能的运用、个人性格展示等方面追求最高的专业水平；对学生负责，尊重学生，为学生营造健康、安全、良好的教育环境；对学校集体负责，与集体成员建立良好、有效的互动关系；合理运用科学技术，遵循伦理道德，充分意识到通过技术手段交流、运用、创造和扩散信息的影响，慎重考虑技术手段的使用时间、地点及方式。

培养责任公民放在重要的位置。美国学校强调把学生培养成具有爱国精神，能对国家尽到责任和履行义务的“责任公民”。围绕这一目标，《全美教师职业道德规范》强调合理运用科学技术，遵循伦理道德，把知识的富有和道德的完美有机地结合起来。

### （二）《教育专业伦理规范》

在美国，职业道德一般称为职业伦理（professional ethics）。教师职业伦理规范主要调节教师的工作所涉及的各种关系，主要包括教师与学生的关系、教师与学生家长的关系、教师与同事的关系等。

教育工作者努力帮助每一个学生实现其潜能，使之成为一名有价值、有能力的社会成员。因此，教育工作者致力于激发学生的探究精神、求知与理解欲望，以及成熟的价值目标的形成。大体包括三方面的内容：一是师德理想；二是师德原则；三是师德规则。这是从高到低三个不同层次的道德要求。

#### 1. 师德理想

美国的师德理想是：“相信每一个人的价值和尊严，追求真理，力争卓越，培养民主信念。”这是对教师提出的最高要求，它指明了教师应当努力的方向。

#### 2. 师德原则

师德原则是以师德理想为基础，受师德理想制约的指导教师行为的准则。美国的师德原则主要包括两个方面：第一，在对待学生方面，要力争帮助每个学生实现自身的潜能，使他们成为有价值而且有用的社会成员；第二，在对待自己所从事的教育事业上，要竭尽全力提高专业的水准，争取条件来吸引那些值得信赖的人从事教育工作，并且防止不合格的人从事教育事业。

#### 3. 师德规则

在美国《教育专业伦理规范》中，师德规则所占比重最大，它反映的是作为一个称职的教师最基本的要求。与师德理想、师德原则相比，美国的师德规则更加明确、更加具体，在教育实践中也更具有可操作性，它直接影响着教师的教学行为，限定着教师在课堂内外各方面的表现。

这些规则是从教师对待自己的学生和所从事的专业两个方面讲的。

**第一部分　在对待学生方面**

（1）不得无故压制学生求学中的独立活动。在学习过程中，要允许并鼓励学生独立地进行活动。如果教师要对这些活动加以阻止，就要提出适当的理由。

（2）不得无故阻止学生接触各种不同的观点。教学中传递的观点并不是唯一的观点，教师本人对某一问题的认识也不见得是正确无误的。因此，学生在学习与生活中，接触并接受与教材、教师不同的观点是正常的，这本身反映的是教学的民主性。

（3）不得故意隐瞒或歪曲与学生进步有关的材料。对于成长中的中小学生来说，获知自己在学习等方面的任何进步尤为重要，这样的反馈对他们而言不仅能增强其成就感，激发他们进一步学习的热情，而且对于他们的身心健康也有着一定的促进作用。教师不能因为自己的偏见或私利，而对这些材料秘而不宣或加以歪曲。

（4）必须做出合理的努力以保护学生不受到对学习或者健康和安全有害的环境的影响。教师应为学生提供一种简化或纯化了的环境。在这种环境中，应剔除那些有可能对学生发展不利的因素，应按照学生身心发展的要求来加以组织和设计。教师要从保护学生的立场出发，及时观察那些有可能对学生学习、健康、安全造成损害的因素，尽力使学生免受他们的影响。

（5）不得有意为难或者贬低学生。教师对学生应有善意和爱心，不能以任何理由故意设置种种障碍为难学生，也不能故意贬低学生。

（6）不得根据种族、肤色、信条、性别、原有国籍、婚姻状况、政治或宗教信仰、家庭、社会或文化背景，不公正地排斥任何一个学生参加任何课程，剥夺任何一个学生的任何利益，给予任何一个学生以任何有利的条件。这与美国多元文化的社会背景相一致。

（7）不得利用与学生的专业关系牟取私利。相对其他职业关系而言，教师与学生的关系较为特殊，二者的关系一是相对稳定，二是相互制约。第二种关系尤为突出。一般来说，教师与学生在教学过程中形成的授受关系，常常使得学生在心理上依赖教师，教师所表现出的权威意识也会使学生依从教师的指令。这种特定的关系容易导致教师借机谋取私利，这是必须加以杜绝的。

（8）如果不是出于令人信服的专业目的，或者出于法律的要求，不得泄露专业服务过程中获得的有关学生的信息。

**第二部分　在对待自己所从事的专业方面**

这一方面主要指教师谋求教学职位、职称以及在处理与周围同事的关系时，应遵守的行为规则。这些行为规则在一定程度上与上述对待学生的行为是相一致的。

（1）不得在申请某一专业职位时故意做虚假的陈述，或者隐瞒与能力和资格相关的重要事实。

（2）不得出具不符事实的专业资格证明。

（3）不得帮助明知在品格、教育或其他有关品质上不合格者混入教育事业。因为对于那些将要从事教师职业的人来说，资深教师的推荐常常是比较重要的。

（4）不得在有关某一专业职位候选人的资格陈述上故意弄虚作假。

（5）如果不是出于令人信服的专业目的或者出于法律的要求，不得泄露专业服务过程中获得的有关同事的信息。

（6）不得造谣中伤或诽谤同事。

### （三）《优秀教师行为守则》

《教育专业伦理规范》是美国全国教育协会 1929 年初创，历经 7 次调整与修订，于 1975 年定稿并沿用至今的一则教师职业伦理规范，是美国专就师德问题公布的文件。此外还有其他一些规定也反映着有关师德的要求。如美国的《优秀教师行为守则》（以下简称《守则》），就从教学行为方面对教师提出了一些道德要求。

《守则》包括 26 条。其中涉及的师德内容包括：

（1）记住学生姓名；

（2）注意参考以往学校对学生的评语，但不持有偏见，并且与辅导员联系；

（3）对学生真诚相待，富于幽默感，力争公道；

（4）要言而有信，步调一致，不能对同一错误行为采取今天从严、明天从宽的态度；

（5）不得使用不能实施的威胁性语言；

（6）不得因少数学生的不轨而责备全部学生；

（7）不得当众发火；

（8）不得在大庭广众之下让学生丢脸；

（9）注意听取学生的不同反映，但同时也应有自己的主见；

（10）要求学生尊敬教师，对学生也要以礼相待；

（11）不要与学生过分亲热或过分随便；

（12）不要使学习成为学生的精神负担；

（13）在处理学生问题时如有偏差，应敢于承认错误；

（14）避免与学生公开争论，应个别交换意见；

（15）要与学生广泛接触，互相交谈；

（16）少提批评性意见；

（17）避免过问或了解学生们的每个细节；

（18）要保持精神饱满，意识到自己的言谈举止都会影响学生的行为；

（19）要利用电话等手段与学生家长保持联系；

（20）在处理学生问题时，要注意与行政部门保持联系；

（21）要严格遵守学校的规章制度。

### （四）美国师德教育的基本特点

（1）美国师德规范的形成具有地方性和行会性；

（2）师德教育的要求提出以法律为准绳，各种行为规则的形成均在法律的框架下进行；

（3）在对师德的具体要求上，偏重于教师的外显行为，而不是笼统地提倡教师应具备某些品质；

（4）美国职业伦理规范条目不多，表述上多采用限制性语言（不准、不得），可见对教师的要求定调不高，少有理想主义的东西；

（5）师德教育方面不是采取直接灌输，而是通过间接渗透的方式进行的；

（6）注重师德教育的实践性和渐进性是师德教育的又一特色。

## 本章小结

本章内容主要是从道德的起源和发展来阐述幼儿教师道德修养的基本含义和内容，通过对道德及职业道德的基本内涵及外延的理解来形成正确的师德认识；并且将道德与伦理、法律的关系以及道德与文化的相关性进行了论述，加强对道德的职业理解；同时，对我国的师德规范和美国的师德规范的解读和对比，廓清了我国教师职业道德的特点和精髓。

## 课后思考

1. 请大家思考，提到教师这个职业形象，你头脑里涌现出的第一个词或句子是什么？你觉得用这样的词语来形容教师正确吗？

2. 利用本学期到幼儿园的见习机会，完成以下作业：

（1）根据见习的所见所闻，谈谈如何在实践中提升自身师德修养；

（2）根据在幼儿园的所见所闻，谈谈如何才能使自己成为一个快乐、幸福的教师。

# 第三章

# 幼儿教师职业道德修养的内涵及其体现

**知识结构图**

- 第三章　幼儿教师职业道德修养的内涵及其体现
  - 第一节　幼儿教师职业道德修养的基本内涵
    - 一、幼儿教师的职业道德理想
    - 二、幼儿教师的职业道德义务
    - 三、幼儿教师的职业良心
    - 四、幼儿教师的职业公正
  - 第二节　幼儿教师职业道德修养的构成原则
    - 一、幼儿教师职业道德基本原则的含义
    - 二、幼儿教师职业道德基本原则的特征
    - 三、幼儿教师职业道德基本原则的内容
    - 四、幼儿教师职业道德基本原则的作用与要求
  - 第三节　幼儿园基本关系中的幼儿教师职业道德修养
    - 一、幼儿园基本关系处理的意义
    - 二、幼儿教师日常关系中的道德修养
  - 第四节　幼儿教师职业道德失范问题分析
    - 一、幼儿教师职业道德修养失范的表现
    - 二、幼儿教师职业道德失范的危害
    - 三、幼儿教师职业道德失范的自我原因
    - 四、幼儿教师职业道德失范的问题对策

### 引入案例

有的时候我们真不知道这个世界怎么了，儿童本应该是活力绽放的花朵，本应该是我们所有人都为之呵护、心疼的群体。然而，为何竟然会有幼师虐童事件频频发生。

年仅20岁的浙江温岭蓝孔雀幼儿园老师颜艳红万万没有想到，她会以这种方式一夜成名。只是“为了好玩”，她双手捏住班上男童的耳朵，把他拎了起来，男童双脚离地大约有20厘米，双耳支撑全身的重量使他的脸看起来都变了形，疼痛使他张大了嘴，哇哇大哭起来。

颜艳红没有理会哇哇大哭的男童，反而叫正在班上实习的童老师帮她拍照，留下这个“好玩”的瞬间，她脸上堆满了得意的笑容。这个不知轻重的“90后”女孩，这一刻她万万想不到，自己微笑着“把一个中国家庭的全部希望”拎了起来的后果有多么严重。

本来这张照片也会同其他的700多张照片一样，安静地待在这个“90后”女孩的QQ空间里，现在，这张照片宣告了她幼儿教师生涯的终止，还可能，她会锒铛入狱。

一张照片无意间流出并蹿红网络后，颜艳红很快就被网友“人肉”出来，她的QQ空间也迅速被攻破，大量照片随之流出。

这些照片记录了两年来颜艳红“好玩”地对待班上孩子的各种行为：把孩子的嘴用透明胶带封上，把孩子头朝下脚向上地倒插进班里半人高的垃圾桶里，把孩子的头夹到抽屉里，让男孩子和女孩子亲嘴……

一张张照片，触目惊心，惨不忍睹。“畜生！这样的人根本就不配当老师。”几乎所有看到这些照片的人都被激怒了。一时间，对颜艳红的口诛笔伐纷至沓来。

事实上，温岭事件并不是第一起出现在公众视野中的幼儿园老师虐童事件，遗憾的是，虽然发生过类似的事情很多次，却还不是最后一次。

从这个案例中，你觉得这位“老师”缺乏的是什么？那么你认为幼儿教师应该从哪些方面去提高和夯实自身的师德修养呢？

### 本章学习要点

1. 理解幼儿教师职业道德修养的基本内涵；
2. 掌握幼儿教师职业道德修养的基本原则；
3. 灵活处理幼儿教师几种关系中的道德修养问题；
4. 提高师德修养水平，避开职业陷阱。

## 第一节 幼儿教师职业道德修养的基本内涵

孩子是每个家庭的未来，更是社会的未来，民族的希望，在世界经济飞速发展的今天，越来越多的国家开始关注到教育已经成为经济发展的一个新的增长点，作为“基础教育之基础”的学前教育更是有着功不可没的作用。幼儿园要对幼儿实施德、智、体、美等方面全面发展的教育，促进其身心和谐发展。作为幼儿的行为示范和直观榜样的幼儿教师，其整体素养直接影响着我们学前教育的最终结果，影响着我们幼儿教育目标的实现。幼儿教师必须要有高尚的思想品德，要有科学的人生观、价值观，要能够处处以身作则，要能用自己的好思想、好品德、好作风，来影响下一代。

良好的师德修养需要我们先要有着成为一个优秀的幼儿教师的职业信念，理解师德修养的内涵，掌握师德修养的基本原则，然后在教育教学实践中有意识地逐渐践行，这样才有可能在学前教育这一领域开创自己的一番新天地。

## 一、幼儿教师的职业道德理想

职业理想是幼儿教师在职业上依据社会要求和个人条件，借想象而确立的奋斗目标，即个人渴望达到的职业境界，即幼儿教师在幼教领域成为名师，骨干幼儿教师，成为名园长，还是幼教专家的渴望。理想是指引一个人前进方向的航标。它是幼儿教师实现个人生活理想、道德理想和社会理想的手段。职业理想是幼儿教师对职业活动和职业成就的超前反应，与她的价值观、职业期待、职业目标以及世界观、人生观密切相关。

社会的分工、职业的变化，是影响一个人职业理想的决定因素。生产力发展的水平不同、社会实践的深度和广度的不同，人们的职业追求目标也会不同，因为职业理想是一定的生产方式及其所形成的职业地位、职业声望在一个人头脑中的反应。

**知识拓展**

斯霞（1910—2004年），17岁从教，立志“做一辈子小学幼儿教师”，到她85岁退休，一生中的绝大部分时间工作在教育教学第一线，与孩子们在一起，从事教育教学工作68年，是我国基础教育界享有广泛赞誉的著名教育家。有人誉之为“教育界的梅兰芳”。她用自己的实际行动践行自己的诺言。

人一旦有了理想，就有了为之而努力的目标，无论你从事什么样的工作也都有了灵魂，也有了为之而努力的动力，即使是在最艰苦的时候。斯霞老师刚从事教育工作的时候，还是在那个战火纷飞的年代，这个时候第一要务是保命，但是斯老师却依然能够坚持自己的职业理想。和斯老师一起师范毕业，带着斯老师走上工作岗位的她的那位同学，放弃了教育事业，消失在了历史的洪流中，而坚持自己职业理想的斯老师，却将名字永远刻在历史的丰碑之上。

幼儿教育是一个充满激情的事业。“激情饱满”是每个幼儿教师的一种“职业状态”。这种激情是建立在对自己职业的未来构想的基础之上的。幼儿教师应该有着科学的教育理念，热爱自己的职业，爱孩子，对幼儿教育事业有自己的追求和抱负，在大学学习阶段就应该形成自己一直追求和奋斗的目标，把对工作的憧憬，作为一种不断奋斗的使命，这样才会有献身于幼儿教育事业的激情和动力，才会有努力的方向。

## 二、幼儿教师的职业道德义务

职业道德义务，就是职业行为人自觉地认识到的在所从事的工作中应承担的道德责任；或者说，只有那些能够用善恶进行评价的、同道德责任感相融合的、自觉自愿履行的职业义务，才是职业道德义务。换句话说，职业道德义务作为一种职责，是应该做的。这种“应该做的”只有变成劳动者的内心要求时，才能自觉地履行。一个劳动者，只要他认识和理解了职业和人民赋予自己的光荣使命，具有高度的道德觉悟和高尚的道德境界，他就能够在履行职业义务中获得道德自由。

首先，从严格的意义来说，职业道德义务是在人们的内心信念的驱使下，自觉自愿履行的。幼儿教师看到任何一个哭的孩子，都会有一种想去安慰的举动，这就是一种内心信念的驱使。正由于这种情况，可以说职业道德义务不具有强制性。如果一个行为，完全是受强制去做的，内心是被迫的，这并不是一种道德的行为。因为，职业道德义务是人们在自觉地认识客观的要求和自己的使命、职责或任务的基础上形成的内心信念和意志。

其次，履行职业道德义务不是为了得到权利或好处。它本身不是为个人捞取好处或权利，相反，总是以或多或少的自我牺牲为前提的。当然，一个人在履行了职业道德义务以后，也可能得到舆论的赞扬，社会给予的权利，或他人的感激或报偿。但是，人在行为过程中不应该以某种权利和报偿为前提，而且在行为过程前的动机和目的上，也不应该希求得到某种权利和报偿。

幼儿教师的职业道德义务是教育爱，是对幼儿的一种无私的爱。幼儿教师如果不爱学生，那么从一开始教育就已经失败了。爱是教育的出发点，是教育的灵魂，是教育的生命所在。教育爱是教育者的一种职业义务，是一种充满责任的、理性的、普遍的、持久而高尚的爱。

幼儿教师对幼儿的教育爱是一种主动的无私的爱。这种爱是不需要条件的，是不需要学生通过去讨好老师，听老师的话，博得老师的欢心，才能获得的。幼儿教师对幼儿的爱，是一种理性的出于责任的爱。它与父母对子女的自然爱有很大的区别。父母对孩子的关怀通常是自然的，非理性的，容易走极端，但不能因道德或不道德加以评价。在日常的教育工作中，幼儿教师和家长常常为了幼儿的某一个问题产生分歧。但他们的最终目的都是一致的，就是对幼儿的爱，分歧的原因就是出自对幼儿爱的角度不一致而已。幼儿教师对幼儿的这一种深厚的情感，不仅是出自个人的思想，也是出自社会的需要、教育的需要，是一种包含着深刻社会内容和社会意义的情感。

## 三、幼儿教师的职业良心

幼儿教师的职业良心是蕴涵在幼儿教师内心深处的一种意识活动。如果说幼儿教师职业道德义务是幼儿教师自觉意识到的道德责任，那么，幼儿教师的职业良心就是幼儿教师对职业责任的自觉意识。

幼儿教师的职业良心在幼儿教师职业生活中有着重要的作用。首先，在幼儿教师做出某种行为以前，职业良心要依据履行职业义务的道德要求，对行为的动机进行自我检查。对符合职业道德要求的动机予以肯定，对不符合职业道德要求的动机进行抑制或否定，从而做出正确的动机决定。特别是，它能对自己提出“假如我这样做可能有什么后果”“如果我处在别人的位置上会怎样”等问题，使自己严肃地思考、权衡并慎重地选择。在幼儿教师选择道德行为和避免不道德行为的抉择中，突出地表现出职业良心的能动作用。

其次，在幼儿教师职业行为进行的过程中，职业良心能够起到监督作用；对符合幼儿教师职业道德要求的情感、意志和信念予以坚持和激励，对不符合幼儿教师职业道德要求的情感、欲念或冲动予以克制。特别是在职业行为进行过程中，发现认知错误、情绪干扰或情况变化时，职业良心能够使幼儿教师改变行为方向和方法，纠正自私欲念和偏颇情绪，避免产生不良影响，以至在行为整体活动中，会由于“良心的发现”，自觉地保持正直的人格，不断提高从业者的职业道德。

最后，在职业行为之后，职业良心能够对幼儿教师的行为后果和影响做出自我评价。若履行了职业义务，形成了良好的后果和影响，则得到内心的满足和欣慰；反之，则会进行内心的谴责，表现出内疚、惭愧和悔恨，以至于深感自己缺乏良心而纠正自己的错误。从这个意义上讲，职业良心充分发挥作用，主要还是在幼儿教师职业行为之后。因为，只有在职业行为之后，特别是在一系列行为之后，幼儿教师才能从实际的行为后果和影响中，得到全面深刻的认识，做出职业良心的全面评价。

## 四、幼儿教师的职业公正

从最为通常的意义上讲，公正即公平正义，包括同等情况下同等对待和不同情况下区别对待两种情况。幼儿教师的职业公正，是指幼儿教师在教育实践活动中为人正直，给予每个幼儿平等的机会，处理各种关系符合公认的道德准则，它是教育活动的重要前提。只有具备公正品质的幼儿教师，才能正确履行幼儿教师道德义务，才会有教育教学上的威信，付诸公正行为，公正合理地对学生进行教育，才能保证学生的健康成长。一位真正优秀的幼儿教师，绝不仅仅得益于渊博的知识和绚丽的外表，还来自于客观公正地对待每一位学生的态度。

公正对待每一个学生对于幼儿教师的成长有特殊的意义，公正为师是学生心理健康所必需的，它告诉学生是与非，它可以引导学生走向高尚。在一个幼儿园里，几个幼儿联合起来欺负另一个幼儿，在老师批评他们时，他们理直气壮地反驳说："谁叫老师那么喜欢他。"由此可见，幼儿教师公平地对待每一个孩子，对孩子形成良好的人际关系和形成健康的心理有着十分重要的意义。著名教育家贺拉斯·曼曾经说过："教育是实现人类平等的伟大的工具，它的作用比任何其他人类发明都要大得多。"幼儿教师的公正有助于培养学生的健康人格，有助于培养真正的集体，对班级能否形成正确向上的集体舆论、学生是否具备正义感，都是举足轻重的。

公平对待每一个幼儿，幼儿教师需要做到以下四点。

首先，要毫无私心地接受每一个孩子，不因幼儿的家庭、性别、长相或其他特征拒绝为幼儿提供教育。

其次，在教育活动的组织过程中，要为每一个幼儿提供参与的机会，不能因为幼儿的表现不佳而故意忽视或拒绝幼儿的参与。

再次，教育过程中要切合幼儿的发展状况和个性特征安排适宜的活动内容与活动方式，保证他们获得适宜的教育。

最后，幼儿教师应该用发展的眼光来评价幼儿个体的进步，而不是进行幼儿之间的对比。如果要进行幼儿之间的比较，首先得确认他们是不是都在原有的基础上获得了一定的发展。

随着时代的发展，幼儿教师的职业公正又有了新的内容，那就是"弱势补偿"。即按照平等的原则补偿由各种自然的和社会的偶然因素造成的弱势群体，用区分性、差异化手段达到教育公平的目标。现如今，学前教育领域越来越多的人开始注意到了幼儿的个别差异性发展。

小思考

轩轩是小三班为数不多的没有上过小小班（幼儿入园前为幼儿早日适应园所生活开设的短期半日班）的小朋友。他每天早晨进班以前都会抓着姥姥的衣角不放，嘴里还说着："我不想上幼儿园。"但姥姥一旦离开他又会乖乖地自己玩自己的，老师组织活动，他也是人在心不在，经常是坐了一会儿就跑到其他地方去了，很少跟其他小朋友一起玩。老师看在眼里，疼在心里，于是与家长沟通，得知轩轩身体状况一直不是很好，经常打针吃药，大人也只能宠着，大多数都由着他。老师针对这种情况，每次开展活动时，就让轩轩坐在离老师最近的位置，时常鼓励轩轩参加各种游戏和互动；户外运动时，老师也都是牵着轩轩的手，一起走。

你认为这位老师的做法怎么样？这位老师有没有注重幼儿个别差异性的发展？这位老师的做法还有没有其他改进的地方？

## 第二节 幼儿教师职业道德修养的构成原则

陶行知曾指出："要人敬必先自敬，重师之自重。"幼儿教师要自敬自重，就必须讲求自己的职业道德修养，就必须做一个有原则的人。幼儿园是对学龄前儿童实施保育和教育的机构，是基础教育的有机组成部分，是学前教育的引领阶段。对于一个人的成长来说，幼儿阶段的教育是其在家庭教育之外接受社会性教育的起始引导，是关乎人生成长的启蒙教育。如果把发展国家和民族教育看作建设宏伟大厦，那么幼儿教育则可视为大厦之基础。从国家整个教育事业与民族大计来讲，幼儿教育事业是一项为着民族未来而奠基的重要职业，幼儿教师的职业道德修养更具有原则性。

## 一、幼儿教师职业道德基本原则的含义

任何类型的道德，都有其居于道德体系核心的基本原则，用于调整人与人之间的利益关系，成为区别于其他道德体系的根本特征。道德基本原则贯穿于整个道德活动过程，具有全面的指导作用，相对于道德规范而言，道德基本原则具有抽象性。道德规范是更具体、更具有可操作性的道德要求，对人们具有直接的约束力。

幼儿教师职业历史悠久，随着社会的发展其地位日益突出，功能愈益拓展，其职业道德体系也逐渐完善。一般来说，幼儿教师职业道德基本原则是幼儿教师在职业实践活动中必须遵循的最根本的行为准则，是幼儿教师协调行业内人与人之间及其与社会和其他行业之间利益关系的根本指导原则，它集中体现了一定阶级或社会对幼儿教师在职业活动中提出的最根本的道德要求。

幼儿教师职业道德基本原则是幼儿教师职业道德体系的核心，幼儿教师职业道德规范是它的展开、补充和具体化。基本原则是对幼儿教师指导性、原则性的要求，它是对幼儿教师职业道德规范的总概括。在执行中，允许根据具体情况变通处理，具有一定的灵活性。对幼儿教师职业道德基本原则可以从以下两个方面来理解和把握。

第一，幼儿教师职业道德基本原则是评价幼儿教师职业行为的最高道德标准。

首先，这是由幼儿教师职业道德基本原则在幼儿教师职业道德体系中的地位所决定的。幼儿教师职业道德基本原则贯穿于幼儿教师整个职业活动过程中，指明了幼儿教师职业实践中行为的总方向，体现了幼儿教师职业道德活动的本质属性，对幼儿教师职业行为起根本指导作用，统率着幼儿教师职业道德体系的若干道德规范和一系列道德范畴。幼儿教师职业道德基本原则在幼儿教师道德体系中的核心地位和统率作用，决定了幼儿教师职业道德基本原则是评价幼儿教师整体和个体职业行为的最高层次的道德标准。

其次，从法律与道德规范人们行为的不同方式来看，幼儿教师职业道德基本原则是评价幼儿教师职业行为的最高道德标准。法律是依靠国家强制力来约束人们的一种行为规范，具有强制性，相对于道德而言，它是一种外在的约束力量。道德是依靠社会舆论、传统习俗和人们内心信念来维系的，它主要以人们把社会的要求内化为自身的行为准则，依靠人们的自律来指导人们的行为，相对于法律来说，它是来自人们内心的一种精神力量。因此，道德的要求，是比

法律更高层次的要求。从这个意义上来看，我们说幼儿教师职业道德基本原则是评价幼儿教师职业行为的最高道德标准。

第二，幼儿教师职业道德基本原则是调整幼儿教师个人与他人、与社会利益关系的根本指导原则，是区别于其他类型社会道德的根本标志。

每种职业都体现和处理着一定的利益关系。在现阶段的社会里，职业劳动是为社会创造经济、政治、文化效益的活动，同时也是个人生活资料的主要来源。因此，各种类型的职业道德，必然要承担起协调本行业内人与人之间、本行业与其他行业之间、与行业服务对象、与社会整体或国家之间的利益关系。如何处理好这些关系，就需要一个根本的指导原则。幼儿教师职业道德基本原则就是指导幼儿教师调整行业内人与人之间、幼儿教师与其他行业之间、幼儿教师与学生之间、幼儿教师与社会整体或国家之间利益关系的根本指导原则，它反映了幼儿教师职业所应承担的一定的社会责任、应履行的社会义务以及承担责任、履行义务所应享有的社会权利及社会利益，是幼儿教师职业道德区别于其他类型社会道德的最根本标志。

## 二、幼儿教师职业道德基本原则的特征

从幼儿教师职业道德与一般社会道德的关系，以及幼儿教师职业道德原则在幼儿教师职业道德体系中的地位来看，幼儿教师职业道德基本原则具有以下特征。

### （一）阶级性

从人类发展历史来看，教育总是为特定社会和阶级服务的。处于统治地位的阶级，通过制定教育方针、政策来控制教育，规定学校的培养目标和规格，培养为统治阶级服务的人才。幼儿教师职业道德的基本原则，集中体现了特定社会和阶级的这一要求。我们这里所讲的幼儿教师职业道德是社会道德系统的一个组成部分。幼儿教师职业道德不仅体现了一定社会教师的社会地位、功能、责任、义务、利益等，而且体现了一般社会道德的阶级本质。从职业道德与一般社会道德的关系来看，一定社会的职业道德虽然是在特定的职业活动中形成的，但它决不能离开一定社会占统治地位的阶级的阶级道德而独立存在。在有阶级和阶级斗争的社会里，人们的职业活动和行业关系必然要受阶级关系、阶级利益和阶级意识的制约和影响，所以职业道德必然具有阶级性，超越社会阶级的抽象的职业道德是不存在的。幼儿教师职业道德基本原则，作为幼儿教师职业道德体系的核心内容，它最集中最直接地反映了幼儿教师职业的本质属性，具有鲜明的阶级性。

### （二）历史性

恩格斯说："一切已往的道德归根到底都是当时的社会经济状况的产物。"一定社会的职业道德，是一个历史范畴，其形成和发展有深刻的社会经济根源，它是随着社会历史条件和经济关系的发展而发展变化的。在不同的历史阶段，职业道德的内容是不同的，在其发展的广度和

深度上，在所能达到的高度上，也是不一样的。任何道德包括职业道德，都是社会经济状况的产物。

幼儿教师职业道德的基本原则作为幼儿教师职业道德体系中相对稳定的部分，它必然随着社会经济、政治关系和人们的职业实践活动的发展变化而发生相应变化，表现出历史性。

### （三）方向性

一定社会的职业道德，必然要体现该社会经济发展的特定要求，必然要适应该社会经济的发展方向，而作为职业道德体系核心内容的职业道德基本原则，更应该鲜明地、突出地体现出特定社会对各行各业的特殊要求，为行业活动提供方向性指导。

具体到幼儿教师职业道德来说，其基本原则必然反映当时社会经济发展对教育提出的特殊要求，必须与特定的办学指导思想相符合，必须与教育教学活动目标相一致。幼儿教师职业道德基本原则的这种要求，对于幼儿教师来说，它不仅仅是一种道德行为规范，更是一种高层次的、方向性的指导原则。

### （四）主导性

幼儿教师职业道德基本原则，是指导幼儿教师职业活动的根本道德准则，它贯穿于幼儿教师职业活动的始终。与具体的道德规范不同，幼儿教师职业道德基本原则是一种更高层次的道德要求，它对幼儿教师行为的约束，不仅体现在课堂上，也体现在幼儿教师职业活动场所之外，贯穿于幼儿教师的日常行为活动之中。对于从事幼儿教师职业的人来说，幼儿教师职业道德基本原则，不仅仅是一种职业行为的规范指导，更是一种理想价值信念，是深蕴在内心深处的道德价值目标，是应该始终不渝地追求的高层次的道德境界。这样一种幼儿教师职业道德基本原则，就是一种内化了的道德力量，它必然自始至终地贯彻在幼儿教师职业活动之中，指导着幼儿教师课堂内外的行为，对幼儿教师的职业活动发挥主导作用。

## 三、幼儿教师职业道德基本原则的内容

幼儿教师职业道德基本原则，是我国社会主义初级阶段条件下的幼儿教师职业道德基本原则，它集中体现了我国社会主义初级阶段条件下社会经济、政治、文化发展对幼儿教师职业活动提出的特定要求，反映了人民的意愿，是我国现阶段衡量幼儿教师行为善恶的最高道德标准。

### （一）敬业爱生原则

敬业爱生是幼儿教师职业道德基本原则的核心内容，是其他道德、职业准则的基础和前提。敬业即忠诚人民的教育事业，将学前教育事业作为自己的一项事业来认真对待，尽职尽责，兢兢业业。在对待自己的教育对象上充满爱心、耐心和恒心，一心一意培养好下一代。这一基本原则充分反映了我国幼儿教师应有的职业劳动态度和劳动目的。遵循这条原则，前提必须要有

敬业意识，就是幼儿教师对自己所从事的职业在整个社会中的地位和社会价值的认同和追求。没有认同，就没有尊重和忠实于职业的敬业精神。认同的方面不同，也会产生不同的敬业态度。幼儿教师敬业意识的基础，是来自对自身地位的认同和自我身份的认同。

我们的各项职业都是为人民服务的，作为就业者，每个公民也都是人民的一员；对于人民群众来说，“为人民服务”本质上是要求公民之间通过相互服务来谋求共同的幸福；每个职业岗位上的服务者，在别的岗位面前都是被服务者，这里的职业分工原则上是平等的，没有高低贵贱之分，也不存在根本的利害冲突；职业分工的根本意义，在于人民有组织地去从事自己的事业。因此，在人的发展与事业的发展之间，在实现人生价值的目的与手段之间，是可以并且应该在职业岗位上统一起来的。敬业即是自爱自强，“敬”的根据是“爱”，由“知”而“爱”，是爱祖国、爱幼儿与个人自爱自强的统一。幼儿教师的敬业爱生意识就表现在献身教育、热爱学生、尽职尽责等方面。

敬业爱生，要求幼儿教师具有乐业意识。幼儿教师在职业岗位上能否做到敬业而安心，取决于他追求什么，能否从中找到人生的意义和乐趣。如果一个人只把谋生致富当做职业追求，那么，他在职业中只不过是一个“挣钱机器”，而不会有更多的人生价值和乐趣。幼儿教师要确立乐业意识，就是要认识到个人与社会之间根本利益的一致，个人发展与社会发展的相互依赖，人的自我价值与社会价值的统一，在共同的理想和目标下，把职业放在“为人民服务”的天平上衡量，以社会主义事业的整体利益为重，重视人民的利益和需要，重视社会的现实条件，并把它变成自己的需要和条件，敢于应付职业上的困难和挑战，并能够战胜它、超越它，而不被它压倒，从中发现人生的乐趣和创造人生的价值。忠诚人民的教育事业，要求幼儿教师具有职业规范意识。幼儿教师在职业活动过程中，除了遵循职业道德规范外，还要遵守法律的、行政的、业务技术等方面的行为规定。它们是社会根据幼儿教师职业活动的方式、条件、特点和目的，对幼儿教师提出的不同层次、不同方面的要求。对于每一个幼儿教师来说，是否能够充分理解、正确执行这些规则，不仅表明他是否具备基本的职业素质，也直接反映出他的职业道德水平。具有高度自觉的职业规范意识，意味着不仅能充分认识和执行既定的规则，而且能积极地发展和完善合理的规则，以实现教育更好地为人民服务的目的。

敬业爱生，要求幼儿教师具有勤业、精业意识。一般地说，职业具有多方面的价值。对个人来说，它既有谋生的价值，又有学习和锻炼的价值，既可以创造服务与贡献的社会价值，也可以实现人生塑造的自我价值。但是，无论追求什么样的价值，都只能以实现职业的效益和职能为前提。只有职业本身的存在和发展有保证，才能为实现更多的价值提供条件；本职工作做得越好，其他追求就越有机会实现和保障。所以，勤业、精业与通过职业实现人生价值之间并无冲突，相反倒是相辅相成的。对于幼儿教师来说，勤业表现为忠于职守、认真负责、教书育人、遵守规则、坚持不懈，它是实现职业最基本价值的保证；精业表现为严谨治学、精益求精、不断改进，它是实现职业最高效益的价值追求。对于忠于人民教育事业的人来说，勤业、精业是自然而然的。越是懂得什么是人生的价值，怎样才能实现人生价值的人，就越是自觉地勤业、精业。

### （二）权利责任平衡原则

在幼儿园日常的教育教学过程中，幼儿教师是权利和责任的平衡体，虽然幼儿教师在幼儿面前具有强大的权威性，但始终要牢记有多大权利，就应负有多大的责任，这是一条基本的社会原则。法律讲的是权利与义务的对等性，义务就是责任，正所谓权利越多，责任越大，特定的权利总是与责任联系在一起的。拥有某种权利，得到了与这一相联系的权利，同时也就承担了相应的责任。我们有教育学生的权利就更有爱护学生的责任。没有只享受权利不承担责任的个体，更没有只承担责任，不享受权利的个体，只有正确认识权利与责任的关系，才能正确对待权利，正确运用权利，争取承担责任。在权利和责任的关系上，责任是第一位的；在责任和权利的关系上，责任在先。

幼儿教师应该熟知法律法规赋予的权利，认真行使好手头的权利。幼儿教师的权利是幼儿教师应该得到的价值回报，具有生存性和发展性的特征（生存性的权利让幼儿教师有做人的尊严，发展性的权利让幼儿教师有做事的担当），我国教育法规规定的幼儿教师的权利有利于幼儿教师获得安身立命的物质基础，如获取报酬、得以休息、个人发展等；其次，使得幼儿教师获得自在自为的发展空间。幼儿教师可以根据法律赋予的权利来维护自身权益。

法律赋予幼儿教师的责任是幼儿教师应该履行的价值付出，它具有自涉性和他涉性的特征。自涉的责任与幼儿教师作为专业者相关，需要幼儿教师必须完成；他涉的责任与幼儿教师作为教育者相关，需要幼儿教师用心去体会。我国《教育法》和《教师法》规定幼儿教师的责任具有重要的意义：一方面让幼儿教师的行为有法可依，另一方面让幼儿教师的行为有理可据，法规与情理的结合，让幼儿教师既敬业又爱业。

**知识拓展　幼儿教师的基本权利和义务**

根据《教育法》《教师法》的精神，“幼儿教师享有法律规定的权利，履行法律规定的义务，忠诚于人民的教育事业”。

我国幼儿教师的权利如下：

（1）进行保育教育的活动，开展保育教育的改革和实验的权利；

（2）从事科学研究，学术交流，参加专业的学术团体，在学术活动中充分发表自己的意见的权利；

（3）指导幼儿园的学习和发展，评定幼儿成长发展的权利；

（4）按时获取工资报酬，享受国家规定的福利与待遇以及寒暑假带薪休假的权利；

（5）参与幼儿园民主管理的权利；

（6）参加进修或者其他方式的培训的权利；

（7）维护自身合法利益的权利。

我国幼儿教师的义务如下：

（1）遵守宪法、法律和职业道德，为人师表；

（2）贯彻国家教育方针，遵守规章制度，执行幼儿园保教计划，履行聘约，完成工作任务；

（3）按照国家规定的保教目标，组织、带领幼儿开展有目的、有计划的教育活动；

（4）关心、爱护全体幼儿，尊重幼儿人格，促进幼儿的全面发展；

（5）制止有害于幼儿的行为或其他侵犯幼儿合法权益的行为，批评和抵制有害于幼儿健康成长的现象；

（6）不断提高思想政治觉悟和教育教学业务水平。

### （三）诚实守信原则

诚实，即忠诚老实，就是忠于事物的本来面貌，不隐瞒自己的真实思想，不掩饰自己的真实感情，不说谎，不作假，不为不可告人的目的而欺瞒别人。守信，就是讲信用，讲信誉，信守承诺，忠实于自己承担的义务，答应了别人的事一定要去做。忠诚地履行自己承担的义务是每一个现代公民应有的职业品质。对人以诚信，人不欺我；对事以诚信，事无不成。

诚实，守信用，言行跟内心思想一致，不虚假，能够履行约定的事情而取得别人的信任。从一般意义上讲，诚信是社会交往中人们所必需的一种道德品质。从古至今，人类的交流总是存在着怀疑和不肯定感，这给人们之间的合作与交往造成障碍。因此现代社会人与人之间的交往中，诚信就成为人与人之间相互信任的基础和前提。

幼儿教师诚实守信是指幼儿教师在教育和教学过程中，对学生、对家长、对学校集体诚实守信用，在对待工作上言行一致，遵守职业道德要求，以身作则，以获得学生、家长及学校和社会的信任。这是社会主义市场经济条件下对幼儿教师的职业道德做出的重要要求，也是在社会主义市场经济条件下，幼儿教师个人必须具备的素质。

幼儿教师的诚信体现为幼儿教师履行义务时所持的诚实、信用的态度，具体表现在以下几个方面。

第一，幼儿教师对教育教学工作高度负责，不敷衍了事，不弄虚作假。这种高度的责任感是在对学生、对幼儿教师集体和社会教育事业整体的深刻认识的基础上产生的，是对人民的教育事业的忠诚。

第二，以身作则，说到做到。幼儿教师教育学生应做的，自己应身体力行，率先垂范。

第三，实实在在地不断提高教育教学质量。

老师的一言一行，都是学生效仿的典范。教育学生之前，想一想我是否自己做到了；让学生完成任务之前，想一想我是否能有时间检查他的任务。幼儿教师不但要“传道、授业、解惑”，而且要“为人师表”“言传身教”，不论在教学工作和科研工作中，都要忠于职守、热爱专业、认真负责，决不能敷衍塞责、虚华浮夸、弄虚作假、得过且过。“诚实守信”既是一种道德品质，更是一种“高尚人格”，每一个幼儿教师，不但要以自己的知识、智慧和才能来教育学生，而且要以自己的“人格力量”来启迪学生、感召学生。

案例分析　不守信用的老师

这是一节校内语言展示活动“有趣的人形符号”，幼儿教师通过出示各种人形图卡，请幼儿辨认；引导幼儿分辨人形符号中男女的不同特点；观察和分辨人形符号的不同姿态以及所表达的意思等环节。最后，老师设置了游戏环节——大家一起找一找哪些人形符号是幼儿园里可以找到的。老师展示手中的标志牌，小朋友们回答在什么地方可以见到。为了让课堂气氛更为活跃，幼儿的参与性更高，老师一边展示，一边不停地说：“谁要是回答得最好，老师等会儿就奖励谁！”由于有奖励，孩子们的积极性一下子提高了很多，都争先恐后回答问题。这节课也上得非常成功，受到好评。可是下课了，老师好像忘记了奖励的事情，收拾好玩教具走出了教室，孩子们一个个眼巴巴地望着老师的背影，嘴里不停地小声嘀咕着：“我的奖品呢？”

评析：诚实守信是为人之本，从业之要。首先，做人是否诚实守信，是一个人品德修养状况和人格高尚的表现。其次，做人是否诚实守信，是能否赢得别人尊重和友善的重要前提条件之一。教育是一种责任，更要讲诚信。“学高为师，身正为范”，作为幼儿教师的我们应该率先垂范，说出的话就得算数。

本案例中的这位幼儿教师为了校内展示课上得精彩，便对幼儿许诺课后会给予奖励。然而，下课后幼儿教师并没有给幼儿奖品，也没有任何关于奖品的说明就离开了教室，这极大地伤害了孩子幼小的心灵；同时，也给幼儿树立了“说话不算数”的坏榜样。这让幼儿在以后的人生路上会怎样地与人交往？怎样地以诚待人？又怎样地做到言行一致呢？

## 四、幼儿教师职业道德基本原则的作用与要求

幼儿教师职业道德基本原则，是幼儿教师职业道德体系的核心内容，它贯穿于教育劳动过程的始终和教育教学工作的各个方面，是幼儿教师职业活动的灵魂和价值方向。正是由于幼儿教师职业道德基本原则的存在，幼儿教师职业道德规范才组合成一个具有内在统一性的职业道德规范体系。如果抽掉了基本原则，幼儿教师职业道德规范体系就失去了灵魂，失去了自身的意义。因此，在整个幼儿教师职业道德规范体系中，幼儿教师职业道德基本原则的作用不可替代，它对幼儿教师也提出了诸多重要的，具有根本指导意义的要求。

# 第三节 幼儿园基本关系中的幼儿教师职业道德修养

在幼儿园的日常工作中，幼儿教师需要处理的几大关系包括幼儿教师与幼儿的关系，幼儿教师与家长的关系，幼儿教师与同事的关系和幼儿教师与上级领导的关系。

## 一、幼儿园基本关系处理的意义

人生活在社会之中，工作、学习在特定的群体之中，总会与他人进行交往，这种人与人之间的相互交往与联系就是人际关系。人际关系的好坏，对人的行为经常发生着积极作用和消极作用。一个群体具有和谐友好的人际关系，是管理者实现目标的重要条件。

幼儿园人际关系有着十分重要的意义。建立幼儿园良好的人际交往与人际关系，是幼儿园心理环境的重要内容。它能促进幼儿个体心理的健康发展，能使幼儿在集体中得到充分的表现，逐渐使幼儿产生自信心和自主感，并尽可能使其合理丰富和多方面的需要得到满足。建立幼儿园良好的人际交往与人际关系，能为幼儿教师个人的工作和成长创造良好的氛围，为幼儿教师快速实现自身生涯规划形成良好的条件。为此幼儿教师不仅要掌握幼儿的身心发展规律，还要建立融洽、和谐、平等、健康的人际关系，让幼儿和自己在积极、健康的心理状态下成长。

幼儿园基本关系包括了幼儿教师与幼儿之间的关系、幼儿与幼儿间的关系、幼儿教师与幼儿教师之间的关系以及幼儿教师与家长之间的关系。

## 二、幼儿教师日常关系中的道德修养

新学期果果读大班了，爸爸带果果去报到，在这个过程中果果遇到了中班时的三位老师，表现出了三种不同的招呼方式，让作为学前教育工作者的爸爸觉得这里面有一种微妙的关系存在。进幼儿园门的时候，果果看到拖地的保育员李老师，果果欢呼着李老师的名字跑过去，抱住李老师，亲了她一口；接下来看到配班张老师，果果热情地叫道“张老师好”并拉着张老师的手说，好想她；再往教室方向走，看到了主班刘老师，刘老师也看到了果果，果果迟疑了一下，怯生生地说了句“刘老师好”，就把头低下了，径直往里走。你觉得果果见到三个人后的表现有不同吗？不同在哪里？你认为为什么会不同？

### （一）师生关系

#### 1. 良好师生关系的特质

通常良好的师生关系具有这些特点：①民主平等；②互动合作；③教学相长。

民主平等，是现代师生关系的内在核心，是构建师生关系的前提条件。在教育、教学过程中，幼儿教师要把每一个学生都作为具有独立人格的个体来对待，要让学生充分发表自己的意见，要真诚地关爱学生、尊重学生的合理愿望，让学生自主参与教学活动，师生双方进行平等的对话、交流和了解。这样，学生才能感受到幼儿教师对自己人格的尊重，从而树立一定的自尊心和自信心，才能具备独立思考与创新能力。

互动合作，是指幼儿教师在组织教学活动的过程中，与孩子之间通过双方合作的方式来达成教学目标。通过这样的合作交流使师生关系更融洽。

教学相长则是一个相互促进、共同发展的双赢局面。幼儿教师是教学过程的教育者和组织者，在双边活动中发挥着主导、促进和示范作用，所以应做到寓思想教育于教学及各种活动中，帮助幼儿树立正确的世界观、人生观和价值观。而学生则应积极参与教学活动，才能使幼儿教师的教学工作产生作用，体现其价值。同时，学生的发展也会促进幼儿教师在专业知识、执教能力、职业道德等方面的发展。这种种特征也就说明在发展良好师生关系时应注意的方面。

**2. 良好师生关系的处理技巧**

幼儿教师与幼儿的关系是班级人际关系的核心因素，正因为班级中有幼儿教师与幼儿的存在，幼儿教师与幼儿之间的互动，才使班级得以正常运转。

首先，幼儿教师要热爱、尊重并了解幼儿，应对幼儿表现出支持、尊重、接受的情感态度和行为。这是建立师生间积极关系的基础，也是进一步培养幼儿良好社会性行为的基本条件。幼儿教师必须尊重幼儿的人格，以平等的心态与幼儿对话，让孩子们自由选择活动，能够充分认识到幼儿是活动的主体，幼儿教师全部工作的出发点是调动幼儿学习的主动性和创造性。

幼儿教师要善于理解幼儿的各种情绪情感的需要，幼儿教师要耐心细致地观察、了解孩子的内心世界，相信幼儿有自我判断、做出正确的选择的能力，善于对幼儿做出积极的行为反应，以真诚、热爱和关怀的态度去对待每一个幼儿。

其次，幼儿教师应当以民主的态度来对待幼儿，善于疏导而不是压制，允许幼儿表达自己的想法和建议，而不以权威的命令去要求幼儿，这种自由而不放纵、指导而不支配的民主教育态度和方式能使幼儿被视为独立的个体而受到尊重和鼓励。这样的教育方式能使幼儿具有较强的社会适应能力，使幼儿的自我接纳和自我控制能力发展得较好。

### 案例分析

区域游戏活动，老师正在指导手工区的小朋友做老虎的面具、泥塑，方方在离他们不远的图书角里看书。老师和小朋友边做边讲话，方方不时抬头听他们讲话，似乎对他们做的事很感兴趣，在老师对一个小朋友说“你可以用黄色和黑色来画老虎身上斑纹”的时候，方方放下书跑过来，“老师，老虎也有白色的！”老师听了方方的话，停顿一下，随即又把视线转向那些做手工的小朋友。方方见老师没有反应，又往她身边走近些说：“老虎也有白颜色的，叫白虎，上次我在杭州野生动物园就见过白虎！”老师看了方方一眼，微笑着说：“我们现在不说这个，你在哪个活动区呀？”“图书角。”方方用很轻的声音回答。老师拉起方方的手，“来，我们一起去图书角看书，下一次老师保证让你做手工！”方方顺从地跟老师去了图书角。

你觉得这位老师处理孩子提出的问题的方式怎么样？

### （二）家园合作

#### 1. 幼儿教师与家长沟通合作的意义

学校、社会、家庭构成了现代幼教立体模式中必不可少的三维结构，使每名学生都得到全方位的健康和谐发展，达到“幼儿教师用心，家长关心，学生开心”的三赢局面，建立一个崭新、有序、健康、科学、规范的育人环境是幼儿教育发展的终极目标。在这三维结构中，家庭教育是意义重大、不可缺位的。父母是孩子的第一任幼儿教师，他们对孩子具有权威性和巨大的影响力，而家庭环境也在潜移默化地影响着孩子的思想品德、学习兴趣、性格和健康，因此幼儿教师要了解教育学生，必须取得家长的积极配合。家长工作是幼儿园工作的重要组成部分，是幼儿园完成教育任务，提高保教质量不容忽视的一项工作。

幼儿教师与家长的沟通合作是一种互相渗透性活动。从行为与目的来看，合作行为是幼儿教师与家长在相互依赖的关系中采取的协调行为，使彼此能共同创造互利的结果。从过程来看，合作关系肇始于彼此的共识，是一种连续性的异中求同的动态过程。

家长们在教育中产生了种种困惑，需要正确的引导，而幼儿教师在教育中感到了家庭教育与学校教育的不和谐，因而需要改变家庭教育的现状。所有这些问题的存在，使幼儿教师与家长的沟通与协调具有十分重要的意义，密切幼儿教师与家长的联系，互相交流教育信息，形成教育合力，将对孩子的健康成长产生积极的影响。

案例分析

林林有各种不好的习惯，比如说，吃饭速度慢，而且只吃自己喜欢的菜。每次吃饭都需要老师帮忙喂饭才肯吃；区域活动时，经常去抢别人的玩具放在一边又不玩；有时候明明可以来得及上厕所，他就是要尿裤子；回家后也会表现出不同的坏习惯。林林妈妈就跟幼儿园的老师说：“我家林林在幼儿园学了很多不好的习惯回去了。”

情景对话：

面对这样的说法，如果你是老师，你会怎么说？事后又会怎么做呢？怎样才能更好地维护幼儿教师与家长的关系？

#### 2. 幼儿教师与家长沟通的技巧

《纲要》在组织与实施中指出：“家庭是幼儿园重要的合作伙伴。应本着尊重、平等、合作的原则，争取家长的理解、支持和主动参与，并积极支持、帮助家长提高教育能力。”但在我们日常的幼儿教师和家长的沟通合作中出现了教师凌驾在家长之上，指挥着家长干这干那；不理解家长，对家长横加指责；对家长缺乏有效指导，家园之间联系不畅等问题。

### 案例分析

隆隆是班上比较好动、爱打架的孩子之一。他有时候会有意无意地打到其他小朋友，星星被隆隆打到的次数比较多。后来渐渐地，星星也开始攻击性行为增多。我问星星原因后得知他以前把隆隆打他的行为回家告诉了父母，他爸爸得知后便教育孩子如果其他小朋友欺负到他，就一定要打回去，不能受欺负。星星的爸爸还教他如何和别人打架，让别人不敢欺负他。

假如你是这个班的主班老师，你该怎样和家长就这件事情交流呢！

这个案例表面上看好像只是幼儿的矛盾冲突引发家长的介入，而其实质应该是家园合作上出现了裂痕。家长对幼儿教师班级管理以及教育方式上的不信任，最终导致了家长采用与幼儿教师相悖的方式教育幼儿。正如教育社会家威拉德·沃纳所指出的“从理想的观点出发，家长和幼儿教师在以下两个方面享有共同点：都希望事情朝着最有利于孩子的方向发展；但事实上，他们却生活在不信任和敌意的环境中。都希望孩子好，但却是不同的‘好’，所以由此引发的冲突不可避免”。

那么我们怎样才能做到与家长的合理交流呢？

（1）教师要理解家长，用心建立家园交流的基础

家长都很爱自己的孩子，对孩子的未来充满了憧憬，相信他的孩子会越来越能干。因为有爱，即使孩子存在瑕疵，他也认为很可爱。孩子成长过程中的一丁点儿进步，都会被爱心倍加的家长无限放大——那是孩子越来越聪明的表现。家长的期望在起着美化孩子的作用，有时也难免会把孩子的缺点掩盖掉。

家长与他人交流的一个永恒话题就是孩子，而且很爱把孩子的优点、可爱之处向他人炫耀。可见，孩子的优点才是老师与家长交流的基础。教师要善于建立这个交流基础，要像家长那样从内心深处相信他的孩子会越来越能干。与家长交流的时候把他孩子的优点（哪怕是一点一滴）稍微放大了说，缺点要少说，即使说了也要表明相信（首先要自己相信，其次让孩子相信、让家长相信）孩子一定会改掉缺点的。这样家长才容易接纳教师的建议或意见。

（2）要依据不同类型孩子的家长工作的难易程度，有针对性地多进行沟通

家长工作难度与孩子发展成正相关。孩子发展全面、进步快、能力强，家长满意程度高，家长工作自然好做；反之，难度就大了。

第一类是聪明好学又懂事的孩子，这类孩子的家长一般都有较好的个人素养、知书达理、以身作则，其孩子易于教育，孩子进步自然快，家长满意度就高，这类孩子的家长工作可以说是不费吹灰之力；

第二类是聪明淘气的孩子，学习上不费劲、一学就会，也很可爱但不太守纪律，经常犯错

误，常被叫到老师跟前挨批，但孩子可以感觉到老师不烦他，所以对老师很亲近，这类孩子的家长工作也比较好做；

第三类是淘气、好动的孩子，对学习不感兴趣，经常扰乱正常秩序，易引起教师反感，老师不喜欢他，他更是故意与老师作对，从而形成恶性循环。孩子不喜欢老师，自然家长也不会喜欢老师，家长工作当然不易见效；

第四类是默默无闻的孩子，这类孩子有的不怎么聪明，但从来不惹是生非，不给教师找麻烦、来和没来一个样，没给老师留下什么深刻印象。经常容易被教师所忽视，孩子遭受冷遇，家长工作也就可想而知。

因此，教师要真心关爱每个孩子，尤其要关注问题儿童，也就是第三类、第四类孩子，对他们多一些关爱和帮助，放大他的优点，以点带面，以期建立起良好的师生互动关系；同时要针对性地、有重点地多与此类儿童的家长多沟通。有沟通就有理解。多交流、多沟通，家长自然会感觉到教师对孩子的关注之情，了解教师在孩子身上所付出的心血，家长就会认同教师、接受教师，使沟通顺利地进行下去。

（3）在与家长沟通过程中，要有一定的方法和策略

一个家长对一个教师的信任或不信任很多时候只来自一两次谈话和交往。因此，教师在与家长沟通的过程中，一定要讲究沟通的方法和策略。

首先，根据家长需求，找准沟通的切入点。不同类型的家长对孩子关心的方式不同。老人关注孩子的生活、饮食，父母关注孩子学习方面多些；母亲在孩子成长的问题上过问得多些，而父亲则很少过问；小班孩子的家长关心生活事多些，大班家长关注孩子学习方面的事多些；体弱儿家长关心孩子的健康方面多些，而新入园的家长则每天都想从教师那里了解到孩子在园的一切表现，这时的家长对教师还不够了解，还没有建立起对教师的信任感，担心孩子在园受委屈，担心教师对自己的孩子不够尽心，教师与家长、孩子之间正处于磨合期。教师要关注家长所担心的问题，以家长最为关心的话题为由头，展开沟通，进而再引导家长关心孩子其他方面的教育问题，以保障孩子全面和谐地发展。

其次，要“多报喜、巧报忧”。在与家长的交流中，教师要能生动地描述出其孩子在幼儿园某一环节的可爱表现，家长会从你的言谈中自然感受到你对他孩子的关爱、对他的孩子特别重视，并留下了工作细致、认真负责的好印象。这样从情感上双方就很容易沟通。正所谓“亲其师，信其道”。而面对孩子的缺点，一次只说一个方面，只解决一个问题，而不要把孩子所有的缺点错误都罗列一遍，这样只会让家长更沮丧，甚至对教师的能力表示怀疑。教师也不要指责因孩子的问题，给教师教学工作、管理工作带来多少不便，找来多少麻烦，给其他孩子造成伤害或有不好的影响等，而是要强调孩子的缺点对他自身未来的发展有什么负面影响，让家长感觉到教师是为了他孩子着想，而非为了教师工作上的便利。

再次，要善于倾听家长的意见。教师谦虚诚恳、专心倾听家长的意见，会让家长感到自己

很受重视。即使是一个牢骚满腹、怨气冲天，甚至最不容易对付的家长，在一个具有耐心具有同情心的善于倾听的教师面前，也常会被“软化”得通情达理。并且，要尊重家长，多提建设性的意见，不要居高临下。

在处理孩子的问题上，教师自己都做了哪些工作，取得了什么成效，要先跟家长交流，然后再提出需要家长从哪方面配合。要注意征求家长的意见：您是怎么想的？如果我们做他的工作，您看行不行啊？对家长要多提建设性意见，不要使用“你应该”或“你必须”等命令性的字眼，而应该说“我认为”或“你认为怎样”这些婉转、协商性质的词语，这样家长才容易接受也乐意接受我们的建议或意见。当然也不能过于谦虚，在确定无疑时，语气也应该十分肯定，让家长相信你的意见是不容置疑的。

另外，当家长遇到问题或困难时，教师一定要从家长角度考虑如何帮助他们。教师要学会换位思考，想家长所想、急家长所急，寻找让家长能够接受的解决问题的方法或途径。

最后，幼儿在园出现状况要及早主动与家长沟通。孩子在园难免会出现这样或那样的意外事故；有个别孩子在一段时期内多次出现小状况，如尿裤子、玩水打湿衣袖、被其他小朋友欺负等，如果教师不及时主动地与家长沟通，让家长自己胡乱揣测，很可能会因家长的误会导致教师所做的成绩被这一点点小问题所淹没。

小练习

情景扮演：文文奶奶跑到幼儿园，火气很大地找到主班王老师：“我们家文文回家说，幼儿园天天吃烧卖，他最不喜欢的就是烧卖，你们幼儿园怎么能这样？”请同学扮演王老师，根据所学，解决问题。

## （三）幼儿教师集体

### 1. 同事关系的重要性

（1）良好的同事关系，影响着幼儿行为和习惯的养成

幼儿教师在幼儿心目中有很高的威信，幼儿教师的言行潜移默化地影响着幼儿。幼儿教师之间、幼儿教师与保育员之间是否能分工合作、互相配合，会对幼儿产生直接的影响。如，一幼儿教师组织幼儿进行操作活动时，另一幼儿教师主动帮着摆放、分发材料；保育员搞卫生时，幼儿教师帮着擦玻璃、抬桌子，这在无形中都为幼儿提供了积极的行为榜样。相反，幼儿教师间的某些不合作行为也会对幼儿产生消极影响。因此，幼儿教师要注意自身行为，为幼儿树立正面的榜样。

首先，幼儿教师间的人际关系是幼儿同伴交往和发出社会行为的重要榜样。幼儿教师教给幼儿要互相关心、帮助、抚慰、进行合作等行为，如果幼儿教师自己也做到了，那幼儿就更容易产生这种行为方式并且长期稳定下来；反之，如果幼儿教师之间是漠不关心、人情冷淡，那

么幼儿教师再怎么强调培养孩子的爱心、同情心，其效果势必也会大打折扣。因此，幼儿教师自身交往的适宜与否是一个重要的方面。

其次，幼儿教师间的交往关系到班级、幼儿园是否具有良好的心理气氛。幼儿教师间如果相互关心、相互帮助，这还会给班、园带来一种温情的气氛，容易激发出积极的社会性行为。幼儿也会从中耳濡目染，不仅学会体察别人的情绪情感，也能学会正确、适宜的行为方式。

（2）良好的同事关系，是幼儿教师个人成功的条件

“如果有五个能力较弱的幼儿教师团结在一个集体里，受着一种理想，一种原则，一种作风的鼓舞，能齐心协力一致地工作的话，那就是比十个各随己愿的单独行动的优良幼儿教师要好得多。”马卡连柯在这段话里特别强调了“群体效应”。主班老师、副班老师以及保育员的良好协助是管理好一个班的重要前提。

幼儿教师之间，要相互尊重、相互理解、相互支持、和谐融洽、合作提高，营造出一种良好的班级氛围和教研氛围。人际关系融洽了，幼儿教师们都能保持一种良好的心理状态，在工作中相互配合、合作研讨，形成集体智慧，共同完成教书育人的使命。教学质量得到了提高，教师个体也获得了很好的促进与提高。

（3）良好的组织关系有利于幼儿教师的身心健康

正如斯宾塞所说：“野蛮产生野蛮，仁爱产生仁爱。”幼儿教师之间关系不和谐，经常闹矛盾，这必然会给幼儿造成负面影响，师师之间、师生之间、生生之间的关系都不和谐，整个幼儿园班级就处于一种原始、野蛮的环境中，到处都充斥着冷漠、嫉妒、对抗，文明班级无从谈起，文明幼儿园更无从谈起。反之，如果幼儿教师之间彼此友爱互助、团结协作、关系融洽，那么整个幼儿园班级就会是一个温馨、和谐、静谧、充满快乐的家园。

一个人格健全的人应该是一个有着正确的世界观、人生观、价值观，对生活持有积极态度，能与人和谐相处的人。这种人有正确的是非观念，头脑灵活，有主见，热爱生活，与人相处，关系和谐。作为为人师表的幼儿教师，最起码要拥有一个健全的人格，将自己和谐地融入幼儿园这个大环境里，为人谦和，与人友善，淡泊明志，宁静致远，方可称得上“人类灵魂的工程师”。

**2. 幼儿教师与同事交往的技巧**

（1）真诚相待，勤学为主

记得一位已经就业的同学曾经向我倾诉，工作这一年多来，他既不担心实力不行，也不害怕没有机遇，但最担心的恰恰是人际关系。这种倾诉从另一个侧面反映了职场关系中人与人之间交往的重要。但就我个人的从教经验而言，这个社会也许不像你想象得那么美好，但也绝不像有人说的那么险恶，毕竟大家今后走人的还是学校，学校在今天也依然算得上是一片相对宁静的天地。所以说，对于未来，首先不要有什么顾虑。只要你本着真诚待人、勤学为主的原则，相信可以为你开拓较为良好的人际局面。当然，因为初来，同事对你的感觉还比较陌生，不怎

么和你接触，可能有一些人会产生自卑的感觉，觉得自己是局外人一样。这点可以理解，但不应成为你的负担。你可以通过自身实力展现自己，并使自己尽快融入工作氛围中。勤学包括两层含义：一是勤快，二是肯学习。尤其是前者，比如说：你坚持每日在七点前到岗打扫卫生，经过一段时间，别的同事就对你有着清晰的感受了。同时，你应通过学习，尽快掌握技能并熟悉教育教学业务。如果你在工作中遇到困难，自己应思考在先，实在不明白的，可以请教同事。注意：特别是老同事，经常向老同事请教会很快奠定你在单位的地位。如果你能在工作中表现出良好的个人修养和素质，相信同事会很快接纳你，并成为你的朋友。

（2）加强沟通，展现实力

学校教育教学工作是一台大机器，教师就好比每个零件，只有各个零件凝聚成一股力量，这台机器才可能正常启动。这也是同事之间应该遵循的一种工作精神或职业操守。其实生活中不难发现，有的企业因为内部人事斗争，不仅企业本身“伤了元气”，整个社会舆论也产生不良影响。所以作为一名教师，尤其要加强个体和整体的协调统一。要学会很好地融入集体，首先要与同事多沟通，因为你个人的视野和经验毕竟有限，避免给人“独断独行”的印象。况且，随着社会的分工越来越细，这种沟通协调也是必须的。当然，同事之间有摩擦是难免的，即使是一件事情有不同的想法，我们也应具有“对事不对人”的原则，及时有效地调解这种关系。不过从另一角度来看，此时也是你展现自我的好机会。用成绩说话，真正令同事刮目相看。即使有人对你有些非议，此时也会“偃旗息鼓”。当然有了成绩，也不应滋生骄傲的情绪，觉得“高人一等”。我们应该意识到：工作是一种团队合作精神，成绩是大家共同努力的结果。

（3）适当的赞美，不搬弄是非

一成不变的工作容易使人变得乏味，如果你能给生活适当加点“调味”，相信会使你的工作变得多姿多彩，同事间的关系也会更加融洽。比如：一句由衷的赞美或一句得体的建议，同事会感觉到你对他的重视，当然，也无形中增加对你的好感。不过，这里需要注意的是，不要盲目赞美或过分赞美，这样容易有谄媚之嫌。这里既然说到了赞美，我们也谈一谈禁忌。其实生活中我们不难发现：有的人“喜欢”对同事评头论足（包括对工作处世、服装品位、个人习惯等），这些都是一个人不成熟的表现。因为每个人都有自己一套原则，作为同事，只能是尊重个人的权利和隐私。如果你超越了自己身份的话，很容易引起同事的反感。当然，如果你想进一步拉近彼此的距离，不妨在闲暇时，和同事多参加一些有意义的活动。在集体生活中发掘每个人的另一面，这也是一种很不错的“润滑剂”。其实同事的关系也是一种很微妙的“化学反应”，也许一件小事就能让你和他（她）的关系很好，也可能很坏，关键是在于这个“度”。作为一个教师，只有在不断的经验积累和学习中，才能更好地把握这种“度”。

小思考

幼儿园A：主班老师跟配班老师不是很合拍，经常会当着学生的面意见不统一就争执。背地里也相互说对方的不对。有事也是能推就推，能不做就不做。与家长的沟通基本都是主班老师在进行，配班老师在大部分幼儿离园以后就各自回家。班上幼儿的常规特别差，从来没有好好地睡过午觉，保育老师很是头疼。

幼儿园 B：老师们很合拍，从来不说谁谁谁怎么样，即使是老师之间，老师与家长之间，都相处很融洽。老师们经常在一起研讨，幼儿园所有的事务都是一起完成，幼儿离园后，幼儿教师们一起打扫卫生，并商量好第二天的一些事宜。对于好几天没来幼儿园的幼儿，几位老师还会一起去家访，了解情况，并根据幼儿的情况制定相关策略。班上幼儿常规极好，当两个小朋友同时想玩一个玩具时，老师让他们自己想办法，一个小朋友会说："我让他先玩吧，我们一人玩一会儿。"

请你分析两所幼儿园老师的相处方式和工作态度。

以上两所幼儿园，如果让你选择，你会选哪所幼儿园？

## 第四节 幼儿教师职业道德失范问题分析

道德失范指原有的道德准则和规范缺失或失去作用，现有的道德准则和规范尚未形成或未被接受，无法对社会成员产生约束力、无法对社会成员的生活行为发挥引导调控作用，使社会成员缺乏明确的道德准则作为约束，部分群体或者社会成员在社会活动中不遵守道德准则，违反社会规范，形成社会规范真空。

幼儿教师面对的是 3 ～ 6 岁的幼儿，承担着保育和教育的双重职能，直接关系到儿童的健康成长，关系到学前教育事业的健康发展。可是近年来，部分幼儿教师在教育实践中屡屡突破师德底线，面对复杂的教育情境无法做出合理判断，"虐童"等道德失范行为频频曝光。幼儿教育得到了社会上前所未有的关注，幼儿教师道德失范问题则是大家热议的话题。

### 一、幼儿教师职业道德修养失范的表现

21 世纪初，心理学家卡罗林 · 奥林出版了《塑造幼儿教师——幼儿教师如何避免易犯的 25 个错误》一书，卡罗林 · 奥林博士对 200 位职前幼儿教师进行了调查，搜集其在学生时期亲身经历的印象最深刻的不开心事件，并将搜集到的信息加以整理和分析，真实地反映了幼儿教师在工作中易发生的各种错误，同时有针对性地提出相应的建议，为幼儿教师进行自我塑造和养成提供参考。而其中所描述的 25 类错误，基本都可归属为职业道德失范的行为。

现在我们来总结一下我们身边常见的幼儿教师职业道德修养失范的现象：

#### （一）以职牟利，为师不廉

廉洁从教是幼儿教师从师立教的根本。在市场经济发达的今天，在利益的驱动下，使个别

幼儿教师，也像某些利欲熏心的商人一样，见利起心，甚至见利忘义，依据拥有教育和管理学生的权力，充分利用这个便利条件来为自己谋取私利。即便是排座位这样一点点小小的权力也发挥得淋漓尽致，小小的座位安排上也可以反映出隐藏着的师生关系，甚至反映出幼儿教师与家长的关系。有些幼儿教师强行给学生订各种所谓的绘本，向本班家长推销商品，甚至把学生是否购买自己的商品或学生能否帮自己推销商品，作为评价学生好坏的标准。有些幼儿教师甚至暗示要挟学生家长利用手中的权力给自己办私事，如给子女安排工作等。在某些公立园，入园难是一大让家长和园领导头痛的事情，但正因为资源有限，也成了某些老师们牟取利益的生财之道。

### （二）厌岗怠业，思想松懈

爱岗敬业，是幼儿教师必须具备的职业道德，但实际上情况并不乐观。根据 2017 年我们对参加湖南省幼教国培的幼儿园教师的调查表明，46.8% 的幼儿教师职业道德方面存在的最大问题是事业心进取意识薄弱，安于现状，全方位献身教育事业的精神表现不佳，工作得过且过，不认真遵守劳动纪律，教育观念落后，教学思想与教学方法陈旧的问题较为常见。

部分幼儿园老师对自己所从事的职业并不太看好，对自己所处的地位待遇表示不满，怨天尤人，出现职业倦怠现象，他们之所以从事幼儿教师职业，是因为幼儿教师工作相对稳定，休息的时间比较多，有周末并且还有寒暑假这两个较长的假期，报酬比上不足，但比下还是有余的，他们总是在观望中工作，等待良机，一旦找到如意的行业或经商发财的机遇，就拍屁股走人。有些幼儿教师则本职工作得过且过，在外兼职经商当主业，把时间和精力都放到自己的赚外快上了。

相当一部分幼儿教师的职业存在状态，仍处于谋生或养家糊口的生存型阶段，对于自己所从事的职业，没有一种内心的自由，感受不到自己的快乐和幸福，自然也体会不到自我的提升与发展。有的幼儿教师无意脱离教育界，但从事幼儿教师这个职业并非自己本身的愿望，而是一种无奈之举。这种幼儿教师身在曹营心在汉，缺乏工作的积极性和责任心，上课随随便便，工作马马虎虎，管理学生，怎样简单就采用怎样的方法，如一天大部分时间让孩子看动画片。

### （三）依法治教观念淡薄，随意惩罚学生

依法执教，是中小学幼儿教师最根本的职业道德规范，《义务教育法》与《未成年人保护法》明确规定禁止体罚学生，尊重未成年人的人格尊严，不得对未成年学生或儿童实施体罚，变相体罚或者其他侮辱人格尊严的行为，但有相当一部分幼儿教师的法制观念淡薄，不同程度地存在着各种各样的非人道惩罚学生现象，有的习以为常，对老不听指挥的学生，老师常用的频率最高最普遍的一种惩罚方式就是动手打学生。随着家长维权意识的增强，教师对孩子的惩罚开始隐蔽化，如大冬天让孩子打着赤脚站在厕所里，对孩子进行心理惩罚，经常讽刺挖苦歧视学生。

心理惩罚的主要形式有五种：支配，就是严格控制学生的一举一动，使他们绝对服从自己的意志和愿望；冷漠，如果学生的表现不符合幼儿教师的要求，幼儿教师就对他们采取冷漠的态度；贬低，就是有意歧视学生的优点和成绩；抹杀，只要学生的表现未达到标准，就不负责任地全盘否定其努力；公开，让全班学生对其歧视甚至进行人格侮辱。甚至有些老师认为，讽刺和挖苦学生是一个十分必要的教育方法，有些幼儿教师批评学生不是耐心开导，而是威胁和恐吓孩子，比如下次再犯就不让上课，蹲黑屋子等。

### （四）缺乏尊重，对待孩子有失公正

热爱学生，对学生一视同仁，是中小学幼儿教师职业道德的基本要求，但有相当一部分幼儿教师只管完成自己的工作任务，而对学生缺乏应有的关心和爱护，爱分等级，因人而异。

尊重是爱的别名，而在当今不少幼儿园相当一部分老师，没有正确的儿童观，对幼儿不够尊重，他们认为小孩子没有什么值得尊重的，常把看作简单的受管教者，而没有把孩子当作一个有独立人格尊严，有基本权利的人来看待，常漠视孩子应有的权利，野蛮地对待孩子。随意挖苦孩子，歧视孩子，惩罚孩子，侮辱孩子的人格，对孩子不够信任，特别是对所谓的调皮捣蛋的孩子不够信任，即使其有了进步他们也对其持有怀疑态度。有部分幼儿教师不能从内心深处去关心孩子，不能细致入微地体察他们的生活冷暖，他们的酸甜苦辣；在孩子需要帮助和关怀时，不能及时伸出一只手，帮助他们解决实际问题；对孩子过于冷漠，孩子问问题时，不仅没有不厌其烦地进行解答，反而继续敷衍和推诿。

## 二、幼儿教师职业道德失范的危害

### （一）伤害学生的心灵

幼儿期是人一生发展的奠基时期。幼儿期的教育是具体的、基础性的、启蒙性的教育，关系着幼儿的认知能力、社会性、个体行为能力的发展。 进入幼儿园后，幼儿的生活环境发生了很大的改变，幼儿要面临与父母的分离焦虑，要适应陌生的新环境，他们幼小的心灵中会产生极大的不安全感。这时，幼儿教师作为与幼儿交往最密切的重要他人，必须承担起抚育幼儿心灵、关爱幼儿成长的责任，这是幼儿教师角色特殊性的需要。幼儿教师自身的行为，幼儿教师与幼儿的交往，幼儿教师对幼儿的评价，对幼儿未来的发展会产生极其深远的影响。幼儿教师的道德失范行为无疑会成为幼儿初入社会的一粒慢性毒药，为幼儿的身心健康成长埋下隐患。

幼儿教师用讽刺、冷落、挖苦的方式评价幼儿，拿个别幼儿的短处与其他幼儿的长处做比较，诸如此类对幼儿的消极评价，严重影响幼儿对自己的客观评价，对幼儿自我概念的发展和社会性的逐渐形成有百害而无一益。

在幼儿园里与幼儿接触最多、最直接的幼儿教师对幼儿的评价对幼儿自我概念的形成起着

至关重要的作用，而自我概念的形成又影响着幼儿认知能力、社会性品质的发展。

当幼儿教师对幼儿施加失范行为之后，有的幼儿会表现出沮丧、难过，有的幼儿表现得叛逆，和老师对着干，从而导致幼儿教师更加生气，用过激的语言来讽刺，甚至冷落幼儿，对幼儿的合理需要置之不理，使师幼关系进入死角。

幼儿教师作为班级中的权威人物，影响特定儿童同伴接受性。这种影响在幼儿期和小学低年级可能成为影响同伴关系的决定性因素。

### （二）影响幼儿同伴交往

由于幼儿自身评价能力较弱，他们会根据班级中有举足轻重地位的幼儿教师的评价来评价周围的同伴，他们会把幼儿教师的评价当作正确的，这正是对幼儿的一种错误诱导。受幼儿教师欢迎的幼儿可能有很多小朋友争着和他做朋友，而不受老师欢迎、经常受到幼儿教师批评的幼儿则可能很少有人与之为伴。有的幼儿教师会在全班同学面前训斥、讽刺、挖苦或冷落幼儿，我们相信幼儿教师的初衷是教育其他幼儿不要再犯类似的错误。幼儿教师的这种不分场合、没有轻重的批评在无意中损害了同伴幼儿对其的评价和接受性，致使当事人幼儿受到同伴的排挤、冷落。甚至有的幼儿教师会说："某某不是乖孩子，大家不要和他玩！"在幼儿园中我们也会听到有的小朋友说："某某最笨了，老师不喜欢他，我们也不喜欢他！"

### （三）制约幼儿思维

幼儿是天生的探索家，他们对周围的事物充满了好奇，总想摸一摸、看一看。幼儿处于具体形象思维阶段，他们对周围世界的认识源于不断的尝试，蒙台梭利曾经说过："我看到了，我忘记了；我听到了，我记住了；我做过了，我理解了。"幼儿的探究能力对幼儿逐渐社会化起着十分重要的作用。而在班级中幼儿教师为了约束幼儿的行为，方便班级的管理，维护自身的权威，对幼儿自发的探究行为给予无情的斥责。在教学中幼儿教师往往强调整齐划一，要求统一的答案。

在生活活动中忽视幼儿的个体差异，规定喝水、上厕所的时间，强迫幼儿喝水、上厕所。如果幼儿在其他时间提出这样的要求，幼儿教师就会采取冷落或者其他形式的行为来限制幼儿。幼儿教师的这种行为是对幼儿权利与自由的剥夺。幼儿教师的高控制，约束了幼儿的思维，没有站在平等的地位与幼儿对话。教育不再发掘儿童潜能，而成为约束幼儿心智发展的障碍。长期下去，幼儿的想象力、探究能力受到束缚和制约，会挫伤幼儿行为的积极性。

## 三、幼儿教师职业道德失范的自我原因

在我国进入社会主义转型期的关键时期，价值观出现了明显分化，师德滑坡受到社会各界的广泛关注。师德失范问题，不仅会阻碍良好社会风气的形成，学生的身心健康也会受到极大的影响。因此，我们应该对幼儿教师职业道德失范的现象做出客观冷静的分析，以改进和加强

师德建设，将提升幼儿教师职业素养提高到一个新的台阶上来，这是培养祖国新一代建设人才的必然要求。

### （一）职业认识偏失

职业认识直接反映一个人对本职工作的专一程度、重视程度，直接影响一个人的工作责任心。不少幼儿教师不能正确看待自己的职业，觉得工作强度大、过度辛苦、成就感低，付出与所得不成正比。许多幼儿教师把教书育人仅仅当作一份工作、一种谋生的手段，每天按照固定模式工作，体会不到工作带来的快乐和成就感，缺乏创造性，阻碍了幼儿教师的自我完善与发展。有的老师认为自身社会地位低，得不到公众应有的认可和尊重。如果不改变这种境况，仍然保持着错误的自我观念，那么长此以往就会产生职业倦怠。相比于其他教师，幼儿教师的工作需要更大的耐心、需要付出更多的辛苦，既要照顾幼儿的生活起居，在生活上给予他们细心的照料，还要向他们传授知识，培养他们的兴趣，使他们德、智、体、美、劳各个方面都得到良好的发展。相比于小学、初高中老师可以把学生成绩作为衡量自己教学水平的标志，幼儿教师的工作成果却无法评估，这样就会造成幼儿教师缺乏成就感，自我专业认同比较低。

### （二）功利思想较重，缺乏奉献精神

当前，由于市场经济不断发展，经济观念不断增强，使一些人对于金钱和权力产生狂热的崇拜，价值观发生了扭曲，“金钱万能”的观念被他们所推崇。这股风气也影响了某些幼儿教师的价值观。经济待遇低和劳动强度高这一矛盾越来越突出，部分幼儿教师出现了理想滑坡和信念动摇，开始争逐名利，工作重心由对学生的孜孜教导变为了对金钱的狂热追求。有的幼儿教师向家长索取红包、巧取名目乱收费，有的幼儿教师开始慢慢地对自己的职业产生迷茫，对自己的前途产生怀疑，辞职寻找新的发展。

一直以来“春蚕到死丝方尽，蜡炬成灰泪始干”这句话就是用来赞美老师的奉献精神的。幼儿教师的奉献精神体现了幼儿教师高尚的人格和生命价值。一位有奉献精神的老师，既能毫无保留地把知识传授给学生，充实丰富学生，更能将正确的世界观、价值观，良好的思想品德、行为习惯灌输给学生，保证学生的身心健康。部分幼儿教师缺乏奉献精神，得过且过，对待工作敷衍了事。因为缺乏事业心和责任心，不能做好本职工作，不能主动了解学生，也不能主动关心学生的学习和生活，学生提的问题不能耐心回答，缺乏爱心。只是例行教书，从不教孩子做人的道理，不关心学生长远和全面的发展。过于在乎自己的得失，不能做到幼儿教师该有的爱岗敬业、乐于奉献。

### （三）自身素质偏低，法律意识淡薄

有些幼儿园的教师只有初中或者中专学历，本身的文化素质不高，但是也不肯学，也不好学；有些幼儿园教师有高学历，拥有过硬的专业知识和技能，但是有性格缺陷，整体素质不高。

一些幼儿园招老师只注重表面的学历和专业能力和素养，但是忽视了更深层次的道德品质问题，这样就会把思想品德有问题或职业道德低下的人招入幼儿教师队伍。

一名正式幼儿教师，若不加强自身修养的提高，不注重自身职业道德的培养，不能时时刻刻用幼儿教师的标准严格要求自己，就会难以抗拒诱惑，甚至会做出违背幼儿教师职业道德的行为。如有意无意地在对待幼儿上形成亲疏关系，亲近长得可爱的、整洁干净的或家庭与幼儿教师本人有特殊关系和利益关系的幼儿；疏远衣着不整洁、调皮捣蛋、没有送礼送红包的幼儿。亲者，则什么好事都有份，如表扬、与幼师亲近等等。疏者，则好事挨不上边儿，有了进步不被承认，经常受批评，这部分幼儿容易变得消沉、丧失自信心和进取心，自卑心理不断增强。

越来越多的虐童事件，暴露出了部分幼儿教师法律意识的淡薄。幼儿教师的法律素养与幼儿的身心健康和幼教事业顺利发展息息相关。有些幼儿教师不懂法律或者法律意识淡薄，知法犯法，虐待儿童，包括对孩子暴力、殴打等肉体上的伤害，还包括对孩子冷漠、嘲笑，歧视孩子、忽视孩子需求等精神上的伤害。这样极大伤害了孩子的身心健康，其后果不堪设想，不仅造成孩子的负面情绪，甚至会对孩子的一生产生阴影，严重影响到孩子良好性格的培养，造成孩子人格的不健全。有些幼儿教师侵犯了孩子的隐私权、人格尊严权、生命健康权、人生自由权，却不自知，这些都充分显示对幼儿教师法律意识的培养不足。

### （四）幼儿教师心理素质不强，抗压能力较弱

我国正处于文化教育的改革期和转型期。原有传统的教育观念与现有新兴教育观念之间发生了碰撞，幼儿教师理想中的职业现状与现实情况产生落差，幼儿教师的社会地位和经济待遇偏低，社会、学校、家长对幼儿教师的要求和期望过高，幼儿教师与学校领导、同事、家长的人际关系复杂，幼儿教师之间竞争激烈，都会使得幼儿教师心理压力过大，表现在自卑心理过重、嫉妒心态蔓延、虚荣心过强、焦虑程度上升、社交障碍出现等，直接影响了幼儿教师的心理健康。本应该疏导学生心理问题的幼儿教师也陷入了心理问题的泥潭。如果幼儿教师没有健康的心理素质，那么必然没有良好的道德素质。因为对于幼儿教师心理问题的忽视，许多幼儿教师心理问题得不到解决，造成幼儿教师心理问题不断增多，阻碍了幼儿教师职业道德水平的提高。

由此，幼儿教师的心理问题是不容忽视的，当务之急就是要解决幼儿教师的心理问题，维护幼儿教师的心理健康。

压力过大，职业倦怠使幼儿教师丧失爱心和耐心。由于社会的快速稳定发展、人们生活水平的提高，幼儿教育越来越受到社会和普通民众的重视，幼儿教育迅速发展的同时，也带来了幼儿教师师资短缺的问题。幼儿园和学龄儿童数量激增，有些幼儿园进行了扩招，但是师资力量却没有增加，这样原有的幼儿教师被分配到更多的任务。甚至有的民办幼儿园一个班只有一个老师，不仅肩负着教学任务，还要扮演保育员的角色。此外，幼儿园幼儿教师面对的是一些

生活还不能完全自理，身心发展还不健全的幼儿，他们的日常生活需要照顾，他们的身心健康需要呵护，幼儿教师必须付出更多的耐心和责任心，而且幼儿教师的工作时间过长。这些导致了幼儿教师身心疲惫、焦躁不安，造成幼儿教师的心理负担和压力过大。某些幼儿教师情绪失控，将不良情绪发泄到孩子身上，缺乏爱心和耐心，对职业发展前景迷茫，缺乏信心和成就感等，这些不仅影响幼儿教师的身体健康，还会影响幼儿教师的工作质量和热情，也极大地阻碍了幼儿教师职业道德的提高。

## 四、幼儿教师职业道德失范的问题对策

### （一）提高自身专业认同

首先，学会正确认识自我、评价自我，并接纳自我，强化对自我职业的认同感，认识到幼儿教育这个职业就是充满爱的职业。爱是教育永恒的话题，一个身心健康的孩子不仅需要来自家庭的爱，也需要来自学校老师的爱。在幼儿教师职业道德规范中，关爱儿童、尊重儿童被作为首要的规则。幼儿教师要对孩子倾注无微不至的爱，用真诚关爱叩开孩子的心扉，用温柔耐心的态度对待孩子的错误，尽量满足孩子的各种需求。孩子们感受到老师母亲般的爱，老师得到孩子的信任与依赖，使孩子感受到一种亲切感和安全感，幼儿教师与孩子心连心，感情就产生了共鸣。这样，幼儿教师充分认识到自己的重要性，可获得满意的成就感，可提高自身职业认同度。

其次，需要制定合理的职业规划。合理的职业规划，不仅有助于幼儿教师充分了解自己，了解目前发展状况，建立明确的发展目标，也有助于解决幼儿教师的职业倦怠问题。制定职业规划，还能够使幼儿教师不断地反省自己，不断思考自己的优势和劣势、优点和缺点。分析自己的外在条件和内在条件，给自己准确客观的定位，以更好的心态去追求事业的成功。作为一名合格的幼儿教师，必须要有自己的理想和追求，要有充分的幼教理论和知识，要有良好的职业态度，要有专业的素养和教学方法。因为，幼儿教师是知识的传播者，是道德的引路人，是思想的启迪者。所以，合理的职业规划，能使幼儿教师有计划、有步骤、有规律地朝着自己的目标前进，经过不懈努力，可取得事业上的成功，进而实现自己的人生价值。

### （二）加强自身心理素质和道德素质的培养

幼儿教师也要注重自身心理健康教育，不断地学习心理健康知识，并勤于实践。既要正确认识自己，了解自己，又不能过分放大缺点，产生自卑心理。既要保持自信，保持良好的心态，又要保持良好的自我意识。当现实环境不尽如人意时，要主动适应和改善环境，对于消极的情绪，要学会控制，自觉进行调节，但绝不能压抑自己的情绪。

要做好自我心理健康的保健和维护，增强心理免疫力，及时高效地解决心理问题，建立良好的人际关系，提高自身的心理素质。要不断学习业务知识，多读书，提高自身觉悟和修养，

以积极的心态投入到工作中去。幼儿教师本身素质的提高，是幼儿教师职业道德提升的必要条件。幼儿教师的工作虽然繁杂琐碎而又忙碌，但是绝不能忽视对职业能力的培养。要提高自身道德素质，幼儿教师必须热爱自己的职业，关爱自己的学生，要有责任心、爱心、耐心。注重自己的形象，言传身教相结合，为幼儿做好示范，做好表率。要勤于思考，勤于钻研，不断提高自己的专业水平和教学能力。要严于律己，宽以待人，保持平和的心态。要开阔视野，陶冶情操，做一个高素质的幼儿教师。

### （三）自我解压，克服职业倦怠

幼儿教师工作既琐碎又繁重，且待遇低，社会地位不高，家长的期望过大等等原因也使幼儿教师压力大，很容易产生职业倦怠感。这就要求幼儿教师应采取有效的办法和途径，减轻思想压力，克服职业倦怠。压力，可变动力，处理不好还是阻力，这就取决于自己以何种心态与方式来应对。应从两方面应对压力。首先，要培养自己的抗压能力，要以积极、乐观的心态对待消极的情绪，善于思考总结，当压力来临时，要学会如何控制，提高自我效能感，并采取有效的应对方法。同时，要制定切实可行的目标计划，合理安排工作时间和工作进度，以提高工作效率，增加满足感。并且做到劳逸结合，切忌苛求完美，保持对工作最大的热情。

其次，当幼儿教师面对压力时，应积极正面地应对，对自己要有正确的认识，不要高估或者低估自己，要培养坚强的品质，提高自己的应变能力，独立解决在工作和生活中的问题。在迷茫中，要学会坚持，绝不放弃。要把压力转化为动力，提升教学能力，提高教学质量。总之，不畏压力，化解压力，时刻激励自己，克服职业倦怠。

### （四）培养良好的个性品质

个性品质在很深的层次上影响着人的行为。要成为一名合格的幼儿教师，不仅要具备一定的专业知识和教学能力，而且还要具备良好的个性品质。幼儿教师拥有良好的个性品质，能够促进幼儿教育顺利进行。幼儿教育对学生健全人格的塑造、良好个性品质的培养，具有重要影响。幼儿教师具备良好个性品质也有助于学生健康良好品质的形成。

良好个性品质主要有以下几个方面。

（1）事业心和爱心。热爱本职工作，对工作具有奉献精神和进取精神。面对着天真无邪、活泼可爱、身心发育尚未成熟、稚气未脱、好奇心强、求知欲旺的孩子，幼儿教师具有事业心显得尤其重要。事业心是取得爱心的前提条件。爱心，就是对学生充满爱。幼儿教师的爱是孩子身心健康发展的必要条件。幼儿教师的爱能让孩子们产生安全感、愉悦感，孩子们才能健康成长。

（2）良好的品格。良好的品格包括幼儿教师要有良好的思想道德品质、健康的兴趣爱好、远大的理想抱负，为人处世人情练达。在教育教学中，幼儿教师的人格潜移默化地影响着孩子，幼儿教师的情绪也对孩子的性格有着巨大的影响。所以幼儿教师要注重自己的形象，控制自己的情绪。

（3）广泛的兴趣爱好。幼儿教师要有探索精神和广泛的爱好，涉猎更多的知识，由于幼儿正处在好奇心强、思维活跃、求知旺盛的阶段，如果不能应对孩子们的提问，便会失去威信。此外，还要积极探索儿童的内心世界，了解他们的思维表达方式，做到有针对性地进行教育。

（4）坚强的意志。幼儿教师日常工作需要付出大量体力和精力，工作极其琐碎，既要对孩子日常起居悉心照料，又要保护他们的安全，还要学习画画、舞蹈等专业知识，如果没有坚强的意志和顽强的毅力，是无法胜任幼儿教师这一职业的。

（5）诚实、自信、谦虚的性格。幼儿时期是性格塑造的关键时期，作为老师，首先必须具备良好的性格特征，这样不仅能对幼儿起到榜样和表率作用，而且能够促进教育教学活动的顺利开展。

### （五）强化幼儿教师的法律意识

云南玉溪一个一岁零八个月的幼儿在一家幼儿园上学。2011 年 3 月 31 日，该幼儿因吃饭时异物阻塞气道导致死亡。幼儿园工作人员为逃避责任，谎称孩子走失，并私自把幼儿尸体拉到山上掩埋。警方调查后发现真相，并通报称孩童属意外死亡，园长被刑拘。

这个案例的结局是幼儿园园长及老师不知法懂法造成的后果。法律法规能够规范约束幼儿教师的行为，它是依法治教的前提和基础。有些幼儿教师专业能力比较强，工作业绩比较出色，但是法律意识却极其淡薄，导致猥亵、体罚、虐待儿童的事件时有发生。因此，在幼儿教师队伍中必须普及法律知识，要求幼儿教师强化法律法规的学习，加强师德教育。提高广大幼儿教师法律意识，既对幼儿身心健康发展，幼儿教师职业道德建设顺利进行具有重要意义，也是依法治校，建立一所标准化幼儿园的重要举措。

加强幼儿教师法律意识，应从以下几个方面来进行。一是学校可以聘请法律专家向幼儿教师讲解普及法律知识，利用课余时间，组织幼儿教师学习各种有关教育的法律法规，组织幼儿教师收看法制栏目，让幼儿教师选择一些有关法律法规的书籍杂志学习，通过各种途径方法，提高幼儿教师的法律意识，增强法纪观念，努力提高依法执教水平。二是为了保障幼儿合法权益，学校要给幼儿增加法制课和防范教育课，教育幼儿不仅要预防校园外的不法侵害，也要特别注意防范来自老师的侵犯行为。学校还应建立保护幼儿的规章制度，让幼儿在遭受侵害时可及时举报，并得到救助，将有些幼儿教师违法犯罪的念头及时扼杀在摇篮里。

小知识

中小学幼儿教师违反职业道德行为处理办法

（教育部 2014 年 1 月 11 日）

第一条　为规范幼儿教师职业行为，保障幼儿教师、学生的合法权益，根据《中华人民共和国教育法》《中华人民共和国未成年人保护法》《中华人民共和国幼儿教师法》《幼儿教师资格条例》等法律法规，制定本办法。

第二条　本办法所称中小学幼儿教师是指幼儿园、特殊教育机构、普通中小学、中等职业学校、少年宫以及地方教研室、电化教育等机构的幼儿教师。

前款所称中小学幼儿教师包括民办学校幼儿教师。

第三条　本办法所称处分包括警告、记过、降低专业技术职务等级、撤销专业技术职务或者行政职务、开除或者解除聘用合同。其中，警告期限为 6 个月，记过期限为 12 个月，降低专业技术职务等级、撤销专业技术职务或者行政职务期限为 24 个月。

第四条　幼儿教师有下列行为之一的，视情节轻重分别给予相应处分：

（一）在教育教学活动中有违背党和国家方针政策言行的；

（二）在教育教学活动中遇突发事件时，不履行保护学生人身安全职责的；

（三）在教育教学活动和学生管理、评价中不公平公正对待学生，产生明显负面影响的；

（四）在招生、考试、考核评价、职务评审、教研科研中弄虚作假、营私舞弊的；

（五）体罚学生的和以侮辱、歧视等方式变相体罚学生，造成学生身心伤害的；

（六）对学生实施性骚扰或者与学生发生不正当关系的；

（七）索要或者违反规定收受家长、学生财物的；

（八）组织或者参与针对学生的经营性活动，或者强制学生订购教辅资料、报刊等谋取利益的；

（九）组织、要求学生参加校内外有偿补课，或者组织、参与校外培训机构对学生有偿补课的；

（十）其他严重违反职业道德的行为应当给予相应处分的。

第五条　学校及学校主管教育部门发现幼儿教师可能存在第四条列举行为的，应当及时组织调查，核实有关事实。做出处理决定前，应当听取幼儿教师的陈述和申辩，听取学生、其他幼儿教师、家长委员会或者家长代表意见，并告知幼儿教师有要求举行听证的权利。对于拟给予降低专业技术职务等级以上的处分，幼儿教师要求听证的，拟做出处理决定的部门应当组织听证。

第六条　给予幼儿教师处分，应当坚持公正、公平和教育与惩处相结合的原则；应当与其违反职业道德行为的性质、情节、危害程度相适应；应当事实清楚、证据确凿、定性准确、处理恰当、程序合法、手续完备。

第七条　给予幼儿教师处分按照以下权限决定：

（一）警告和记过处分，公办学校幼儿教师由所在学校提出建议，学校主管教育部门决定。民办学校幼儿教师由所在学校决定，报主管教育部门备案。

（二）降低专业技术职务等级、撤销专业技术职务或者行政职务处分，由幼儿教师所在学校提出建议，学校主管教育部门决定并报同级人事部门备案。

（三）开除处分，公办学校幼儿教师由所在学校提出建议，学校主管教育部门决定并报同级人事部门备案；民办学校幼儿教师或者未纳入人事编制管理的幼儿教师由所在学校决定并解除其聘任合同，报主管教育部门备案。

第八条　处分决定应当书面通知幼儿教师本人并载明认定的事实、理由、依据、期限及救济途径等内容。

第九条　幼儿教师有第四条列举行为受到处分的，符合《幼儿教师资格条例》第十九条规定的，由县级以上教育行政部门依法撤销其幼儿教师资格。幼儿教师受处分期间暂缓幼儿教师资格定期注册。依据《中华人民共和国幼儿教师法》第十四条规定丧失幼儿教师资格的，不能重新取得幼儿教师资格。幼儿教师受降低专业技术职务等级处分期间不能申报高一级专业技术职务。幼儿教师受撤销专业技术职务处分期间不能重新申报专业技术职务。

第十条　幼儿教师不服处分决定的，可以向学校主管教育部门申请复核。对复核结果不服的，可以向学校主管教育部门的上一级行政部门提出申诉。

第十一条　学校及主管教育部门拒不处分、拖延处分或者推诿隐瞒造成不良影响或者严重后果的，上一级行政部门应当追究有关领导责任。

第十二条　幼儿教师被依法判处刑罚的，依据《事业单位工作人员处分暂行规定》给予撤销专业技术职务或者行政职务以上处分。幼儿教师受到剥夺政治权利或者故意犯罪受到有期徒刑以上刑事处罚的，丧失幼儿教师资格。

第十三条　省级教育行政部门应当结合当地实际情况制定实施细则，并报国务院教育行政部门备案。

第十四条　本办法自发布之日起施行。

## 本章小结

本章内容主要是从幼儿教师职业道德的内涵入手详细阐述幼儿教师道德修养的基本原则，分析幼儿园基本关系中的职业道德修养，针对幼儿教师职业道德失范提出对策。

## 课后思考

姜老师刚到幼儿园任教，每天看到孩子们总是叽叽喳喳地不能安定下来开展活动，有点束手无策。李老师知道后，帮助她维持活动秩序，给孩子们讲遵守纪律的道理。课下，她又帮助姜老师学习心理学、教育学中的相关知识，并向她介绍了幼儿的特点和教育方法。姜老师写不好教案，李老师就利用晚上教她，并告诉她重点怎样写，难点怎样处理。姜老师组织活动课不理想，李老师就给上示范课。两位老师一起学习钻研，她们从学生的实际出发，大胆改革，创新教学思路。姜老师热情高，观点新，李老师经验丰富，两位老师互相配合，共同设计的教案，不仅有利于对学生进行启发诱导，培养学生各方面的能力，同时推陈出新，在幼儿园教学改革中独树一帜。

问题：案例中两位老师的成功主要说明了一个什么问题？作为一名教师怎样做到和其他教师的互相合作与成长？

# 第四章

# 幼儿教师职业道德修养的养成

**知识结构图**

- 第四章　幼儿教师职业道德修养的养成
  - 第一节　个人道德品质与幼师职业道德修养
    - 一、个人道德品质的基本结构
    - 二、幼儿教师个人道德品质的基本内容
    - 三、幼儿教师高尚人格的塑造
  - 第二节　幼儿教师道德修养的养成
    - 一、幼儿教师道德修养的养成规律
    - 二、幼儿教师道德修养的实践价值
    - 三、提升幼儿教师职业道德修养应坚持的原则
    - 四、提升幼儿教师职业道德修养的途径
    - 五、幼儿教师职业道德修养养成方法

### 引入案例

一天，老师在海伦·凯勒的手心写了“water”（水）这个字，因为她总是把“杯”和“水”混为一谈。到后来，她不耐烦了，把老师给她的新陶瓷洋娃娃摔坏了。但莎莉文老师并没有放弃海伦，她带着海伦·凯勒走到水井旁边，要海伦·凯勒把小手放在水管口下，让清凉的水滴滴在海伦·凯勒的手上。接着，莎莉文老师又在海伦·凯勒的手心，写下“water”（水）这个字，并写了好几次，从此海伦·凯勒就牢牢记住了，再也不会搞不清楚。海伦后来回忆说：“不知怎的，语言的秘密突然被揭开了，我终于知道水就是流过我手心的一种液体。”

水唤醒了海伦的灵魂，给了她光明、希望、快乐和自由。这一天她学会了“父亲”（father）、“母亲”（mother）、“妹妹”（sister）和“老师”（teacher）等30个字，这一天学的比以前5个星期学的还多。到4月底认了100个以上的字，到了5月中旬学了将近400个字。海伦还学会了书写，到10月，海伦可以用盲文给柏金斯盲校的孩子们写信了。从那天开始，海伦每天都走出家门，去找东西学习。每一个新名字都会给她带来一种新的思想。她触摸到的任何东西好像都是有生命的。有一天，海伦想起了她摔碎的玩具娃娃。她到处找娃娃的碎片，想拼装成完整的原样，但没弄成。她认识到做错了那件事，心里内疚。莎莉文小姐教会了海伦很多事：读书、写字，甚至会用打字机。但她教会海伦最重要的是怎样思考问题。

### 本章学习要点

1. 理解高尚人格与幼儿教师师德修养的关系；
2. 懂得理想的幼儿教师应具备的基本素质；
3. 掌握并践行高尚人格的养成方法，努力提升职业道德修养水平。

## 第一节 个人道德品质与幼师职业道德修养

幼儿教师的职业道德修养是幼儿教师专业之必备，是幼儿教师作为一种专业人员的目标追求下之必然。这种状况表现为两个层次的需求：一是底线或基本要求，二是高层次需要。一方面，幼儿教师的专业生活需要在道德上达到起码的标准；另一方面，幼儿教师的专业生活也需要有专业道德规范予以保障，以确保幼儿教师在行使专业权利时免受非专业人士的非理性指责和侵犯。再一方面，幼儿教育工作者承担了维护最高伦理标准的责任，有着高尚的个人道德素养，是做好这一职业的前提要求。幼儿教师职业道德修养的养成，同时也是幼儿教师个人道德品质与个人修养的逐渐养成过程。从底线要求到专业要求，再到高层次需求，这是一个循序渐进、逐级上升的过程。

## 一、个人道德品质的基本结构

个人道德品质主要包括个人道德意识、个人道德规范两个方面的内容。

### （一）个人道德意识

2016年11月26日，一段“幼儿园数名员工虐待一男童”的视频在网上广泛传播。视频中，一女子将男童放在距离地面约1.5米高的窗框上面，用双手将他向后推，令其呈倒“U”型仰面“搭”在窗框之上。此后，旁边还有人拉扯、吓唬男童，还有人上前捏他的脸并拍照。视频中，在男童滑稽的表现下这群人不断地爆发出大笑声。

该视频引发网友愤怒，有网友爆料，此事发生在河北深州市大疃幼儿园，视频中的女子均为幼儿园幼师。

事后，深州市政府工作人员已证实此事。记者从深州市教体局获悉，11月25日下午两点，大疃社区幼儿园三名保育员以体罚的形式，叫醒未按时午睡的孩子去上课，其中一人录制了视频并发至朋友圈。

从这篇报道一眼就可以看出大疃社区幼儿园的这三名保育员缺乏最基本的道德认识，即作为幼儿教师保护幼儿的生命安全是第一位的，对幼儿什么样的行为可为，什么样的行为不可为，她们意识中压根就不懂得这样的行为无论是从道德上还是从工作纪律上都是不允许的。这是一种典型的缺乏责任意识的表现，上升到伦理层次也可以说是道德意识缺失。那什么是道德意识？道德意识是人们在长期的道德实践中形成的道德观念、道德情感、道德意志、道德信念和道德理论体系的总称。可区分为个人道德意识和群体道德意识。道德意识要建立在道德认知的基础上，道德认知是个人道德的核心。道德认知是对道德规范及其执行意义的认识，道德认知的结果是获得有关的道德观念，形成道德信念。道德认知的形成是建立在个人认知能力的基础之上的。

个人道德意识是个人内化外在的道德关系而产生的主观活动现象，亦即道德主体的主体性精神现象。它是个人在一定伦理要求基础上对自身本质的反思而形成的自觉的意志活动过程。它包括个人意识到外在的伦理要求和道德规范的客观存在，并对自己有某种约束的力量；个人意识到自身必须符合并服从客观的道德要求与伦理规范。个人道德意识的发展经历了一个从形成到反思再到理性确定的螺旋式上升的辩证运动过程，就是道德意志活动过程的“他律—自律—自由”的辩证发展过程。表现在个人身上是一种行为的自觉和自律，不管有无人监督，都能自觉去践行基本的道德规范。如不带早餐进教室，把垃圾带出图书馆等都是一种建立在自觉基础上的行为。

我们在生活中可以见到很多缺乏道德意识的行为，如逗小孩，小孩子看不到妈妈急得哭，旁边的人不但不安慰反而拿小孩子的哭开心，用“你妈妈不要你了”“你妈妈被警察抓走了”此类话语逗小孩玩，小孩哭得越激烈，他们就越开心。拿孩子穷开心，把孩子的痛苦变成一种快乐，这是缺乏道德意识的表现。

### （二）个人道德规范

道德规范是由一定社会经济关系决定的，以善恶为评价的，依靠人们的内心信念、社会舆论和传统习惯来维系的，调整个人与个人之间及个人与社会之间关系的原则和规范的总和。

个人道德规范源于人们的道德生活和社会实践，又高于人们的道德生活和社会实践。历史上不同时代、不同阶级的道德规范，都是个体从相应的时代要求和阶级利益出发，经过概括而形成的，并用以指导自己的道德生活和道德行为。

个人道德规范是人们判断善和恶、正当和不正当、正义和非正义、荣和辱、诚实和虚伪、权利和义务等的基本准则。人们能够按照道德规范的要求所作所为，就是善行；违反道德规范的所作所为，就是恶行。它是社会对个人行为的约束，也是外在的行为标准。

个人道德规范就是在社会道德规范的个人理解基础之上，将社会道德规范内化成自身的一种行事准则和自我要求。它始终伴随个人的道德实践，成为个体的为人风格。

张老师是某幼儿园的招生主任，有一天她的大学室友兼闺蜜找到她，室友现在办了一个幼儿艺术培训班，希望张老师能将全园家长的联系方式提供给她，方便她进行招生，并直接地告知张老师，家长联系方式按 5 元一条给予报酬，在她园中发展一名幼儿成为她培训班的学员，将给予张老师 200 元回扣，张老师所在的幼儿园有 400 名幼儿。如果你是张老师，你该怎么办？直接回绝？含糊其辞，拖着不给？爽快答应？请说出你详细的解决办法。如果张老师将全园家长信息给了她同学，她是否违反了道德规范呢？如果违反了，又是违反了哪条规范呢？

**拓展阅读**

这群孩子从一开始就不服从马修老师，花招百出地捉弄他，经常气得马修老师七窍生烟，每到上课时间，都吵吵闹闹，一会儿在黑板上乱画，一会儿骂老师秃头、亮光头。虽然这样孩子调皮得让人头疼，但是马修老师发现每一位孩子都很有音感，决定挖掘这群叛逆小孩的音乐天赋，他要让这群小天使高声欢唱生命之歌。于是他想组建一个合唱团，可是其他老师不赞同，认为是浪费时间和体力，院长也反对。马修老师想方设法将幼儿组建成一个合唱团。有一次被马修老师意外地听到顽皮且不愿参加合唱团的男高音莫翰奇，在扫地时一个人哼唱，马修老师觉得莫翰奇的声音悦耳动听，于是安排一场独唱，获得全场观众的赞赏。

后来，老师用他的爱心和耐心，感动每一位孩子，把合唱团办得有声有色。到最后孩子们非常喜欢马修老师，感谢马修老师没有放弃他们，让他们唱出自己的天空。

观看电影《放牛班的春天》，谈谈马修老师在教育教学活动中具有哪些值得我们学习的人格品质？

幼儿教师所有的日常教育教学活动都与幼儿教师的师德展现密切相关，他们处处在践行着道德活动，也就是“道德实践”。这种道德活动是指幼儿教师在一定的道德意识指导下在教育教学活动中表现出来的有目的的行为和活动，包括道德行为、道德评价、道德教育、道德修养以及其他具有善恶价值并应承担道德责任的活动，道德活动既是一定社会或阶级的道德意识、道德原则和规范的具体体现和贯彻，又是这些道德意识、道德原则和规范形成和完善的实践基础。

教育是充满智慧和高尚的事业。作为幼儿教师，应该具有高超的教育智慧和高尚的人格品质。站在新时代的起点，机遇与挑战并存，幼儿教师更要自觉提升个人修养，不断实现自我超越，认清自己肩负的使命和责任，为发展现代教育，培养社会主义事业建设者和接班人。

## 二、幼儿教师个人道德品质的基本内容

师德，它所包含的内容是广阔而丰富的。师德之中，除作为专业人员而存在的专业道德外，同时还包含幼儿教师个人的品格与职业态度。

### （一）幼儿教师专业素养与人格

众所周知，优秀幼儿教师必须具备较为丰富的学术知识，但是，具备丰富学术知识的人，未必能够成为优秀幼儿教师。越来越多的实证研究表明：当幼儿教师的知识达到一定程度的时候，决定幼儿教师教学水平、成效的因素不是知识，而是幼儿教师的知识、情感、信仰、人生态度、价值观等等个性因素和个人品格。所以，我们应看到，师德若一味撇开对其形成构筑根基的情感心理、个人品格等方面的因素，那么我们的道德培养与教育只能是“实质性低迷”的。

在幼儿教师的素质结构中，人格、知识、技能是一个不可分割的整体，专业素养是专业知识、专业能力或技能、态度和价值观等方面的综合体，任何一种专业都有自己的伦理要求，幼儿教师作为一种特定的专业同样也不例外。而且与其他一些专业相比，幼儿教师的职业活动更凸显伦理意义，这是因为幼儿教师的专业活动首先意味着是对幼儿的人格产生影响，即“教育首先是道德教育”。作为幼儿教师，其人格是首先要接受考量的。在此意义上，幼儿教师这个专业所特有的责任实质是指幼儿教师应为幼儿，为一个人的发展负责。

这种责任是对人的生命的承诺。人的生命只有一次，而且人的生命经验和生命历程不可重复，其价值无法衡量，所以，幼儿教师对幼儿生命成长的承诺和责任也就具有了其他责任所不具有的神圣性和使命感，具有一定意义上的特殊性。正如徐特立老先生所言：“我们不仅仅只是做知识和技能传授的‘经师’，还应该同时做好幼儿灵魂改造的‘人师’。”幼师工作的特殊性决定了幼儿教师如果不负责任就无异于对文明、对人类自身的变相“毁灭”。也正因为这样，人们都对幼儿教师寄予了厚望，希望幼儿教师能够切实承担起自己的责任，幼儿教师对自己的

行为和决策负有责任；对幼儿、家长、幼儿的监护人、其他幼儿教师、学校领导和一般公众都负有责任。家长把自己的孩子交给幼儿教师，他们就有权利期待想要达到的结果。

著名教育家乌申斯基指出，在教师工作中，一切都应该建立在教师人格的基础上。因为只有从教师人格的活的源泉中，才能涌现出教育的力量。并且他认为，没有教师对学生的直接的人格方面的影响，就不可能有深入性格的真正教育工作。只有人格能够影响人格的发展和形成。可见，幼儿教师的人格是幼儿教师职业最重要的本质特征。

### （二）健康人格与幼儿教师职业道德修养

#### 1. 幼儿教师人格

幼儿教师的人格与师德修养有着密切的关系。从学校教育来看，幼儿教师的人格，体现着幼儿教师之间的个性差异，诸如健康的情感、坚强的意志、稳重的态度、积极的兴趣、刚毅的性格和良好的品性等，这些因素在不同的幼儿教师身上的外在表现是不同的，具体反映在幼儿教师个体为人处世的道德风尚上，体现在不同的教学风格中，也表现在不同的德育环境里，而这些反映与表现就是我们通常所说的师德。

小思考

谈谈你的人格特征中曾经受到哪些老师的影响？这些老师的人格特征是怎样的？

人格是做人的根本，幼儿教师人格则是每个幼儿教师工作成败的关键，它影响到幼儿教师在教育活动中的价值取向，也影响到社会对幼儿教师价值的认定。在现代教育观念中，幼儿教师应具备的现代的人格特征是有理想、有抱负、面向未来，自信、求异、立足创新，合作、宽容、充满爱心，公正、求实、完善自我，诚恳、开朗、胸怀坦荡等等。

幼儿教师的师德修养基于幼儿教师的人格，因为师德的魅力主要从人格特征中显示出来，历代教育家提出“为人师表”“以身作则”“循循善诱”“诲人不倦”等，既是师德的规范，也是幼儿教师良好人格特征的体现。在幼儿的心目中，幼儿教师是社会的规范、道德的化身、人类的楷模、父母的替身。幼儿都把幼儿教师作为学习的榜样，模仿其态度、情趣、品行，乃至行为举止、音容笑貌、绘画书写、穿着打扮等，由此可见幼儿教师人格的力量。幼儿往往从幼儿教师的言谈举止中发展其性格，从幼儿教师的品行中形成其品德，从幼儿教师的威望中完善其人格的全部含义。

我们应该特别强调在理想的幼儿教师人格中，如雪一样洁白的道德纯洁性。不管有人还是无人，行动都是表里如一，不管面对什么样的幼儿，都能赋予公正的爱，这样的人格才是真正有魅力的人格。慈爱和权威是为师的特质，因而也是人格感化的根本动力。而慈爱和权威绝不是对抗的二元的东西，而是由同一根源——幼儿教师高尚的人格体现出来的。没有爱就没有真正的威信，没有威信就没有真正的爱。金子般的人格，能给幼儿们带来足够享用一生的“热量”，能还给教育一个更加深刻的内涵，即使父母给予孩子们足够的爱，孩子的身心也并不一定能够健康成长，来自师长的爱是无声的，但却是最有分量的，孩子们在学校里最渴望的就是来自幼儿教师给予他们的那种发自内心的爱。

在学校道德教育中，要实现幼儿道德人格的提升就必须重视建构合乎时代的道德理想人格。道德理想人格的塑造要在理想人格与现实人格之间保持张力、取得平衡，使之既有现实性，又有一定的神圣性。理想人格追求在教育或修养中的具体落实应通过榜样人格——具有优秀人格魅力的幼儿教师作为中介去完成，对每一个个体而言，理想自我与现实自我既要以理想人格作最高参照系，又要以榜样人格作最切近的参照。所以，我们不仅要把幼儿教师当作教育目的和教育目标的执行者、知识的传播者，而且在大力提倡素质教育的今天，更应该突现幼儿教师的道德人格魅力。在学校，幼儿教师是幼儿最依赖的人，是幼儿的人格榜样，幼儿在幼儿教师那里获得信心和力量，学到高尚的思想品德。幼儿教师是幼儿情操的陶冶者，心灵的哺育者，是人类灵魂的工程师。幼儿处在成长的过程中，他们还很不成熟，其成长不是自发的，幼儿教师要按照教育发展规律，在言传身教中去影响和指导幼儿健康成长，实现他们的理想人格。

**2. 健康人格是幼儿教师的师德修养的风范**

人格，就是指人的品格，是指一个人道德品质的高低。幼儿教师人格指幼儿教师应该具备的职业道德、伦理和职业价值观等方面的内容，是指幼儿教师为胜任本职工作所必须具备的良好的性格修养、积极的心理倾向、创造性的认知方式、丰富的情感、坚强的意志、高尚的道德品质、规范的行为方式等人格特征的综合体。

幼儿教师人格是影响幼儿人格形成、心理发展、学业成绩提高的重要因素。幼儿教师的人格品质及其魅力，在很大程度上决定着幼儿个性的健康发展。盖兹达等人研究指出，幼儿教师人格品质的基本内核是“促进”，也就是对幼儿的行为有所帮助。可以提高他们的学习能力，增强他们的自尊心与自信心，缓和他们的焦虑感，培养他们的情趣、意志品质和性格，形成他们的价值观，以及形成并巩固他们待人处事的积极态度等，从而促进幼儿整个人格的形成和发展。

怎样拥有健康的人格？拥有健康人格的第一步就是要学会接受自己。哲学家托马斯·布朗曾说：“我是世界上最快乐的人。我可以将贫穷变为富有，将逆境变为顺境。”听起来似乎这位哲学家有着神一般的力量，但其实这种神奇的力量是我们每个人都有的。这种神奇的力量就是人人都具有的“心理防御系统”功能，这个系统让我们接受自己的优点与不足，让我们制造快乐，进而让自己活得更好。接受自己就是以一种温暖、关爱、亲切、宽容和体贴的态度对待自己。接受自己就能打开“心理防御系统”，接受你的黑暗面，你就不会被黑暗所困，所有的黑暗也会消失。学会做自己、接受自己，接受真实的样子。接受每一个感觉，不管是好是坏。接受丰足与爱。接受自己的情绪，接受自己的愤怒，接受自己的怨尤，接受自己的不完美，接受自己正在进行的努力！接受生命中的所有过程，感谢生命中的所有进展。相信生命中所有的进展都让自己和身边的人越来越好。接受每一部分的自己，无条件地爱自己的每一部分。接受全部的自己，喜欢并且接受自己这样努力生活的样子。大家都知道自己心里面有个小宇宙，只是我们真的不知道这个小宇宙的强大！关键是，我们要认识这个称呼为“心理防御系统”的小宇宙，接受自己、接纳自己、珍惜自己，快乐起来！不要为明天忧虑，因为明天自有明天的忧虑。改变内心，悦纳自己，就可以遇见每一天的美好！

教育实践表明，幼儿教师积极向上的人格魅力对幼儿的发展具有导向性、示范性、感召性和亲和性等。幼儿教师与幼儿在人格上是平等的，幼儿教师应该尊重幼儿的人格和他们对自身人格发展的正确选择，并为这种选择提供示范和导向。在教育实践中，正是幼儿教师人格及其魅力所产生的导向、示范、感召、亲和作用，促进幼儿知识、智力、能力、情趣、需要、动机、态度、价值观、性格等各种人格素质的发展。幼儿教师的人格修养，甚至影响着幼儿们的终身，幼儿教师的一举一动、一言一行都带有社会责任，对幼儿人格的发展产生重要影响。

乌申斯基说：“教师的人格就是幼儿教师的一切。”幼儿教师人格内涵表现在诸多方面，主要体现在三点上：一是奉献精神；二是自我完善的主观能动性；三是敢于创造的精神。我们与身边的，乃至全国闻名的优秀幼儿教师作一番比较：不难看出，其差异主要体现在打破陈规敢于创新的成就动机，和谐的师生关系，严谨的工作态度，执着追求的事业心，不断自我充实完善，虚心好学的人际关系等几个方面。这些都属于幼儿教师的人格品质范畴，这些都只能通过幼儿教师的劳动过程去感染幼儿而显示出来。因此，一个健康人格的幼儿教师，具有奉献精神、主观能动性和创新能力，他的教育教学工作始终是轻松、和谐、有趣、效果好，这就是我们追求的人格魅力。

培养全面发展的幼儿，需要高素质的幼儿教师，幼儿教师人格是实现幼儿素质教育目标任务的关键。那么实施素质教育的今天，幼儿教师的社会价值和自我价值是什么？培养有创新精神和实践能力、科学精神和人文素养的幼儿，需要幼儿教师具备哪些人格品质？

### （三）理想的幼儿教师应具备的人格特征

#### 1. 胸怀理想，充满激情和诗意

成功学家拿破仑·希尔说：“人与人之间只有很小的差异，但是这种很小的差异却造成了巨大的差异！很小的差异就是所具备的心态是积极的还是消极的，巨大的差异就是成功和失败。”

**拓展阅读**

法国少年皮尔从小喜欢舞蹈，他的理想是当一名出色的舞蹈演员，可是家境贫寒，父母只好送他去一家缝纫店当学徒，希望他学得一门手艺后，能帮家里减轻负担。一天要在缝纫店里工作十多个小时的皮尔，十分厌恶这份工作。一是繁重的工作所得的报酬还不够他的生活费和学徒费；二是为自己的理想无法实现而苦闷。他觉得与其这样痛苦

地活着，还不如早早结束生命。就在他准备自杀的那晚，他突然想起了从小就崇拜的、有着“芭蕾音乐之父”美誉的布德里，皮尔觉得只有布德里才能明白他这种为艺术献身的精神，于是他给布德里写了一封信，希望布德里能收下他这个学生，并在信的最后写道：如果布德里在一个星期内不回信，不肯收他这个学生，他就放弃生命。

很快，皮尔收到了布德里的回信，布德里并没有提收他做学生的事，也没有被他对艺术的献身精神所感动，而是讲了自己的人生经历。布德里说，他小时候很想当科学家，家境贫穷的他，却只得跟一个街头艺人跑江湖卖艺……最后他说人生在世，现实与理想总有一定的距离，在理想与现实生活中，首先要选择生存，只有好好地活下来，才能让理想之星闪闪发光。一个连自己的生命都不珍惜的人，是不配谈艺术的……

布德里的回信让皮尔猛然醒悟。后来，他努力学习缝纫技术，从 23 岁那年起，他在巴黎开了自己的时装事业。很快，他建立了自己的公司和服装品牌，他就是皮尔·卡丹。皮尔·卡丹在一次接受记者采访时说，其实自己并不具备舞蹈演员素质，当舞蹈演员只不过是年少时的梦想而已。只有勤勤恳恳地做好身边的每一件事，脚踏实地地走好人生的每一步，才能更快地接近理想。

幼儿教师职业是一个需要沉淀和积累的职业，就像一颗需要岁月的磨洗才能发出璀璨光辉的宝石。选择教育就是等于选择了守候精神，保持内心丰富和理想的充盈去不断打磨自己的教育教学技能，成为行业的精英，是需要耐心和静心的。一个人有很多种选择，有很多活法，但归结到底的哲学问题只有一个：精神立身或富贵立身。

任何幼儿教师要想有高的成就、高的水准，首先必须要有高的理想。作为幼儿教师来说，走上教育岗位以后，必须为自己设置一个一生为之奋斗的目标：成为学科骨干，还是管理精英，只有设置这样一个目标，才能把自己的所作所为锁定在这个目标上，才能不断增强自我意识和使命感，才能不断地进行自我挑战，否则会走弯路，会荒废时间及精力。

教育的每一天都是新的，每一天的内涵与主题都不同，只有具有强烈的冲动、愿望、使命感、责任感，才能够提出问题，才会自找“麻烦”，也才能拥有诗意的教育生活。写诗是要有灵感、悟性和冲动的，真正的教育家也应具备这样的品格，永远憧憬明天。

一个优秀的幼儿教师，必须具有远大的理想，不断地给自己提出追求目标，同时又要有激情。优秀的幼儿教师要永远伴随着自己的梦想。当生活没有梦时，生命的意义也就完结了，教育就没有了意义。

**2. 自信、自强，不断挑战自我**

一个理想的幼儿教师，应善于认识自己，发现自己。生活中的一些人，为什么没激情，因为他发现不了自己的可爱之处和伟大之处。一个人永远不会超过他追求的目标。同样，一个人也永远不会超过对自己的评价。一个人对自我的评价，往往是这个人事业能否成功的标志。自信使人自强，适当的“骄傲”使人成功。只有自信，才能使一个人的潜能、才华发挥至极致，也只有自信才能使人得到“高峰体验”。所以作为幼儿教师应珍视这种自信，不因一时挫折而丧失自信。一个人要取得成功有两个重要的前提：一个是追求成功，一个是相信自己能够成功。

一名理想的幼儿教师，应该不断地追求成功，设计成功，更重要的是要撞击成功。因为人来到世上并不知道他会成为什么样的人，只有去撞击每一个可能成功的暗点，才能擦出成功的火花。幼儿教师有这样或那样的冲动，有这样或那样的撞击，是难能可贵的。当一个幼儿教师停止撞击了，就意味着他对生活失去了意义，对自己的存在失去了自信。

这是在所有优秀幼儿教师身上共同表现出来的心理素质和心理特征，也是他们做好工作的基本前提和条件。幼儿教师，他们的工作对象是活泼好动、瞬息即变的幼儿，他们时常会遇到一些自己意想不到的富有情绪色彩的事件，这就需要幼儿教师保持一种稳定的情绪，充满自信，才能冷静地处理好幼儿中出现的问题。有人调查了欧美 102 名优秀幼儿教师对自己的看法后发现，这些幼儿教师具有的共同的特点是，相信自己的能力，也确信幼儿教师工作的价值，具有乐观、积极的自我形象，自尊而不自卑。国内也有大量研究证实，情绪稳定、充满自信是优秀幼儿教师必备的素质。

小思考

什么是幼儿教师的教学自信、教育自信？这种自信从何而来？

幼儿教师工作的环境各不同，有的在私立集团幼儿园，有的在普惠制公立幼儿园，有的在城市，有的在农村。所教幼儿的背景和基础也有不同。有的人总是对现状不满，经常会埋怨：我怎么会到这样一个蹩脚的学校工作，总希望能拥有一个更好的工作环境。这种心情可以理解，但是我想说，所有的环境，都能够产生教学行家；所有的磨难，都可能造就教育专家。事实上，环境好坏是相对的，不是绝对的。在一个名气很响的示范性幼儿园，它的规范多，它的自由可能就会少；而在一所名不见经传的幼儿园，人的创造性可能得到更大的发挥。

**3. 善于合作，具有人格魅力**

社会经济迅猛发展的今天，大家都明白了一个道理，要想在日益激烈的竞争中处于不败的地位，必须要抱团发展。善于合作，成为现代社会个人基本素养之一。名师工作室，教育联盟，集团化，强强联合，才能弥补自己事业发展的短板。一个不善于合作的幼儿教师，他走不了太远。我们的教育对象，我们的幼儿，处在非常复杂的社会环境中，时时刻刻接受着多方面、多层次的影响。幼儿教师的影响在多大程度上能够成功，取决于幼儿教师在多大的层面上协调各方面的力量，共同对幼儿施加影响。对于一个会做工作的幼儿教师，他会调动千军万马来实现自己的教育抱负。

一个善于合作的幼儿教师他的身上是散发着以下人格魅力的。

第一，具有为人师的高尚品德——这是幼儿教师人格魅力构成的根本。一个品德高尚的幼儿教师，其一要有正确的人生观，其二要有忠诚事业的责任感，其三要有正直诚实的做人态度，其四要有任劳任怨、勤勤恳恳、踏实肯干的工作作风。拥有这样的品格，才堪为人师。

第二，具有诚挚博大的无私爱心——这是幼儿教师人格魅力构成的前提。这要求幼儿教师首先要尊重幼儿的人格尊严；其次，幼儿教师要真情付出，以平等的心态去对待每一个幼儿；再次，幼儿教师要公平公正，不能厚此薄彼；最后，幼儿教师要有宽容的胸怀。

第三，具有高超精湛的教学艺术——这是幼儿教师人格魅力构成的关键。首先，幼儿教师必须较好地掌握教育科学和心理科学方面的知识，合理、科学地选择教学方法和手段；其次，幼儿教师的教学语言必须做到确切明白、简洁通俗、风趣幽默、形象优美；最后，幼儿教师应在教学中对幼儿渗透审美教育和人格教育。

#### 4. 充满爱心，受幼儿尊敬

孩子由于年龄小，行为常常是很单纯的。即使他们犯了错误，教师也应该先了解原因，不可一味批评，要给孩子一个解释的机会，那样也等于给了自己一个了解孩子的机会。

教育爱，是教育力量的源泉，是教育成功的基础。我们有很多幼儿教师日复一日、年复一年地在教，但是他从没有在教的过程中寻找到乐趣，心中也没有涌起一种爱的热潮，这样的幼儿教师永远也不可能取得教育上的成功，永远也不可能把握教育的真谛。

教师对孩子的爱并不需要什么惊天动地的大动作，有时一个小小的细节可以传递爱的信息，一个不经意的动作可以扶起孩子的自尊，一句充满爱心的话语可以影响孩子的一生，作为幼儿教师千万不要轻视这小小的细节，我们的爱正是通过这些点滴细节慢慢渗透到每个孩子的心灵之中。相信这样的镜头我们每天都会看见，当我们行走在幼儿园之中，常常会有孩子一脸阳光地与我们打招呼："老师好。"有的老师会微笑着应答，有的幼儿教师会蹲下身子和孩子拥抱，或是用手抚摩孩子的头或是脸蛋叫孩子的名字，而有的幼儿教师则是面无表情，目光呆滞，机械地回答一声"早上好"有的只是高傲地看孩子一眼或是用鼻子"嗯"一下。更有甚者，有的幼儿教师却依然只顾走着，看都不看孩子一眼，就这样一个打招呼的细节，便掂量出幼儿教师对孩子爱的分量。

孩子没有像成年人那样明确的判断能力，会把成年人的敷衍当真。敷衍不是爱，幼儿教师只有投入全身心的力量去关注幼儿，幼儿才会感受到你对他的爱。只有爱，才能赢得爱，你爱幼儿，幼儿也才会爱你；你爱教育事业，教育事业也会爱你，你才会获得事业上的乐趣。

值得注意的是，幼儿教师对幼儿的爱应是面向全体幼儿的爱。正如教育家陶行知所说"爱满天下"，就是要求幼儿教师要爱护每一个幼儿，无论他的家庭背景好坏，他的长相美丑，甚至他的道德品行优劣，幼儿教师都要真诚地关心和爱护他。

#### 5. 追求卓越，富有创新精神

2004 年，临汾第三人民医院院长郭小平看到艾滋病区的几个孩子到了上学年龄却没法上学，便和同事一起办起了“爱心小课堂”，在社会各界的帮助和支持下，2006 年 9 月 1 日，临汾红丝带学校正式挂牌成立，2011 年学校被列入正式国民教育序列。临汾红丝带学校是国内唯一一所艾滋病患儿学校，郭小平目前担任临汾市红丝带学校校长，感染艾滋病的幼儿在这里接受治疗的同时也能安心接受与正常孩子一样的教育。多年来，郭小平创建红丝带学校一事，在社会上也受到不少争议，郭小平一直在艰难中努力坚持。他最大的愿望就是，随着社会进步，艾滋病患儿可以到正常的学校去上学。

每年的感动中国十大人物中，至少有一位是教育界的英才，但这位是医生兼职做了教师、校长，并被社会关注。关注的原因不仅仅是他解决了社会棘手问题——艾滋病儿童被社会教育体系所忽视的问题，更重要的是他拥有了我们今天每一个教育工作者应该拥有的基本素养——跨界思维，用多角度、多视野看问题并提出解决方案。每一个幼儿教师都应该成为教育教学上的有心人，在日常的教育实践中不断探索，不断创新，而不是被日复一日的单调的工作所埋没。工作一辈子，被工作所奴役；离开了工作，什么都干不了。事业成功的基础就是带着发现的眼光去从事工作，做工作的有心人，不断去发现、创新，才会在事业上有所建树。

**6. 勤于学习，不断充实自我**

益阳桔城幼教集团董事长汤丽园长，凭着自己对幼儿教育的热爱与执着，从 20 世纪 90 年代开始，就踏入了学前教育这一当时在沅江农村地区几乎得不到正确认识的行业。从幼儿教师到园长再到集团老总这二十来年，汤园长感受最深的就是：执着，坚持走自己的路，勤于学习，充实完善自我是成为一名优秀幼儿教师的捷径。好幼儿教师应当学识渊博、教学精湛，应该永远向海绵吸水一样汲取社会的、人文的、科学的新鲜知识，为自己充电，改变逐渐老化的知识结构。

作为一名湖南沅江偏远乡村的农家女儿，汤园长刚创办自己的第一所小幼儿园时，只有短短的几年幼儿教师的工作经历，她当时既有当一园之长的兴奋，也有能不能办好园、教好孩子的忐忑不安。当时，她的学历不高，经验不多，周边又没有可以仿效和复制的幼儿园创办模板，更不像现在互联网时代，有可以随时随地获得学习的机会和渠道。唯有的就是寻找一切可以向外界学习的机会，她跑到湖南省图书馆查资料，到长沙师范学校请教老师，旁听课程。拿她的话来说，刚开始那几年，每年的寒暑假基本上就是在书堆中和课堂上度过的。

现在，她的幼教事业已初具规模，拥有五个上规模的幼儿园，孩子一千多人，老师三百来人。入园的孩子多了，管理的幼师多了，需要自己决策、处理的事务多了，但她学习的时间从来没有松懈，学习的劲头从来不曾减弱。现在，不管多忙，不管有多大的困难，只要有学习的机会，她都不放过。从省内到省外，从严冬到酷暑，她马不停蹄地参加各种幼教培训班、园长研讨班、学历提升班、新理论学习班。她的学习方式也更加丰富，向实践学习，向书本学习，向网络学习，向专家学习，向能人学习，向同行学习，向家长学习，甚至向孩子学习，她感到了无比的充实和快乐。勤于学习，让她有了越做越大、越做越强的事业；善于学习，让她更好地培育祖国的花朵和民族的希望。

人生不过百年，学习永无止境。从汤园长的身上我们得到的体会是：学习是生命中最好的营养，因为不断学习，所以心态年轻；因为努力学习，所以心想事成；因为终身学习，人生价值倍增！特别是在知识更新的速度越来越快的今天，每个人都面临落伍的危险。在未来的社会中，无论从事哪种职业，都将存在终身学习的需要，更不要讲“传道、授业、解惑”的幼儿教师。因而幼儿教师最重要的任务就是学习，向同行学习，向孩子学习，向书籍、报纸杂志、网络学习。

幼儿教师，如果知识面不广，是很难真正给孩子以人格上的感召力的。孩子年龄越小，他对教师的期望值越高，他就越是把教师当作百科全书。在他们的眼中，老师是无所不知的，如果幼儿教师是一问三不知，他们就会特别失望，进而鄙视幼儿教师。现在的儿童，他们获得新知识的渠道很多，接受的速度也很快，但由于受生理和心理年龄的限制，他们很难把这些新知识理解透彻，他们渴望获得帮助，而幼儿教师就成了他们的首选。而这时，幼儿教师仅靠在读书时代累积的知识很显然已远远不够。随着社会的进步，知识的更新周期缩短，同时，新时期的教育不仅要求幼儿教师有过硬的专业知识，更要求幼儿教师有着精深的教育理论知识和广泛的社会文化知识。

**7. 关注人类命运，具有社会责任感**

幼儿教师面对的是一个个幼小的生命体，他们充满着生命活力，有着成年人不具有的生命原色调。幼儿呈现给老师的是一块白板，让我们的老师去描绘色彩。教育不光是给孩子们知识，更重要的是培养幼儿一种积极的生活态度，以积极的生存心境、积极的人生态度对待生活。作为一个幼儿教师，他应该非常关注社会，关注人类命运，注重培养幼儿的社会责任感。也只有幼儿教师的社会责任感才能塑造幼儿的社会责任感。幼儿教师在课堂里面和幼儿讨论保护环境、人口等问题，才能唤起孩子们对这些问题的关注。如果幼儿教师整天关心的是流动红旗，是到班率，孩子们的视野怎么能得到开阔？学校的世界和外面的世界本应该是互通的，而现实生活中却是外面的世界很精彩，学校的生活很枯燥。因此，要使幼儿更好地生活，要使今后的社会更加理想，更加完美，首先要净化我们的校园，并使我们的幼儿具有人文关怀精神。苏霍姆林斯基说过，孩子在离开学校的时候，带去的不仅仅是分数，更重要的是带着他对未来理想的追求。

## 三、幼儿教师高尚人格的塑造

师生的相互关系，首先要谈教师的人格问题，因为教师是领导者，所以不能不谈教师的人格，教师是有两种人格的，一种是经师（因为中国过去教经书中的知识的称经师，现在是教科学知识，为了容易记忆，所以仍袭用这个名称），一种是人师，人师是教行为，就是怎样做人的问题。经师是教学问的，就是说，除了教学问以外，学生的品质，学生的作风，学生的习惯，他是不管，人师则是这些东西都要管。我们的教学是要采取人师和经师二者合一的，每个教科学知识的人，他就是一个模范人物，同时也是一个有学问的人。

对于从事幼儿教育的幼儿教师来说，除了肩负“经师”和“人师”的职责外，又有着特殊的要求，即必须要“身体力行”，通过自己的言行去潜移默化地影响幼儿，要求幼儿做到的，自己都必须先做到，要切实做到“言行一致”和“言传身教”，使自己真正成为幼儿的“人师”，而不仅仅是幼儿的“业师”。

幼儿教师人格就是人格在幼儿教师这一职业中的特殊要求的体现，是幼儿教师为胜任其本职工作所必须具备的良好的性格特征、积极的心理倾向、创造性的认知方式、丰富的情感、坚强的意志、高尚的道德品质、规范的行为方式等人格特征的综合体。

### （一）幼儿教师人格塑造的意义

人格是做人的根本，幼儿教师人格则是每个幼儿教师工作成败的关键，它影响到幼儿教师在教育活动中的价值取向，也影响到社会对幼儿教师价值的认同。

从系统论的观点来看，幼儿教师人格是职业性群体人格。教育是由一定的教育目的和要素构成一定的组织形式，实现一定的教育功能的整体，这就要求凡为幼儿教师者必有同质优秀品格。教育系统这种构成要素的多样性决定了其复杂性，即但凡关乎人的发展的影响因素都是构成教育系统的运行动因，显然，教育的成功在于要素和过程的优化。在教育过程中，幼儿教师人格的作用主要体现在四个方面：影响幼儿教师对教育工作投入精力的数量和质量；影响幼儿教师威信的建立；影响幼儿人格的发展；通过教学方法、教学风格和管理方式等方面影响教育效果。因此，幼儿教师人格正是教育成功的基本条件。

高尚人格是一个人素质的综合表现，对个体行为素养有着统领作用。幼儿教师从事的是灵魂塑造工作，塑造完美人格是幼儿教师素质整合的客观要求，幼儿教师必须要有美好的心灵和健康的人格。

### （二）幼儿教师人格的职业特征

不同人格特征的人在职业选择上有很大的差异，而只有当人格特征与职业特征相匹配时，人才会在工作中表现出最大的积极性，使其优势得到充分发挥，才能获得最强大的职业幸福感。对于幼儿教师人格而言，幼儿教师职业的特殊性决定了其育人性、高尚性和完美性。育人性是由幼儿教师职业的劳动特点所决定的，幼儿教师劳动的主要目的是培养与塑造符合社会发展需要的优秀人才，幼儿教师劳动的对象是处于不断发展和变化的具有各自不同个性的人，幼儿教师劳动的方式是通过其特有的人格魅力感染和教育幼儿，言传身教，促进幼儿身心的健康发展。

高尚性是由幼儿教师肩负的重要责任决定的，幼儿是社会主义现代化建设的未来，他们的思想觉悟、道德品质、文化知识和工作能力直接关系到社会主义建设的顺利完成、社会主义祖国的繁荣昌盛等重要问题。无论是理论还是实践，我们都可以认定这样一个事实：只有人格高尚的幼儿教师才能切实担负起培养社会主义事业建设者和接班人的历史重任，才能真正引导幼儿树立远大、崇高而科学的世界观、人生观和价值观。这正如罗素所提到的，“为了对幼儿给予道德上的影响，幼儿教师本人必须是有高尚道德的人，自己没有的东西是不能传授给别人的”。

完美性是由幼儿教师人格的育人性和高尚性决定的，它主要包含求真、至善和达美等三个方面。其一，求真是人类自身的内在需要，更是人生臻于完善的根本前提。其二，至善是主体应具有的对符合社会发展和人民利益的高尚道德品质和道德行为的孜孜追求。其三，达美是对美的追求，按照美的规律去感受美、鉴赏美和创造美。真、善和美三者和谐统一是幼儿教师人格的完美体现，也是人生的最高境界。

### （三）幼儿教师高尚人格的塑造

第一，加强自我教育，强化自我内在人格。

人格教育说到底是一种自我的终身教育。自我教育是幼儿教师强化自身内在人格素质的有力手段。幼儿教师的自我教育是以自我学习、实践、反思的方式展开的。幼儿教师首先得学会了解自我、认识自我，学会摆脱在生活和学习中遇到的各种心理困境，并最终形成肯定的自我概念，成为自尊、自信、自强的人。其次是提高他人意识，形成尊重他人、平等待人的意识，形成对他人情绪和需要做出积极反应的意识，对幼儿教师来说，就是能敏锐地把握幼儿的所思所想。幼儿教师人格的发展，只有幼儿教师自己通过认真而深切的自我认识才能获得效果，只有通过幼儿教师主体的选择与吸收才能真正发挥作用。

幼儿教师应随着时代的发展，与时俱进地学习政治理论，树立坚定正确的教育价值观，热爱教育事业，热爱幼儿，为人师表，真正适应并促进教育的发展。应系统、扎实地掌握本专业的基本理论、知识、技能；还要博采众长，具有广博的自然科学和社会科学知识；应该具有教育学、心理学和教学法的知识，包括掌握必要的现代教育技术手段；要认真学习古今中外教育先哲的理论精髓，要面向未来，面向现代化，学习新的教育理论，了解学术界的新动向；还要不断地汲取新知识，吸收新信息，而且要善于获取知识信息，讲究获取知识信息的方法和技巧，筛选旧知，活化新知，积淀学识。只有如此孜孜不倦善于学习创新之幼儿教师，才能培养出善于终身学习的新一代。由于人格发展随着社会与个体的发展而发展，永无终结而贯穿于人生全程，幼儿教师的自我教育是一个自我学习、实践、反思、再学习、再实践不断循环的过程，在这循环往复的过程中，幼儿教师人格才能获得提高与发展。

第二，善于自我调节，保持良好的身心素质。

幼儿教师应该具有良好的心理素质和健康的身体素质，以自己健康的身心言行感染带动幼儿奋发进取。从幼儿教师的心理教育角度来看，身心健康特质是幼儿教师自我教育行为应十分注意的特质。良好的心理品质包括有高度的使命感、责任感和事业心、进取心，有敬业精神、创造精神、顽强的毅力和百折不挠的精神。如果一个幼儿教师热爱祖国，热爱生活，乐于奉献，积极向上，幼儿受其影响就会热爱班集体，乐于助人，奋发进取，将来进入社会就会遵守社会公德，有利于形成良好的人生观和世界观。如果幼儿教师自私自利，不讲原则，不负责任，不求进取，就会在幼儿心目中留下阴影，不利于幼儿健康成长。所以幼儿教师应该注意培养自己良好的心理素质，通过树立正确的人生观，客观地认识自我，确定适度的抱负理想，培养健康的情绪和情感；应该提高自我保健的意识和能力，增强身心健康，使生活更欢乐，精力更充沛，工作更顺利。为此，幼儿教师要及时根据客观环境的不断变化，调整自己的认识和行为，使个体的行为不超越社会的认可，使个体的欲望不悖于社会的规范，使自己成为幼儿的表率和楷模。

第三，注重自身行为礼仪修养，达到自身内在素质和外化行为的统一。

幼儿教师的一举一动是幼儿教师人格的外化呈现，幼儿教师在塑造自身人格的内在素质的同时，必须注重自身人格的外化行为。仪表能反映一个人的文化修养，也是一个人性格、气质的体现；语言是思想的外壳，是表现一个人心灵人格的一种形式，也是幼儿教师对幼儿进行教育的主要工具；行为举止也反映着一个人的内心世界。一个衣冠不整、蓬头垢面的幼儿教师走进教室，必然引起幼儿的骚动；恶语能伤人，幼儿教师的不恰当言谈不仅有损于自身人格形象，也会扼杀幼儿的礼貌举止；对幼儿动辄出手的幼儿教师，不仅会伤害幼儿的身体，还会伤害幼儿的心灵，同时也表现出幼儿教师缺乏起码的人格修养。幼儿教师是文化的传播者，也是幼儿人格的塑造者。因此，幼儿教师应加强自身仪表、言谈、行为举止等方面的修养，以此来显示自身的内在素质，达到幼儿教师人格的内在修养和外在形式的统一。

总之，幼儿教师一旦完成完美人格的塑造，他在教育实践过程中所散发出来的人格魅力就会直接影响着幼儿的人格塑造，对幼儿的心灵净化产生力量。这种人格的力量会激发幼儿对理想的追求，对真善美的向往，支撑人们对尊严的坚守和对庸俗的超越。

## 第二节 幼儿教师道德修养的养成

### 一、幼儿教师道德修养的养成规律

规律是反映事物的内在规定性和内部矛盾运动的必然趋势，师德的形成过程是师德、师道、师行等诸因素及其关系在教育实践中的运动转化过程，它受到个人所信奉的一般道德原则的制约。

（1）师德的形成发展和变化受个体一般道德发展水平的制约，个体道德品质和职业道德品质两者之间存在着明确的相关性。

师德所调节的各种关系一般并不违背个人的一般道德原则，是个人的一般道德原则的自然延伸。在许多国家，师范教育中并不特别强调开设师德课程，而是着重于师范生一般道德原则的确立。良好的一般道德原则一旦形成，职业道德问题就比较容易解决。职业道德可以看成一般大的原则在职业领域里面的延伸，我国现行的教师资格证考试中，强调个体思想政治道德方面的要求，最后的认证环节要到户籍所在地派出所盖章，确认有没有诚信、违法等问题，也就是认识到了一般道德好的人，在职业道德方面才会有良好的发展前景。一般道德是职业道德发展的基础，职业道德的发展又会深化一般道德的发展。

（2）师德的形成是道德认知、道德情感、道德意志和道德行为的和谐统一的过程，一般要通过专门的教育和个体的亲身体验才能最终形成。

理想的师德应该是知行统一的，仅有知而无行，道德认知就会失去其根本的价值。由于从知到行还存在着情感、意志、统合判断、行动智慧等复杂的因素，因此，知和行之间并不存在一一对应的因果关系。在心理学家看来，在知行合一的道德行为背后，一般含有情感、意志、智慧等其他重要的心理因素，其心理发展历程常常是发现道德情境，形成初步的道德认知；自觉应有行为，参与积极的道德情感因素；确定如何行动，道德的智慧因素运行；采取实际行动，此为道德行为。

良好的师德的形成需要一个比较漫长的时间，不仅需要在道德认知层面的斟酌、同化和重构，更需要在教师实践中对道德行动产生良好的体验，在道德冲突中用自己的意志坚持自己的道德行为。只有这样才能把社会所要求的职业道德规范变成教师个人自觉的行动。

（3）师德是在解决师德冲突中逐渐发展起来的。

道德是人类在解决各种利益冲突的过程中间形成的，人们利用先前所形成的规范来预防和解决各类冲突，正是道德力量的价值所在。个体在形成内在道德规范的过程中必然经历道德冲突的解决。在直面道德冲突的过程中，他们能真切地解决两类问题：第一，真正领悟道德在解决冲突中的力量和价值，从而对其产生亲近感；第二，在解决冲突中掌握和发展道德智慧，即学会利用自己的智慧，把道德原则和规范变为能够解决道德冲突的道德行为。

师德的核心是帮助教师恰当地解决个人与事业、个人与教师团体、个人与家长的关系问题，这些关系问题在师范生的日常生活中可以遇到，应该有目的地去理解教育事件中所隐含的道德意义，并在相关活动中自觉地体验相应的师德情感，有目的地磨炼自己的道德意志。

（4）师德的发展轨迹是由他律转向自律。

教师职业道德的培养与形成是一个由规范转化为自身的修养的过程，这也就决定了师德的发展必然是一个由他律逐渐转变为自律的过程，那么幼儿教师首先要明白自己职业意义的所在，它包括教师的职业理想、职业态度、职业责任、职业纪律、职业良心和职业荣誉、职业作风等方面的意义所在，为幼儿教师提供理想和期望的社会规定性。在这种价值意义的引导下，让幼儿教师的职业价值选择的预存立场初步形成符合社会期望的教育观、教师观、学生观、人才观等基本认识。教师职业道德自律能力是一种较高的能力，它通过外在的力量引发内在的体验，所以必须以纪律的形式来进行要求，让幼儿教师在教育实践中完成，达到德性自证的过程。

## 二、幼儿教师道德修养的实践价值

幼儿教师通过提高自身的修养，反思自己的教育教学行为，完善自身素质，从而提高师德水平，提升自我价值。幼儿教师只有不断提高自身修养，才能满足幼儿不断成长的需要，实现自身的价值和教育的目的。同时，良好的个人修养可以使幼儿教师加强对自身和职业的肯定，获得一种愉悦的情感体验，为以后的工作提供精神动力，从而提升人生境界和自我价值。

良好的个人修养对幼儿教师自身素质的完善具有促进作用，它有利于提升幼儿教师对自身职业意义的认识，提高道德素质；有利于提高幼儿教师进行自我调节的能力和水平，提高心理素质；有利于提高幼儿教师的从业态度和教学水平。良好的个人修养时刻促使幼儿教师进行自我反思，自觉调整自身内在心理活动和外在的工作、学习、生活等行动，从而不断完善自身素质，以满足幼儿的成长需要，实现教育目的。

良好的个人修养能使幼儿教师充分理解作为幼儿教师所肩负的职责和使命，从而坚定自身的职业信念。而幼儿教师进行教育教学实践活动的基本保障就是这种坚定的职业信念，它也是促使幼儿教师关爱幼儿、热爱教育，甘于为教育事业奉献、实现幼儿教师职业理想的不竭动力。而幼儿教师坚定的职业信念和崇高的职业理想又会促进幼儿教师道德素质的提高。

良好的个人修养不仅能提高幼儿教师的行为选择能力，同时还能提高其心理素质。随着我国社会主义市场经济的不断深入发展，在市场经济大潮的猛烈冲击下，幼儿教师的思想、工作、生活等都面临着前所未有的考验，面对各种利益诱惑，幼儿教师的内心也会产生一定的矛盾和冲突，这就需要幼儿教师做出正确的行为选择。自我修养是坚持道德行为的内在动力，在这种情况下，幼儿教师良好的个人修养就能使幼儿教师时刻保持清醒的头脑，冷静、客观地分析和处理各种矛盾冲突，从而自觉抵制诱惑，摒弃与幼儿教师职业道德相背离的思想和行为，做出正确的行为选择。这个过程就是幼儿教师以自身修养水平和幼儿教师职业道德规范要求为准则所进行的自我心理调节的过程。因而，良好的个人修养对于提高幼儿教师的心理素质，保证幼儿教师心理的健康，有着十分重要的意义。良好的个人修养能促使幼儿教师提升敬业爱生的思想，从而改善幼儿教师的从业态度。幼儿教师的个人修养水平越高，其敬业精神也就越强烈，强烈的敬业精神就会促使幼儿教师加倍地关爱幼儿，幼儿得到幼儿教师的关爱，必然会更加尊重幼儿教师。幼儿的尊重使幼儿教师的劳动得到肯定，使幼儿教师产生美好的情感体验，这种美好的体验，激励幼儿教师更加热爱教育、热爱幼儿，从而形成良好的从业态度。良好的从业态度是幼儿教师内在品质和外在行为的统一，只有具备了良好的个人修养，才会提升幼儿教师敬业爱生的思想，改善幼儿教师的从业态度。

良好的个人修养能促使幼儿教师认真钻研业务，不断探索教育规律，提高教学水平。幼儿教师能否认真钻研业务，不断探索教育规律，提高教学水平主要由幼儿教师的自身修养所决定。幼儿教师要想完成教育任务、实现教育目的，就必须具备一定的专业知识和教育能力，但是只具备专业知识和技能而缺乏个人修养的幼儿教师不是合格的幼儿教师。良好的个人修养会使幼儿教师自觉认真钻研业务，不断探索、创新教育规律，努力学习和掌握各种知识和教学技能，从而提高自身教学水平，成为一名合格的、优秀的幼儿教师。

只有具备良好个人修养的幼儿教师，才会不计得失、无怨无悔、呕心沥血，从各个方面严格要求自己，不断提高和充实自己，完善自身素质，最终成为一名优秀的、合格的，具有崇高师德水平的人民幼儿教师，实现教育目的，完成教育任务。

良好的个人修养有助于幼儿教师提升人生境界，同样从事着教学工作，同样面对着幼儿的成长，有的幼儿教师能体会到成就感，有的幼儿教师却无任何的情感体验，这主要源于幼儿教师不同的自我修养。良好的个人修养使幼儿教师在奉献中体会人生意义，激励其不断进行自我超越，从而提升自身人生境界，提升自我价值。

## 三、提升幼儿教师职业道德修养应坚持的原则

### （一）坚持知行统一的原则

坚持知行统一的原则，就是把学习道德理论、提高道德认识同自己的行动结合起来，知就是对幼儿教师职业道德认知以及在这种基础上形成的观念，这是道德修养的前提。行即行动，也就是幼儿教师把职业道德的理论认识付诸于行动，这是职业道德的目的。实践证明关于道德理论理解和体验越深，按照道的原则规范去行动的自觉性也就越强，同时，幼儿教师要加强实践的锻炼和体验，在职业道德修养过程中自觉培养道德行为习惯，真正成为道德高尚的好幼儿教师。

### （二）坚持动机和效果的统一

幼儿教师在职业道德修养的过程中，必须坚持动机与效果相统一的原则，不能仅从动机出发，把动机作为判断和评价行为的标准而不看效果，也不能简单地用效果作为衡量动机的标准。

坚持动机和效果的统一，就是要求幼儿教师不断地进行道德理论和知识的学习，加深对幼儿教师职业道德修养的意义和作用的了解，不断增强修养的动力，同时要善于通过各种方式把良好的道德动机转化为客观的、外在的实际行动。在动机和效果的统一上实现道德境界的升华。

### （三）坚持自律和他律的结合

所谓自律，就是指自我控制，是幼儿教师依靠自己的内心信念对自己教育行为的选择和调节。所谓他律、就是指外部凭借奖励以及各种制度、规范等手段对行动进行调节和控制。自律和他律本质上是内因和外因的关系。在职业道德修养中，幼儿教师自身的内因——内心信念起决定作用，一个幼儿教师只有真正懂得了师德要求的重要性才能产生道德责任感，最终形成坚定的道德信念。内心的信念——自律是师德修养的内在力量。

尽管幼儿教师的道德信念是道德观念、道德情感和道德意志的统一体，但是道德信念是在幼儿教师长期的教育实践中，在职业道德和社会舆论的熏陶下逐步形成的。因此，幼儿教师职业道德修养过程中有效地运用外部力量——他律，强化幼儿教师职业道德意志，督促其坚持幼儿教师职业道德行为也是必不可少的，而广大幼儿教师普遍的自律又会形成有力的他律氛围，由此形成幼儿教师职业道德修养的良性循环。

### （四）继承和创新相结合原则

幼儿教师职业道德修养中坚持继承与创新相结合是由师德的特点决定的，就是职业道德作为社会道德的一部分，具有历史继承性，尽管不同时代的师德具有不同的时代烙印，但是继承历史上幼儿教师职业的成果为自身服务也是师德修养中不可少的部分。幼儿教师职业道德并不是一成不变的，它随着社会经济文化的发展而不断地发展变化着。因此在实践中，我们必须借鉴传统的优秀师德，构建出新的师德，幼儿教师处于新的社会背景下，肩负着新的历史使命，也会不断地出现新的问题，那么幼儿教师职业道德就需要不断创新，创造出适应时代需要的新的职业道德体系和规范。总之，幼儿教师职业道德的修养，既要有外在的道德规范进行自我约束，又必须发挥主观能动性，做到自律与他律相结合。

## 四、提升幼儿教师职业道德修养的途径

幼儿教师良好的师德修养不是与生俱来的，而是在科学理论的指导下，经过长期的社会实践，不断完善自身的结果，理论与实践相结合是师德修养的根本途径。幼儿教师职业道德的培养，可以通过多种方式和多种途径进行，其中道德教育是前提，道德实践是途径。但是无论何种形式的教育，无论通过何种途径，更具有决定意义的还是幼儿教师的自我教育。因此，幼儿教师要想提升个人修养，提高师德水平，就必须要有根据社会所需要的师德品质要求，自觉进行自我教育。

### （一）虚心学习

素质修养的提升要日积月累，需要一个人的信念、价值观、世界观的不断完善。我们的价值观的形成很大程度上是在被动地回应外部世界的时候产生和形成的，由于每个人对同一个事件的反应都不同，所以每个人的世界观都不相同。有些人是消极地理解外界，就形成了消极的信念和价值观。有的人是积极地理解世界，就形成了积极的价值观。

要提升自己的素质修养，就要不断地学习，学习包括向书本学习，向别人学习，向自己学习。向书本学习，不要去看那些消极颓废的东西，要多看积极向上的书；不要去看那些纯粹说教的书，要看那些从人的本性分析问题的书。比如说，有些书，包括我们小时候的一些道德教育书，只会简单地告诉你，应该这样，因为这是道德的需要；而不应该那样，因为那样违反了

道德标准。这样的书没有说服力。道德标准是一个很模糊的东西，标准由谁来制定？很难说清楚。所以要看一些从人本身需要出发去分析问题的书。这些书看问题很客观，很中性化，不会逼你去接受某些观点，而是一切从你自己的需要出发。

### （二）道德实践

实践是认识的基础，也是道德修养的基础。幼儿教师必须积极参加社会实践，不断学习，不断升华，才能达到一名幼儿教师所具有的道德修养要求。一个幼儿教师的师德水平不是用嘴巴说出来的，而是用行动做出来的。离开了教育教学实践，师德修养便失去了客观的评价标准。要引导幼儿教师参与实践，鼓励幼儿教师勇于实践，激励幼儿教师坚持实践，在实践中提升师德修养。幼儿教师良好的个人修养不是与生俱来的，也不是仅仅靠书本学习而掌握相关知识理论来实现的，其关键在于实践。实践是认识的源泉，也是提升幼儿教师个人修养的重要途径。实践是检验幼儿教师自身修养水平的唯一标准，在教育教学实践活动中和日常生活中，幼儿教师会遇到各种各样的问题，怎样处理，直接体现了幼儿教师自身的修养水平。

实践是提高幼儿教师修养水平的动力，在实践过程中，幼儿教师会发现自己存在的很多问题，就会不断提高自己的修养，去适应不断发展的教育教学工作的需要。幼儿教师不断提高自己的修养，目的只有一个，那就是做好教育工作，培养符合社会发展与需要的接班人。幼儿教师只有在实践中，才能提高认知能力，丰富情感，磨炼意志，提升个人修养，提高师德水平，从而加强幼儿教师职业道德建设。

幼儿教师个人修养的提高是一个复杂的、曲折的甚至有些反复的发展过程，不可能一蹴而就。这样一个不断修养的过程，正是由实践来推动的。幼儿教师个体只有在实践中才能获得源源不断的精神能源，进行自我教育、自我完善，从而提高个人修养。

幼儿教师应该言行一致，成为幼儿的表率。孔子说："其身正，不令而行；其身不正，虽令不从。"又说："不能正其身，如正人何？"他看到了身教重于言教的道理，其含义包括知行统一和言行一致两方面，这不仅是教育最重要的原则，而且是幼儿教师提升自身修养的方法。幼儿教师修养不能停留在口头上，而应落实到行动中，在实践活动过程中，如何做到身体力行呢？孔子强调"慎言敏行"，不说假话、大话、空话，言必及义，言必中伦，言必见行，做到"言中伦，行中虑"；"君子耻躬之不逮""言必信，行必果"，一切言行都要用结果和效果来检验。反对言而无信，行而未果；从教者要"率身正行"，成为幼儿效法的典范。幼儿教师在实践的过程中，不仅要"躬行"，即亲自实行、亲自去做，而且要"笃行"，即一心一意、矢志不渝地去实践。这是因为实践是修养活动的现实展开，是思想斗争表现得最集中、最激烈的阶段，也是修养能否成功的决定性阶段，修养主体要有坚强的决心和毅力，战胜自我，克服身上的缺点、弱点、不良心理定式和行为习惯。因此，幼儿教师进行修养不能只停留在思想和口号上，要身体力行，自觉进行实践，从而提升个人修养，提高师德水平。

实践活动安排　日行一善

行善的方式有很多，我们可以在生活中尝试：每天对身边的人多微笑三次，把快乐传递下去；悄悄做一件力所能及的帮助他人的事情；原谅一个伤害过你的人，痛苦到此为止；想想已经拥有的，试着去感恩；给父母至少每周打一个电话，将关心与祝福传递。日行一善，心里充满善良的阳光，照亮别人，也温暖自己。

### （三）树立榜样

榜样就是给自己树立一个模仿仿效的标杆，树立道德榜样是提升师德修养的重要方法。榜样的力量是无穷的，要从师范学校就开始引导和鼓励未来的幼儿教师们相互学习、探讨、交流和借鉴，大力宣传幼儿教师中的先进典型，用榜样人物的先进事迹、高尚情操、模范行为引领广大幼儿教师，把抽象的道德观念、行为规范等形象化、具体化，以先进模范的行为激励幼儿教师，增强师德修养的自觉性。

树立榜样，首先要从我们幼儿教师自己做起，有什么样的老师，就可能有什么样的幼儿。面对幼儿，除了学科知识和学习方法，我们还应当展现一些什么？我们还能为幼儿证明一些什么？学习，除了学习知识，还要学习见识，即为人与处世。学校教育体制的局限，让很多幼儿教师除了自己专业之外，对其他所知甚少，教学活动的组织简单化、小学化，这就连“匠”也不如了。

值得幼儿教师学习的榜样有很多，在我们身边有很多值得我们学习，让我们感动的事时时刻刻在发生。我们可以学习的有每年的感动中国十大人物，每年的全国教书育人楷模，也可以学习身边的能够促进你成长的任何一个人。

实践活动安排　说说影响你的人生榜样

### （四）学会反思

心理学家波斯纳提出一个公式，教师成长 = 经验 + 反思。如果一个幼儿教师仅仅满足于获得经验，而不对经验进行深入思考，那么他就可能永远停留在最初的水准上，在幼儿教师自我德行提升之路上，幼儿教师的自我反思起着至关重要的作用，反思是提高师德修养的重要方法。

师德修养是幼儿教师自身素养的重要组成部分，是幼儿教师自我锻炼、自我陶冶、自我教育、逐步完善的过程。幼儿教师必须对自己的教育教学效果进行不断的反思，及时发现自己的缺点和不足，并及时纠正，不断地实现自我更新，对幼儿施以积极的教育影响，促进幼儿健康成长。幼儿教师要反思自己的行为与职业道德理论要求的差距，反思自己与周围其他幼儿教师和先进模范人物的差距，努力完善自己；同时要善于听取来自各方面的反馈信息，在别人对自己的评价中，更好地认识自己，改造自己。

一天中午，刘老师给所有需要服药的孩子服完药，正准备收拾医药箱，成成跑过来，怯生生地说："老师，我也要服药。"刘老师查看了服药登记表，没看到成成家长登记的服药要求，蹲下了关切地问："你哪不舒服，你的药呢？"成成不吱声，只是从口袋里掏出一包药来，刘老师一看，这是成年人服的感冒药。刘老师感觉问题比较严重，忙接过成成手里的药，然后说："这药不是小孩子吃的，我打电话叫妈妈给你送药过来。"成成点头同意了，刘老师便打电话给成成妈。原来成成没有生病，是他跟妈妈说刘老师喜欢生病的孩子，也要带药，妈妈不给，他悄悄从家里医药箱里拿走了感冒药。幸亏刘老师查看了服药登记本的登记记录，不然会发生事故。

孩子们午睡后，刘老师心里久久不能平静，"老师喜欢生病的孩子"这句话引起了她的深思。真没想到自己平时对这些生病的孩子在服药的时候夸奖他们勇敢，服完药后抱抱他们这样一个无心之举却让其他幼儿感受到了冷落。每个孩子都希望得到老师的关注，自己在今后的工作中要让每一个孩子感受到老师的爱，让老师的爱滋润每一个孩子。

幼儿教师的职业成长是外在价值引导下的自主完善的过程，幼儿教师主体的积极参与，对幼儿教师成长的意义非常重要。幼儿教师的反思能力需要在长期的教育实践和生活经验的积累中逐渐形成，因此幼儿教师反思能力的培养，应该更多地关注平时的点滴细节，在多种形式的练习中获得。如在观摩教研活动、主题式案例故事研讨等教育教学活动中，可以进行幼儿教师职业道德修养方面的反思，同时也可以通过随笔、影像故事等进行反思，促进自己的德性成长。

随笔反思，是指幼儿教师将自己一周日常教学工作中对某个或某些活动（尤其是让自己感到兴奋、困惑、气愤或感动的事）的感想与检讨，以教育随笔、手记或日记的形式记录下来，并整理活动成功与失败的关系。记录下来的有事件的过程，也有自己思想和行为变化的过程，记录的过程就是幼儿教师进行自我对话和自我反省的过程，反思自己教育教学过程中的得与失，让自己以后的每一个教育活动开展都更为合理，更有教育价值，让每一个幼儿都获得实实在在的发展。个人修养反思可以在专业能力的反思上加以提炼，也可以单独以专门的主题形式进行，还可以分为在实践前反思、在实践中反思和在实践后反思三种形式。

### （五）努力做到"慎独"

一位幼儿教师记录了这样一件事："一次刚刚迎接完安全大检查，精神顿时松弛了下来，早操结束，我带领孩子们走进活动室，发现朋朋小朋友一直用眼睛盯着我，似乎有话要对我说似的。'朋朋，你有话要对姜老师说吗？''老师，你今天也有了进步，应该也得一朵小红花。'

他的话让我丈二和尚摸不着头脑，便好奇问他：‘为啥？我哪里进步了？’‘老师以前做操时不是没做完走了,就是和别的老师说话。今天您坚持做完,而且没说话。’朋朋的话让我吃惊不小，尽管我是因为特殊工作的原因，有时正好在做操时间处理一些园里别的事情，但孩子却以为我做事不专心。其实做操时老师注意力不集中，在孩子们面前和配班老师说话这个问题往往被好多同行们给忽视了，平时我们经常要求孩子们应该如何如何做，但却忽视了自己在一些细小环节上的言行一致。孩子们的心灵是纯洁的，孩子们的眼睛是雪亮的，作为教育者的我们一定要谨言慎行。”

幼儿的眼睛始终关注着老师，当老师要求幼儿做到某些事情的时候，老师也要关注一下自己能否成为示范的榜样。人的精神境界有不同层次，所以职业道德修养的要求也是有层次的。幼儿教师职业道德修养的最高层次就是“慎独”,“慎独”一语最早出自儒家经典《礼记·中庸》。“慎独”用我们现代语言来表述，就是指在没有有效的外界监督、独自一人的情况下，也能自觉遵守道德规则，不做任何对国家、对社会、对他人不道德的事情。显然，这既是一种崇高的道德境界，又是一种重要的职业道德修养方法。“慎独”是幼儿教师提升个人修养，加强幼儿教师职业道德修养的有效方法之一。这首先是由幼儿教师的职业特点决定的。幼儿教师的工作都具有相对独立性和劳动个体性的特点，具有隐蔽性。当他们处于课堂教学情境中时，往往比较重视自己的一言一行，尽力符合职业道德规范和社会道德要求；但当他们走出课堂，身处周围无人监督的环境中，幼儿教师能否严格遵循道德规范行事关系到其自身修养水平的高低。这种个体性劳动要求幼儿教师在“隐”和“微”的地方苦下功夫。其次是由幼儿教师道德修养目标决定的。幼儿教师道德修养直接目标是把客观的师德规范、社会道德规范内化为幼儿教师的内在信念，并用这种内在信念来指导和支配自己的思想和言行。而慎独强调内在意志的自我磨炼，强调自律，对幼儿教师在教育教学实践中和日常生活中规范自己的言行举止有潜移默化的影响。

最后，这与幼儿“向师性”有密切的关系。幼儿这一思想发育不成熟、考虑问题容易片面的群体，喜欢或厌恶一名幼儿教师可能只取决于他的一个偶然性举动，而幼儿教师这一偶然性举动更可能改变一个幼儿的学习、生活态度，进而影响他的一生。幼儿教师的一举一动直接关系到幼儿德、智、体、美的全面发展，因此需要幼儿教师必须有高度“慎独”的自觉性，时刻做到为人师表、以身作则。 幼儿教师自我修养不是一朝一夕、一蹴而就的事情，要坚持不懈，持之以恒，要经过长时期的不断积累。“慎独”要求幼儿教师时刻把着眼点放在灵魂深处，去寻找最隐蔽的不良意识和思想动机。所以，要做到“慎独”幼儿教师必须在“隐”“微”“恒”上下功夫。

### （六）善于调节心理

在教育过程中，幼儿教师常会为一些不如意的事情而感到苦恼，甚至产生急躁情绪。在这种情况下，特别需要幼儿教师沉着、自制、有耐心。幼儿教师沉着从容，处事不惊，幼儿自然会受到感染和触动，心悦诚服地接受和配合。对于年幼的小班孩子来说，幼儿教师的沉稳和自制尤其重要，因为小班孩子往往会因幼儿教师的耐心、和蔼感到安全，也会因幼儿教师的不耐心、粗暴感到不安和害怕。因此，善于调节和控制自己的心理与行为，对于幼儿教师来说极为重要。

能根据教育教学实践情境来调整自己的教育策略是成为一个合格的教师的前提，也是健康心理的重要指标之一。身心健康是幼儿教师做好教育工作的前提条件。幼儿教师身心健康与否，不但会影响自己的工作和生活，影响下一代人，甚至会影响整个社会的健康和谐发展。所以，幼儿教师要有健康的体魄和健康的心理。

幼儿教师心理不健康不仅对幼儿教师自身的心理和生理产生不良影响，更重要的是由于幼儿教师职业的特殊性，不健康的心理状态易造成幼儿教师对教学工作和学校怀有不满情绪，并直接对幼儿的心理健康发展产生巨大的消极影响。因此，维护幼儿教师的心理健康发展的状态，无论是对幼儿教师个人，还是幼儿的健康成长，教学质量的提高乃至整个教育事业的健康发展，都具有十分重要的意义。

首先，幼儿教师要学会正确看待自己的工作，培养乐观的人生态度，正确认识自己，结合自身实际，对工作做出合理的期望，勇于接纳自己。要用积极的心态，愉悦的心情，开展教育教学活动，以自己能为幼儿的健康成长、学校的进步发展贡献出一份力量而感到荣幸，享受为幼儿、为学校尽到责任的快乐。

其次，幼儿教师要培养良好的意志品质，当自己有职业倦怠症时要勇于面对，积极应对，反思自己的压力来源，并且理智、客观地看待压力对自身的影响，形成面对压力的良好心态。同时，幼儿教师在有心理障碍或心理疾病时应寻求心理咨询或心理治疗。再次，幼儿教师将自己和谐地融于社会之中，学会与人交际，善于与人交际，建立良好的人际关系。心理学家丁瓒曾说过："人类的心理适应，最主要的就是人际关系的适应。"

最后，幼儿教师要坚持体育锻炼，培养自身坚定的意志和吃苦耐劳、坚持不懈的精神，从而在生活和工作中能够时刻保持积极健康的心理状态。

总之，身心健康是幼儿教师完善自我，提高个人修养的前提。换言之，幼儿教师的道德修养、专业修养等各种修养都是建立在身心健康之上的，幼儿教师的身心健康在加强教师职业道德建设中具有不可忽视的重要作用。

## 五、幼儿教师职业道德修养养成方法

幼儿教师深入理解幼儿教师专业规范，有一种自觉履行幼儿教师专业道德修养的自觉意识，还要能借助一些有效的策略和方法来提升自己的学习效果，加深自己对专业道德规范的理解，促进自身认知与行为的统一，在这个过程中，我们有一些专门的策略来促进自己学习的提高。

### （一）价值澄清法

我们在认知任何价值观念的时候，都有一个理解、认同并内化的过程。任何价值要变成某个人的价值，必须符合这一过程的七个标准，否则将不可能成为他的价值观。完整的过程分为三个阶段七个步骤。

1. 选择（choosing）

（1）自由选择：只有在自由的选择中，才能根据自己的价值观行事，被迫的选择是无法使这种价值整合到他的价值体系中的。

（2）从多种可能中选择：提供多种可能的选择，有利有弊，参与者要对选择进行分析思考。

（3）对结果深思熟虑的选择：对各种选择都做出理论的因果分析、反复衡量利弊后的选择，在此过程中，个人在意志、情感以及社会责任等方面都受到考验。

2. 珍视（prizing）

（1）珍视与爱护：珍惜自己的选择，并为自己能有这种理性选择而自豪，看作是自己内在能力的表现和自己生活的一部分。

（2）确认：以充分的理由再次肯定这种选择，并乐意公开与别人分享而不会因这种选择而感到羞愧。

3. 行动（acting）

（1）依据选择行动：鼓励幼儿把信奉的价值观付诸行动，指导行动，使行动反映出所选择的价值取向。

（2）反复地行动：鼓励幼儿反复坚定地把价值观付诸行动，使之成为某种生活方式或行为模式。

### （二）道德讨论法

道理不辩不明，事情的是非曲直就在大众的唇枪舌剑中逐渐清晰开来，这种从深刻的剖析与实践中得来的认知比空洞的道德说教来得更深刻。哲学家杜勒鲁奇说：“从起源中理解事物，就是从本质上理解事物。”人们在力求深刻地探询某种道德现象时，自身的道德认知也会随之变得更加的理性与健康，这种正确的道德认知就成为自觉产生和组织道德行为的动力所在。

道德是社会生活的必需品，之所以很多道德问题能够引发大范围的讨论，在于它进入了大众的领域，与每个人的权益都息息相关，今天遇到问题的是别人，也许明天就是自己。这里面存在一个道德责任的问题，毕竟，在显示器面前做一名“键盘侠”，要远远比做一位当局者更容易。也正因为如此，我们应当扪心自问，设身处地，自己应该怎么做？对于当代社会生活中的道德现状，我们要用什么样的心态去面对，对于社会公德，我们要用什么手段去维护？这些都需要社会共识来通力解决，那么，不通过道德焦点的争论与反思，又如何形成社会的广泛共识呢？

道德的社会共识是形成社会文明良性循环的基础，但是，有时候单靠道德的手段并不足以解决所有问题。毕竟，道德问题同时也是社会问题。每个人都喜欢友好和善的社会生活空间，只要道德的社会价值有所保障，人们自然会去追求。一些道德乱象的出现固然是社会发展所不可避免的，但也确实存在社会公共政策没有及时跟进，又在客观上造成道德贬值的后果在里面。那么如何来跟进，如何来改观？无疑是问计于民，问策于民，公众权益的诉求与保障最终还是要体现在公共政策中才真的有意义，种种深刻的改变也许就孕育在道德的大讨论之中。

道德讨论法的过程是：①幼儿教师引入要讨论的话题，创设情境，引起幼儿讨论的动机；②呈现两难故事，提出焦点问题；③幼儿根据不同的立场分组讨论；④幼儿报告各组的主张和理由；⑤幼儿教师组织幼儿概括各自的观点。

道德小讨论：海因茨偷药的道德性。

### （三）角色扮演法

角色扮演（Role-playing）是一种情景模拟活动。所谓情景模拟就是指根据被试者可能担任的职务，编制一套与该职务实际根据相似的测试项目，将被试者安排在模拟的、逼真的工作环境中，要求被试者处理可能出现的各种问题，用多种方法来测评其心理素质、潜在能力的一系列方法。情景模拟假设解决方法往往有一种以上，其中角色扮演法是情景模拟活动应用得比较广泛的一种方法，其测评主要是针对被试者明显的行为以及实际的操作，另外还包括两个以上的人之间相互影响的作用。

角色扮演法有四种形式：①模拟。在一个特殊的情境中，让幼儿自编自导自演一个可能发生的情形。②扮演。让幼儿重新扮演一个真实事件，同时突出比较关键的瞬间，使他们真切体会到冲突情境带来的影响。③预演。让幼儿扮演他们想要练习的角色。④角色倒置。为了使幼儿更好地理解他人的反应和改变，转换角色。

角色扮演的步骤分为：暖身阶段、挑战参与阶段、布置情境阶段、安排观众阶段、演出阶段、讨论阶段、再扮演阶段、再讨论阶段、分享与结论阶段等八个步骤。

根据以下情境，思考回应方式，并表演出来。

- 放学时，一位家长对你说，我们家儿子在家从来就不碰抹布的，你不要再让我们家儿子做这样的事了。这些事本应该是你们老师做的，怎么能让孩子做呢？
- 刘老师带小班，自从早操结束，刘老师耳边就不停地出现孩子们的告状声，“刘老师，贝贝扯我鞋带……”“刘老师，吴明打我……”“刘老师，郭嘉搞我椅子……”经过这么一闹，班级一团糟。

### （四）案例分析法

案例分析法，是幼儿教师用语言描述、多媒体展示等形式，向幼儿呈现现实场景中发生过的具有典型性和代表性的实例，其中包括具有争议的主题或复杂的情境，引导学习者分析，挖掘其中的矛盾，辨明事实，寻求解决问题的方法，以培养幼儿面对相关的道德问题时的分析能力、判断能力、解决问题的能力。

### （五）自传法

自传法就是学习者通过回忆撰写自己的生活经历，剖析个人生活经历中的关键事件和影响，进而明晰个人的价值观，或者深度认识自我。主要步骤有以下几个方面。

1. 收集和整理传记事实

自传的作者通过传主回忆、查阅日志、信件或档案以及相关的旧报纸、旧杂志的方式获得了足够的经验事实之后，可以采用“年谱”的形式整理传记事实。这个“自编年谱”可以视为自己的“个人成长大事记”。

2. 撰写自传

完整的自传除了收集“经验事实”之外，还需要对经验事实进行选择和取舍，以便建立传主的“个性”和故事的“情节”。作者需要考虑传记的三个关键要素：一是寻找“成长线索”和“个性身份”；二是叙述“个人生活史”，由个人生活史带出影响自己成长的“重要他人”和“时代精神”（或称之为“时代变迁”）；三是“自我反思”，通过对“当时的心理感受”和“事后的忏悔”，使“自传”与一般意义上的“回忆录”拉开距离。

3. 重写自传

知识拓展

做一个幼儿喜欢的老师——我的为师之道

于永正（江苏省特级幼儿教师）

在达到理智年龄以前，孩子们不能接受观念，而只能接受形象。“身教”无痕。教育一旦有痕——让幼儿感到你是在教育他的时候，十有八九，这样的教育是失败的。

秘诀一：让每个幼儿都感到你喜欢他

每个幼儿都渴望得到老师的喜欢。但，要老师喜欢每位幼儿，确实很难；可是，若像教育家拖德·威特克尔说的，“做出喜欢他的样子”，则比较容易。

我经常看到这样的现象：某某幼儿，为了引起老师的关注而故意犯错误。有一年，我班里一个小男孩，上课时总和同桌发生纠纷，每次被发现就嬉皮笑脸地望着我。于是我经常找他回答问题，读读课文，还收作业。不久他就和我亲近起来，后来我稍加引导，他的小毛病就都改正了。

其实，每个幼儿，不管是高年级还是低年级，不论是男生还是女生，都十分在意老师是否注意他。如果你的行为并不说明你喜欢他们，那你无论多么喜欢他们都没有用。

其实，做出喜欢幼儿的样子，很简单，可以是一个动作、一个微笑、一句话、一件小事、一件小礼……总之，一定是“行为”。

秘诀二：老师要有点孩子气，童心不泯

张光鉴曾说：“要蹲下来看幼儿，老师要和幼儿相似，而不能要求幼儿和老师相似。”

拥有一颗童心，才能真正走进幼儿的心。

童心不泯的标志之一，是保留孩子般的好奇心。没有好奇心，就发现不了生活中、大自然中的美，自然也就感受不到美的价值。我们教书育人需要良好的情感，而这份情感就是在感受美的过程中不断产生的。

童心不泯的标志之二，就是“孩子气”。我带幼儿去郊外游玩，像个“孩子王”似的，带着他们玩小孩子的把戏，我完全就是一个孩子，沉浸在其中，忘记了自己是一个老师。

也许有人会说我“孩子气”太重，不像老师了。但事实证明，我越和幼儿相似，幼儿越亲近我。

童心不泯的标志之三，是理解和体谅幼儿。教育之所以会成为一门艺术，就是因为幼儿存在着巨大的差异。后进生这个群体是最值得研究和关注的。我会让他们读两本书。一本叫“无字之书”，这本书就是我。我会努力让他们从这本书里读出尊重、宽容、开朗、乐观、耐心、一丝不苟。另一本是“有字之书”，是我让后进生读的最重要的书。只有读书，才能根本上转变一个人，多少事实让我对书的力量深信不疑。

童心不泯的标志之四，是想幼儿之所想，做幼儿之想做。一个真正了解幼儿的老师，岂能不成为一个真正的好老师。五十多年了，幼儿一年年地长大，我却还是个孩子。是一届一届幼儿的童年延续了我的童年。

教了五十多年的书，最终我把自己教成了孩子。

秘诀三：身教重于言传

教育的第一个名字叫“影响”。为什么“身教”的力量和影响，比“言教”大得多？

教育有“说服”和“看服”之分。有人研究，人接受外界事物，主要靠视觉和听觉。就比例来说，视觉占 83%，而听觉只占 11%。

所以，这些年来，我首先要做到：

穿戴不敢随便

字迹不敢潦草

说话不敢随意

态度不敢生硬

错误不敢不认

行动不敢落后

备课不敢马虎

书报不敢不读

……

秘诀四：学会正确激励幼儿

教育的第二个名字是“激励”，我深感激励的巨大作用。因为我从小就是在老师的激励下逐步成长的。

当然，激励是有讲究的，我归纳出四条原则，与大家分享。

**1．激励要动情**

轻描淡写、面无表情的鼓励与肯定，幼儿会不以为然，甚至不领情。什么是真诚动情的表扬，什么是随便说说，幼儿能听出来。幼儿在方方面面有了突出的表现，我都视为可庆贺的大事，不但郑重表扬，还要通知家长，把激励的作用发挥到最大。

**2．激励要及时**

表扬、激励要及时，事情过去久了，再去赞扬就失去意义了。

**3．激励要当众**

当众表扬，既有对个人的激励作用，又有对全班的表率、鼓动、引领效果。

**4．激励要针对**

所谓“针对”，就是说激励要有的放矢，一是针对幼儿的特长加以“放大”，二是针对幼儿的薄弱环节“放大”他的闪光点，使其日渐增长。

要用放大镜看孩子的优点，尤其是后进生。孩子的兴趣是在激励中产生的，是在不断取得进步中巩固的。激励是伟大的教育法宝。因而，在教学中一定要注意对幼儿的激励。

秘诀五：做性温、味甘的“甘草”

我有一位学弟，他说我是一味甘草。我问为什么，他说，甘草有三种特性，你跟它很像。几乎每付中药里都有甘草。它既有药用价值，又能“调和百药”“解百药毒”。

**1．性温**

“温”在孔子的“温良恭俭让”五大美德中居首。

这对老师尤为重要，“性温”让你在要发脾气的时候，可以懂得控制，学会“冷”处理；

还让你知道作为老师一定要与幼儿为善，对孩子的错误一定要原谅。

“温”是所有幼儿对老师的第一期盼。

**2．包容**

以欣赏的眼光看周围，看别人，看到的就只是优点，会觉得到处春光明媚；以挑剔的眼光看周围，看别人就什么优点也看不到了，会感到世界一片混沌。

1985 年，我刚评特级幼儿教师不久，一次研讨会上有位老师说：“有人就备好了两节课，到处教，不算本事！”同事们目光都转向我。这位老兄语言够刻薄，我也完全理解他的心态，站起来对发言的老师一笑，说：“这位老兄显然是在说我的。感谢你的提醒，作为一个特级幼儿教师，我是应当努力上好每节课。”落座不久，有人给我递了一张纸条，上书“雅量”二字。

至于对待幼儿，我会更包容。人是易怒的动物，开始当然也很生气，但我记住了一句格言“先处理心情，再处理事情”。

**3．调和**

为师者对幼儿要温和亲切，但一味地“温”是不行的，还必须“严”，在二者之间把握一个“度”，这就是调和。

比如幼儿挨了我一顿严厉的批评，一定会感到沮丧，甚至怨恨于我，以至于产生抵触、厌学情绪。我会在最短的时间内，第二天或第三天，找一个恰当的理由，在班里郑重地表扬他。实在找不到夸他的理由也无妨，幼儿都很乐意帮老师做事，可以请他做一件有益的事，幼儿会认为这是对他的信任。更简单的方法是主动找他说话，注意，不是“谈话”，是说话！

## 本章小结

通过本章的学习让幼儿教师理解高尚的人格与师德修养有着密切的联系，个人的道德素质修养是幼儿教师师德修养的前提和基础，作为一个幼儿教师，应该掌握高尚人格的养成方法，应该努力提升个人道德素质，成为一个具有完美人格魅力的幼儿教师。

## 课后思考

自我道德评价训练活动：换一个角度看自己

第一部分：自我检讨

分小组进行，每组 5 ～ 6 人，设立组长作为活动的主持，组员分别对自己日常生活中与品德修养规范有一定距离的行为，进行自我剖析，并对造成这种行为的原因和背景进行分析。

第二部分：他人帮助

小组成员继续提出其他组员在进行自我剖析中不够深入不够透彻的地方，帮助组员将自身存在的缺点看得更加全面。当某组员在指出其他组员缺点的时候，被指出缺点的组员要对指出的问题进行记录，并表示感谢。

第三部分：归纳结果写出检讨后的感受

针对自我检讨和他人帮助的结果，归纳写出自己的整体感受，并制定自己的素养提升规划，提出自己师德修养的目标，小组间相互交流。

对最终讨论结果形成报告，放入班级档案袋。

# 第五章

# 幼儿教师的角色定位与职业行为

**知识结构图**

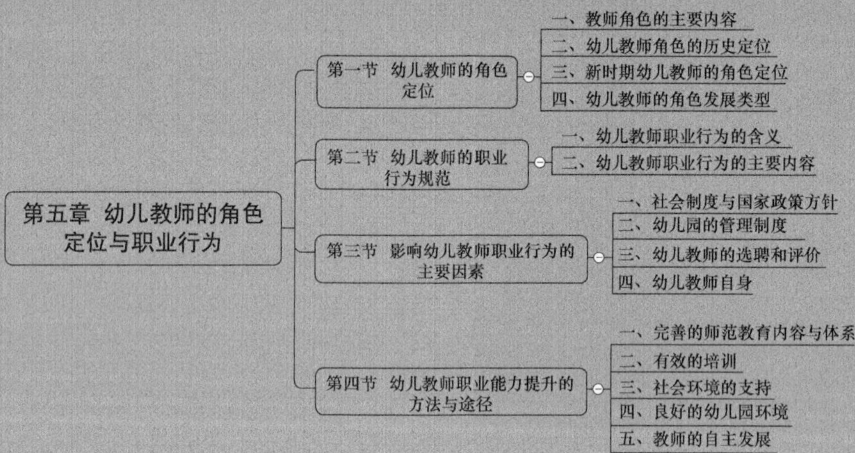

## 引入案例

在一项对北京师范大学在校学生的调查中，有一个问题是“对教师这一职业的看法”。调查结果发现：41% 的学生选择“教师这一职业前途不大，对自己从事这一职业并无光荣感、崇高感，在可能的情况下，会选择教师以外的职业”；27% 的学生选择“读师范只是偶然，并没有太多想法”；20% 的学生选择“教师工作比较单纯，竞争相对小，所以读师范院校”；仅有 12% 的学生选择“对教师这个职业有浓厚的兴趣，愿意为教育事业奉献自己的才学”。

由此看来，在未来的教育工作者中，已有相当一部分人陷入角色的冲突和迷茫之中，对教师这一职业的角色定位了解并不清晰，似乎不能真正感受教师职业的崇高。这对于教育事业的发展是不利的，也是令人担忧的。因此，明确教师角色的定位，帮助形成正确的教师职业行为，从而帮助教师树立正确的教师观，稳固教师的职业信念是非常有必要的。

对于幼儿教师而言，在幼儿园日常教学管理中常常需要扮演教学与行政、心理定向、自我实现等等角色，也常常需要进行各种角色的适应、调整和转换，同时应各种角色的需要而做出不同的职业行为。把握好幼儿教师职业中各种的角色十分重要，因为幼儿教师对其中任何一种角色的演绎都会对幼儿身心健康产生全面而深远的影响，可以说，幼儿教师的职业信念的坚定从了解幼儿教师的职业角色和职业行为开始。

因此，深入分析幼儿教师的角色定位，探讨幼儿教师专业角色的演绎和发展过程，对于优化育人环境、推动幼儿教育事业发展具有积极的意义。

## 本章学习要点

1. 理解幼儿教师角色的基本内涵和类型；
2. 理解幼儿教师职业行为的主要内容；
3. 理解影响幼儿教师职业行为的主要因素；
4. 了解促进幼儿教师提升职业行为能力的主要途径；
5. 培养对幼儿教师角色和职业的认同感。

## 第一节 幼儿教师的角色定位

角色（role）一词源于戏剧，原指舞台上演员所扮演的人物。20 世纪 20 年代，社会学家米德（GeorgeH. Mead）最早把这个概念引入社会学，称为社会角色。社会角色是指社会群体成员为适应某种社会身份的要求，受相应规范和期待的影响所表现出的一般行为方式及其内在的态度和价值观基础。

## 一、教师角色的主要内容

那么幼儿教师作为社会的一个特有群体，它的角色是如何演变的？幼儿教师的角色定位有哪些维度？分为哪些类型？幼儿教师的角色定位的发展趋势又如何？这是本章所要探讨的主要问题。

教师的角色定位主要是由教师的职业劳动特点所决定的，同时受制于社会的政治、经济、文化以及其他社会关系等多种因素的影响。有关“教师角色”一词，今天已被使用得很广泛，但对于“教师角色”的界定，还是存在很多不同的观点。关于教师角色主要有三个方面的内容。

### （一）教师角色包含教师行为

教师角色的外显表现之一就是教师的行为。教师的行为是可以直接观察到的，这些行为主要指教师在教学情境中的行为，即在学校或课堂中的行为表现。例如，幼儿园教师行为规范提醒教师穿着应自然大方：衣领不宜太低、鞋跟最好平底、裙装切莫太短、首饰不要夸张。

### （二）教师角色包含教师的社会地位

教师是一种特殊的社会群体，角色中必然包含了社会性的成分。教师作为专业的教育工作者，承担着合格的社会成员，延续人类发展的重要职责。同时，教师对于社会培养人才起着重大的奠基作用，是“太阳底下最崇高的职业”，这一角度下认识教师，教师也具有独特的社会地位。随着我国《教育法》《教师法》的实施，随着人们对幼儿教育在社会发展中作用的认识不断提高，幼儿教师越来越受到全社会的尊重。

小拓展

培养合格的社会成员的过程，实际是帮助每个个体从自然人向社会人的转化过程。幼儿教师承担的是保证和促进幼儿发展的重要任务。儿童从母体来到人世间，起初只是一个自然人。在家庭中，孩子受到父母精心哺育，言传身教；在社会上，各种环境设施，大众传媒，人际交往使其耳濡目染，但这些影响可以说是零散的、潜移默化的。幼儿教师要遵循国家的教育方针对幼儿进行启蒙教育，使他们了解社会是什么样，社会对他有什么需要与期望，自己可以做什么，不可以做什么，怎样做才能逐步实现社会的期望，等等。幼儿教师正是根据社会的要求，把人类社会积累起来的某些劳动经验、科学文化、思想意识和行为规范等社会精神财富，以最适合幼儿的方式，传授给幼儿，使幼儿初步适应社会生活，以此为推动社会发展做贡献。因此幼儿教师职业和其他教师职业一样，是培养人，造就合格社会成员的职业。

### （三）教师角色包含对教师的期望

还有不少学者认为，教师角色应当包含对教师的期望，其中包括教师对自己的期望，以及学生家长、学生、学校行政领导、社会公众对教师的期望，这一认识着重考虑了教师所处的社会关系。每个人只有按角色期待行事才能保证对社会的适应，他的行为才会得到社会的认可和称赞。角色期待主要是规范了角色的行为，成为角色行为产生的依据。角色期待越明确具体，其清晰度就越高，角色扮演者就越有章可循。教师是一种清晰度很高的角色，一般的教师工作一段时间后都能很快地进入角色。

案例分析

一位刚从幼师毕业走上工作岗位的教师小张，在工作中常常还没有从学生角色转变过来，她认为要表达对孩子的爱心就应该和孩子们保持亲密的关系，平日的日常工作中可以看到小张经常和孩子们混在一起玩，孩子们可以扯她的头发、耳朵，可以捏她的鼻子，甚至在她的身上抓来抓去，总是抱着她的胳膊或者大腿……孩子们觉得她很好玩，也很喜欢她，可就是到上课时根本没有一个孩子听她的组织，课堂一片混乱，毫无纪律可言，课堂效果也非常差，为此她非常苦恼。

你认为是什么样的问题导致了这样的情况？那么应该从哪些方面进行改善呢？

对于从事不同年龄段教学的教师，其承担的社会角色所富有的职责是有所侧重的。书本的知识到实际的运用过程中是需要教师本人去加以理解和变通运用的。幼儿教师由于其教育对象的特殊性，决定了其与一般教育不同的角色特殊性。幼儿教师对于角色的演绎会对幼儿身心健康产生全面而深远的影响。因此，深入分析幼儿教师的角色定位，探讨幼儿教师专业角色的演绎和发展过程，对于优化育人环境、推动幼儿教育事业发展具有积极的意义。同时，随着社会的变化发展，幼儿教师角色定位的内涵越来越丰富，呈现多元化与动态性，目前正朝着专业化的方向发展。

综合来说，幼儿教师的角色定位即幼儿教师在工作场景中应该扮演的角色，在这里应该是“在幼儿教育机构对 0 ～ 6 岁儿童施加教育影响的专职工作人员”。

## 二、幼儿教师角色的历史定位

在不同的历史时期和社会背景下，幼儿教师角色的发展以及学者们对幼儿教师角色的理论诠释也都各有不同。

古罗马教育家昆体良在 2000 年前就提出幼儿教师要具备三个条件：要热爱儿童；要善于观察儿童；要正确应用批评与表扬。古希腊哲学家柏拉图认为：幼儿从出生到 3 岁，应交给国家设立的育儿院，由院中的“奶妈”负责监管抚养，用摇篮曲和儿歌对幼儿施加教育影响；

3～6岁，则应集中到由国家附设在村庄寺庙的儿童场，负责教育的是“保姆”。

被誉为“人文主义之父”的尼德兰人文主义者伊拉斯谟同样特别重视幼儿的早期教育，认为教育应从襁褓开始，并十分注重幼儿教师的挑选，明确提出幼儿教师除了要像其他教师一样具备“睿智正直、纯洁高尚、年高德劭、品行清白、勤勉工作”等优良品德以外，还要做“幼儿的保姆和友伴”。

人本主义心理学家罗杰斯（Rogers，1972）认为，在幼儿园教学中，教师的作用应该是为学生提供学习资源，提供促进学习的气氛，并将幼儿园教师定义为促进者、支持者。著名作家林格伦（Lindgren，1994）提出，当代幼儿教师担负着“教学者和管理者的角色”“心理定向的角色”以及“自我表现的角色”，这些角色彼此关联且重叠，有时会出现不同程度的角色冲突。

洛克认为:教师不一定是个“通儒”,但“只有有能力的教师,才能教育出德行优良的儿童”。他们当时所指的幼儿教师是指“教育孩子的人”或家庭教师，而不是专职从事幼儿教育的人。

在欧文成立了世界上第一所幼儿园以后，招聘幼儿教师，条件是：热爱幼儿并对他们有无限的耐心；性情温顺；绝不应当让他们听到愤怒的斥责，或看到脸上有任何生气的和怒目而视的表情；语调和神态应当是和善的，富于慈爱感情的；对所有的幼儿一视同仁，等等。蒙台梭利主张以儿童为中心，对教师的要求是：具备观察的素质，了解儿童特点；善于指导儿童；成为学校与家庭、社区的联络者与沟通者。

在中国，自古便有“教子婴孩”之说，由于古代“男主外女主内”的传统思想，在古代的少数富贵人家，幼儿的教养往往由经过挑选的女仆下人来承担，其角色便是简单的“只保不教”的保姆；而在寻常人家，一个家庭往往是母亲承担了幼儿的教师这一角色。

由于中国古代不办基础教育性质的小学，国家也不规定儿童必须入学的年龄，故幼儿教育后期的文化知识教育也往往由家庭承担。主要是遵循“蒙以养正”的思想传统，培养幼儿的良好道德行为习惯和礼貌举止，当其稍通事理，再教之以人伦纲常。

中国幼儿教师的正式出现始自癸卯学制中蒙养院的设立。《癸卯学制》中《奏定蒙养院章程及家庭教育法章程》指出：“按各国皆有幼稚园，其义即此章所设之蒙养院，为保育三岁以上至七岁，幼儿之所设，令女师范生为保姆以教之。中国此时情形，如设女学，断不相宜。”那时的幼儿教师不同于现在的“幼儿教师”，由节妇训练而成，她更多的是作为保育员一样的角色存在，当时称之为“保姆”。她们由育婴堂的乳媪和敬节堂的节妇稍加训练后充任保姆，是封建社会“三从四德”的模范和宣传者，最多只有小学三年级的文化水平。当时的幼儿教师是一种家庭教育的辅助性存在。

但是随着历史的进步，女禁终将被打破。1907年，清政府在各种压力下，颁发了《女子小学堂章程》《女子师范学堂章程》，教育上打破了女禁。虽然没有专设蒙养院师资培训的机构，但女子师范学堂担负培养女子小学堂教员的同时，也兼训练蒙养院保姆。《女子师范学堂章程》规定：“女子师范学堂，以养成女子小学堂教习，并讲习保育幼儿方法，期于裨补家计，有益家庭教育为宗旨。”此外，还规定女子师范学校要设女子小学堂及蒙养院，以供实地练习。按政府颁发的章程，尚无明确规定专设训练保姆的机构，但在实际上，也开始出现了专门培训保姆的机构。如浙江省女子师范学堂设保姆科。1907 年，上海公立幼稚舍创设保姆传习所，由刚从日本归国的吴朱哲主持，开设保育法、儿童心理学、教育学、修身学、谈话、乐歌、图画、手工、文法、习字法、理化、博物等课程，招收 36 人，年终毕业 21 人。虽然名称仍旧是保姆，但是这个时期的保姆们已经开始逐步掌握一个幼儿教师应该具备的专业技能。她们能够在保育孩子的过程中更多地教导孩子一些知识，进行早期智力开发，德智体美劳教育的培养。

其后的几十年间中国一直受着战火的摧残，人们在烽烟中生存，而幼儿教师更是在困境中陪伴着孩子们成长。一些有为的中国教育家如陈鹤琴先生和张雪门先生认识到了中国幼儿教育的种种异象和弊端，开始着手改革中国幼儿教育，其中一大方向便是改变中国幼儿教师的职业技能，教给她们更适合中国国情现实的教育方法，带着孩子们通过游戏等方式培养他们的各种素质。由于是烽烟中成长的一代，幼师们更是形成一种对孩子们“保教结合”的延安精神。

20 世纪 50 ～ 60 年代，幼儿园的任务主要是解决家长的后顾之忧的问题，以保为主，先保后教是幼儿园工作的主题,所以对教师素质的要求也不高。幼儿教师角色被定位于“阿姨”（社会对幼儿园教师的称呼）的层次。之后随着社会的变革，对于幼儿教师的角色定位也发生了重大的变化。

随着祖国的发展，幼儿教育事业也蒸蒸日上。幼稚园更名为幼儿园，其设置也变得更为系统与合理。1952 年颁布的《幼儿园暂行规程草案》中要求幼儿园各班设教养员 2 名，对幼儿负全面教养的责任。幼儿园还设生活助理员（每班一名）。由于社会分工更加明确，幼儿教师的职业专业化，保育员的职业开始出现，即早期的生活助理员。从这时起，幼儿教师的角色成为“专业的幼儿教师”，她的职业成分中以教为主，保育成为保育员的主要责任，而幼儿教师则向专业型人才方面发展。

## 三、新时期幼儿教师的角色定位

随着历史的推进，社会的发展和教育的不断进步，幼儿教师的角色定位问题成为幼儿教育领域一个基本而又重要的问题。总体来说，从受教育的内容和工作范围来看，幼儿教师的角色变迁是技能的掌握和运用变化的体现，即从保姆到“保育员”到“保教结合的老师”再到“专业的幼儿教师”。这也反映了保育员职业角色和幼儿教师职业角色分离。

因此，在新形势下，对幼儿教师做出正确的角色定位，探讨幼儿教师专业角色的演绎和发展过程，对于优化育人环境、推动幼儿教育事业发展具有积极的意义。

不同学者和学派在对教师角色类型的研究上存在着差异。有学者对教师职业角色进行了研究，认为存在权威教师或变化教师、技术教师和建构教师四种类型的教师职业角色，这样的分类同样适用于幼儿教师。心理学家 J.M. 索里和 C.W. 特尔福德合著的《教育心理学》中根据消极作用、支持作用和权威作用来划分，列举了幼儿教师的 8 种不同角色和作用，包括：替罪羊、侦探、团体的领导者、治疗者、朋友和知心者、家长的代理人、合格的公民以及知识的传授者。教育学家舒尔曼（Shulman）曾根据知识的本质的不同设计了一个模型对四种假定的教师角色类型进行了比较，认为可以把教师角色区分为传授型、管理型、促进型和合作型的教师。国内学者陈琦等人认为，教师在教学中扮演的角色主要有：设计者、信息员、指导者、帮助者、促进者、组织者与管理者、同盟、反思者与研究者。

实际上，根据幼儿教师工作开展的方方面面以及新时代下的国家政策方针综合来看，我们可以从不同的层面来对幼儿教师做出清晰明确的定位。

### （一）在幼儿学习的层面上：幼儿教师是幼儿学习的支持者、合作者与引导者

对于幼儿教师角色定位的理论有很多，但作为新时期的幼儿教师，新《幼儿园教育指导纲要》给我国的幼儿教师的角色做出了清晰明确的定位，提出“教师要成为幼儿学习的支持者、合作者和引导者”。

首先，幼儿教师应当作为幼儿的支持者而存在，适宜的教育支持是教育的核心成分，也是幼儿发展的重要条件之一。可以说，教育支持是对幼儿与幼儿学习的基本尊重，包括精神支持与物质支持，缺一不可。物质支持是指幼儿具有学习的潜能，能够充分发挥机能，教师就应创设条件，支持幼儿的学习。如提供丰富的物质材料，让幼儿的各种潜能充分发挥，提供丰富的物质材料，能够让幼儿本身所具备的潜在机能发挥作用，使之由潜在形态向现实形态转变。精神支持是指教师不仅为幼儿创设支持性的物质环境，还应为幼儿创设良好的精神环境，使幼儿感到安全，是被信任的，无论他做什么都能得到教师的积极关注。即使做错了事，教师也能原谅他的行为。让幼儿放心、大胆地探索，无拘无束做自己想做的事，并且意识到自己的力量和存在，不必担心受到老师的指责和批评，在遇到困难和彷徨时，可以得到教师的帮助。

**小拓展**

幼儿是游戏中的人，他们借助各种物质材料，通过对材料的摆弄、操作，把关于客观世界的知识内化到自己的认知结构中。为此，幼儿教师应根据教学内容的进度、幼儿的年龄特点以及幼儿个别差异，为幼儿准备丰富多样的操作材料，这些材料应具有生动形象性、可操作性以及探索性。同时，教师应为幼儿提供足够的时间，让幼儿有时间去操作、摆弄物体，去思考和探索，由直接感知转变为表象，这样有利于充分调动幼儿学习的积极主动性。此时教师可以不干涉幼儿的活动，不要以常规下的做法提醒幼儿，尽管让幼儿以自己的想象去发挥，使幼儿有发挥潜能的载体。涂鸦期的绘画、建筑游戏、手工活动中的作品等，都是幼儿内在情感的表达，是内部潜能的发挥，是机体冲动，是欲望的释放，是他们理解世界的表达。

## 案例分析

背景：小班，中午，生活活动。

案例情况：花花今天扎了一个粉红色的蝴蝶结，午睡脱衣上床时没有把蝴蝶结解下来，邻床的玲玲见到了便不时伸过手来摸花花的蝴蝶结。花花几次推开玲玲的手，但玲玲还是不停地伸过来，终于花花被惹恼了。此时，师幼互动行为便开始了。“老师，玲玲抓我头发！”花花大声朝向教师的方向喊到。当时卧室里已经很安静，教师正在窗边拉窗帘，听到花花的喊声转过身，她先是对花花做了一个“嘘”的手势，拉好窗帘后朝花花这边走过来，走到花花的床边蹲下身来，压低声音对花花说：“要睡觉了，怎么还有声音呢？”花花也将声音放低了一些，指着玲玲对教师说：“她总用手抓我头发！”玲玲咬着手指，带着一丝惶恐的神情看着教师。教师把身体转向玲玲，把玲玲的手指从嘴巴里拉出来，一边帮她盖上被子，一边说：“快点睡！有的小朋友都睡着了，老师才喜欢他们呢！”玲玲连忙闭上眼睛。教师又帮花花盖好被子，说了一句：“你也快点睡吧！玲玲不抓你了！”这位教师而后站起身，轻轻离开。

分析：在幼儿眼中，教师是无所不能的，教师的办法最多，甚至发展成教师崇拜。教师的话是真理，句句言听计从。因此，在遇到困难和冲突时，幼儿最先想到的是老师。幼儿的这种依赖和服从心理，又被老师的命令和控制强化。老师常常以“应该怎么做”解决幼儿的求助，忘记了“循循善诱’“启发引导”，甚至不理会幼儿的纷争，孰是孰非，孩子成年人后缺乏正义感和判别是非能力，也就不足为怪了。因此，作为幼儿教师，不仅要在幼儿的物质上进行支持，也应当注重对幼儿精神上的支持与引领。上面例子中教师处理幼儿冲突的简单方式是欠妥当的。

提问：你觉得教师应当如何处理花花和玲玲的问题？

其次，新时期下，教师不再是知识的简单传输者，而是强调了学生在学习中的主体地位，幼儿教育也不例外。幼儿教师应当构建起师生合作学习的框架，让幼儿在学习中主动参与，而教师作为合作者辅助幼儿完成学习目标。作为 21 世纪素质教育改革下的幼儿教师，我们更应以幼儿为中心，让幼儿有更多的自主学习机会，为幼儿选择最适宜的、最有效的学习方式方法，充分发挥幼儿的主动性与创造性，充分挖掘幼儿的潜能，充分地表现自己，进行富有创新性的高效率学习。幼儿教师可以在充分了解幼儿的基础上，为幼儿创设独立探索、发散求异的教学情境，并且幼儿教师要和幼儿一起活动，在活动中不断发现幼儿的兴趣、需要，从而不断调整自己的设想和计划，使幼儿更加积极主动地去探索，使每个幼儿在积极参与的过程中最大限度地实现自己的潜能。

### 小思考

传统的幼儿教师定位要求教师指导、控制幼儿学习和活动的方向，若稍有偏离就要想方设法把幼儿牵引回到原有的设计，甚至把目标的达成作为判断一堂课是否成功的标准。在这种目标取向的评价制度下，教师关注的是幼儿是否学会了知识，教学效果是否达到预定的目标。但他不关心幼儿的奇思妙想，使幼儿富有创造性的想象白白流失。幼儿的活动和作品服从教师的需要，伴随活动产生的丰富的精神世界被迫封闭。例如，孩子天真地把太阳涂成绿色，说绿色的太阳就没有那么炎热了！多么充满想象力的想法！然而，老师却说："连小班的小朋友都知道太阳是红色的，你怎么搞的？重画！"

幼儿教师对于幼儿来说，应当是合格的引导者。幼儿的身心尚未成熟，处在萌芽阶段，因此常常充满好奇和求知欲，幼儿教师要运用符合幼儿特点的方法来进行正确引导和诱发，充分调动幼儿各方面的潜力，促进幼儿学习的兴趣和参与意识。幼儿教师不要做指挥家，也不要做旁观者，而是应当时刻关注幼儿的活动过程，关心他们在活动中的操作与情绪状态，除了多对他们的点滴进步表示赞赏外，要注意对他们学习活动出现的困难时候的处理。当幼儿在学习活动中出现困难时，幼儿教师应当多注意观察，耐心等待，根据实际情况，加以启发、提示或者解释，引导幼儿对学习活动进行有意义的开展。

案例分析

中（1）班的语言活动"花母鸡太太和它的两个蛋"结束之后，好多孩子对"蛋"产生了兴趣，于是主题活动"蛋"生成了。孩子们、家长共同收集资料，有的从家里带来了蛋，有咸的、淡的、生的、熟的，老师也同样为孩子们准备了各种各样的蛋，有皮蛋、咸蛋、鸡蛋、鸭蛋、鹌鹑蛋，等等。特别是在开展"探索型主题活动：区分熟蛋和生蛋"的过程中，通过让孩子转一转（转转哪个快）、摇一摇、听一听（听听哪个有声音）、记一记（分别在转得慢和有声音的蛋上做记号），再剥一剥、吃一吃，最后让孩子自己发现原来两个记号在同一个蛋上，从而在充分感知与体验的过程中获得技能与经验。正是由于教师的留心观察、倾听才发现了来自幼儿的活动主题，当活动的内容是他们所喜欢和感兴趣的时候，幼儿所表现出来的学习积极性和主动性是我们难以想象的。

### （二）在与幼儿交往的层面上：幼儿教师是幼儿依恋对象

依恋是一个人对另一个人所形成的一种感情关系。这种感情关系使他们在时空上联结在一起。在幼儿教育领域，师幼依恋是教师和幼儿在互动过程中不断的感情交流而形成的情感联结。幼儿对成年人的依恋，是其自尊和安全感的主要来源，它还可能是孩子好奇心、学习兴趣以及探索行为产生的原因。幼儿能否顺利地开展学习活动，要取决于一个关键因素，那就是幼儿对教师的依恋。因此，幼儿在幼儿园中与幼儿教师的交往是非常关键的。对幼儿而言，幼儿教师是幼儿在幼儿园教育活动中的"监护人"，如果幼儿教师在与幼儿的交往中没有让幼儿产生安全适度的依恋，那么孩子就可能产生畏惧、提防心理，出现一系列防御行为，如少言寡语，心情焦虑，无心活动，甚至一个人偷偷地哭，盼望母亲立刻接他回家。这在刚入园的幼儿表现得特别明显。因为这时母子依恋由于双方时空上的断裂而受到阻碍。简单来说，即幼儿教师在与幼儿交往的层面上的角色定位是注意良好师幼依恋关系的建立，这需要教师能够对幼儿发出的信号给予及时的有效回应，需要教师在与幼儿互动中提供更多积极正向的情感感受。

在师幼交往的过程中，幼儿教师作为更为成熟的一方，需要对依恋关系的建立切实加以重视，运用多种有效方式和手段帮助和引导幼儿建立起对教师的这种感情。只有建立起这种依恋情感，幼儿才能把老师的教育和要求看成是对自己的关心和爱护而乐于接受，从而更好地促进幼儿体、智、德、美诸方面全面协调发展，为幼儿的后继学习和终身发展奠定良好素质基础。

#### 案例分析

欣欣刚入园时，由于见不到妈妈，情绪波动非常大，每天都哭闹个不停，喊着不要待在幼儿园，要回家。并且他常常无缘无故地发脾气并伴有砸东西的行为，整个人给人的感觉像头暴怒的“小狮子”，谁拿他都没辙。幼儿园老师根据情况对欣欣进行了家访工作。从家访中老师发现欣欣小朋友的“恋母情结”确实特别严重，也正是这个原因才促使欣欣的家长下决心把他送入全托幼儿园学习。

在了解孩子依恋情感的现状及父母对孩子的情感态度之后，幼儿园老师认为当前首要任务是尽快让他的情绪稳定下来。于是，一有空老师就会常常出现在他的身旁。早上幼儿自由活动时，陪他一起玩一些他感兴趣的游戏，如跷跷板、七巧板、捉迷藏等；户外活动时，教师也跟他结成一队一起玩；午间休息时，跟他一起聊聊天，了解他内心的想法，安抚他的情绪……经过努力，欣欣在幼儿园的情绪变得稳定起来，常常也能够看到他的笑容，不再乱发脾气了，也会说喜欢待在幼儿园等话语。教师通过积极的情感回应和措施与欣欣建立起了良性的依恋关系，并且在欣欣情绪趋于稳定后，教师再开始对他进行针对性的行为习惯的培养。

### （三）在幼儿课程的层面上：幼儿教师是幼儿课程的研发者和实施者

随着基础教育课程改革的不断推进与深入，课程资源的重要性日益显现。课程资源的丰富性、实施范围和实施方式等等都将影响幼儿课程目标的实现情况和有益范围。幼儿教师作为幼儿教育课程的研发者和直接实施者，从了解幼儿的知识水平、能力范围、兴趣领域出发，通过一日活动和具体实施的课程活动来满足幼儿的学习与成长需要。因此，在很大程度上幼儿教师这一角色决定着幼儿教育课程资源的识别范围、开发的程度以及发挥效益的水平，无疑在幼儿园课程开发和实施的过程中起到无可替代的作用。幼儿教师要在工作中进行观察与反思，需要时刻对课程和教学保持严谨态度，将经验上升到理论层面，提高课程实施的质量。同时值得注意的是，《纲要》明确指出：“幼儿园应与家庭、社区密切配合，与小学相互衔接，综合利用各种教育资源，共同为幼儿的发展创造良好的条件。”这就对幼儿教师为促进幼儿的全面发展而综合开发各种类型的课程资源提出了一定挑战，幼儿教师的这一角色体现也必将通过改革的实施而变得更加深刻。

### （四）在幼儿园管理的层面上：幼儿教师是幼儿园管理的参与者

幼儿园是幼儿教师的职业场所，幼儿园为幼儿教师的教育提供了多方面的资源。而幼儿教师作为幼儿园里的重要一员，对于幼儿园的氛围、管理与发展都起到关键的影响作用。幼儿园的顺利组织与管理很多时候都依靠于幼儿教师的支持与配合，例如如何共同创造有利于幼儿健康成长、快乐学习的幼儿园氛围，如何与同事做好沟通共同创造融洽和谐的工作环境，如何利用理论知识与实践经验为幼儿园的发展提出有效意见等等。也就是说，幼儿教师的角色定位中必须明确自身是属于一个专业教育团队的成员，应当集思广益，依靠团队力量来完成对幼儿教育的贡献。

### （五）在家庭教育的层面上：幼儿教师是家长的协助者

《标准》明确提出：“教师应具备沟通与合作的专业能力，与家长进行有效沟通合作，共同促进幼儿发展”，从教师的角度，对家长的参与、合作提出了要求。幼儿来自各个不同的家庭，家庭教育显然在幼儿发展过程中是不可替代的。家庭和幼儿园都承担着幼儿教育的责任与义务，教师在此之间就起到了家庭和幼儿园之间连接的纽带作用，辅助幼儿在离开家庭的幼儿园中享受到良好的教育。幼儿教师对幼儿进行系统的教育，但仍旧应当与家庭紧密联系好，相互配合好，及时与家长沟通，指导家长学习科学的教养方式，积极协助他们做好家庭教育，使家庭教育与幼儿园教育齐头并进。

#### 案例分析

小杜爸爸妈妈是自己开公司的老板，平时都是保姆来接送小杜，平时开家长会，组织春游活动都是保姆来参加。

家长类型：工作繁忙型

分析：这类家长工作繁忙，没有时间向老师了解孩子的情况，常常想要参与到孩子的教育中，但总是苦于没有时间和精力。

对策：现代化联系方式。

工作繁忙的家长老接送孩子的机会较少，他们对孩子信息的了解都是间接的，如通过老人、保姆的转达，不是内容不详，就是内容不符，甚至于不传达。因此，一些现代化的联系方式就派上用场了。

（1）短信。短信是教师向家长传达通知最有效的方式。以短信的形式向家长发通知，不但能够让家长及时、细致地了解幼儿及班里的情况，又可以防止家长遗忘通知上的重要内容。

（2）论坛。很多幼儿园都有自己的网站以及班级论坛，在论坛里，老师可以上传一些孩子的活动照片。这样即使家长工作再忙，无法来幼儿园，但可以抽空上论坛看看孩子在园的情况。

（3）QQ群聊。老师可以给自己班里的家长建立QQ群，聊聊孩子在园、在家的情况，促进老师与家长间的沟通。同时，家长之间也可以相互交流育儿经验。

（4）电子邮件。对于难得上网，工作又确实忙得不得了的家长，老师可以定期向家长发邮件，让家长及时了解孩子在园的情况。

幼儿老师运用这些现代化的联系方式，能及时解决家庭与幼儿园在沟通过程中的问题，使工作更有实效性。

思考：

当遇到过分热情型、全权委托型、漠不关心型和过分宠溺型的家长，作为幼儿教师应当分别以怎样的应对方式做好家庭教育的辅助呢？

### （六）在幼儿教师自身发展的层面上：幼儿教师是终身学习者

终身教育理念的创始人保罗·郎格朗认为，数百年来，将人的一生分为两半，前半生用于接受教育，后半生用于劳动，并不合理，因为学习应当是贯穿人一生的事。作为基础教育重要组成部分的幼儿教育，在教育中应当渗透终身学习的理念，必须是以自己是一个终身学习者为前提的。社会发展迅速，信息化时代的影响深远，幼儿教师的生存“是一个永无止境的完善过程和学习过程”。面对尚处于幼年时代的教育对象，教师应摒弃教育惯性，树立起积极学习的态度，努力学习新的知识，培养新的技能，为自身建立开放的知识体系才能跟进时代，切实做好新时代的幼儿教师，为幼儿教育事业的开展做好坚强的后盾。

## 四、幼儿教师的角色发展类型

幼儿教师的角色定位是清晰而明确的，但从现实的幼儿教师职业状态来看，我们还需注意的一个问题是：幼儿教师的角色是发展的而不是固定的，不同的人在诠释幼儿教师的角色时是有区别的。也就是说，幼儿教师职业角色的发展状态存在不同类型。当前，对于幼儿教师角色发展的理论都较为倾向于从教师社会角色理解教师专业，实际上如果从生活角度，更加人性化地看待教师专业，我们发现教师专业不只包含承担社会责任的知识、技能、专业理想与态度，同样包含着教师的人生理想、价值、生活情趣等。因此，将幼儿教师的社会层面和个体层面结合起来的理解会对幼儿教师角色的发展类型看得更加全面。这里，叶澜教授对于教师职业状态分类的观点受到了很多学者的认可，同样也适用于幼儿教师的角色发展。叶澜教授把教师角色存在的状态分为以下三种。

### （一）生存型教师

生存型的幼儿教师主要是出于生计的考虑，站在功利的角度，以被动和消极的眼光看待自己的职业。这种类型的幼儿教师从事这一职业更多是出于无奈，把幼儿教师的职业作为进入社会或者社会身份的一种基本手段，希望通过此职业用以谋生，没有将自身的真实情感融入到职业中去，在遇到困难时往往采取逃避或消极的处理方式，心态上往往感到困惑和痛苦。事实上，这样的教师充其量只能算是一个毫无思想、毫无创造性的“教书匠”。他不是以学校主人的身份出现在校园里，也不是以学生朋友的形象出现在课堂中，更像一个以一种短期的姿态在学校工作的“临时工”。因此，这样的教师角色定位不管是对于幼儿教师本身还是对于幼儿教育事业的整体发展都是不好的。

### （二）享受型教师

享受型的幼儿教师相较于生存型的教师是进步的，这类型教师的内在动力，是因为热爱幼教事业，乐于为之奉献，由此他们主要是站在非功利的角度，以对教育事业和学生的热爱来对待自己的职业，在心态上感到快乐和幸福。这类型的教师并不否认作为人的基本生存需要，而是说在幼教事业上有更高的人生追求，在事业中找到自己的正确定位，并由衷地关心幼儿，努力在工作中取得进步并享受进步，对幼教工作充满热情。

### （三）发展型教师

发展型教师是教师职业生活的理想境界。这类教师并不仅仅把职业当成完全满足物质需要的手段，也不仅仅享受职业成就带来的满足感，他们的职业定位是超功利的。这类型幼儿教师站在更高更远的角度，从社会出发，以促进儿童发展和推动幼儿教育的发展为己任，并围绕着这一目标而孜孜不倦地勤奋工作，真正以人为本，力求为培养出身心健康的儿童而做出贡献。同时，从自身出发，为完善自我、追求职业生涯的专业化的发展而努力，热情投入工作，积极塑造人格，勇于创新教学方法，励志更新教学理念，因而常常在幼儿教师的职业中感到崇高而有价值。这样的教师不仅仅是“经师”，更是“人师”。

小思考

小刘老师最近一直在思考：“学生喜欢我吗？”“同事们觉得我相处起来怎么样？”“领导觉得我工作能力到底如何？”

小刘老师当前处在什么样的成长阶段？

### 案例分析

在一次幼儿园教师的培训分享会上，在讨论关于“对自己职业的定位”的问题时我们听到了不同的分享。

王老师说："其实我当初选择进入师范学院的学前教育专业是我的父母帮我选择的，我自己其实并不是非常喜欢，因此毕业之后到幼儿园来工作，自己也觉得是顺理成章，没有过多的想法，总觉得这份工作对于一个女孩子来说不错，能够养活自己，听起来也体面，还有足够的假期，所以就一直做下来了。"

李老师说："其实，听了王老师的话，我想了想，我当初选择专业时也曾迷茫过，但是我在学习的过程中渐渐发现，幼儿教师是一个神圣的职业，肩负着为祖国培养下一代的历史重任。当一名教师不容易，但是要当一名好的幼儿教师更加不容易。在学习中，我更进一步地了解"学高为师，身正为范"这八个字对幼儿教师的重要性。我们的教育对象是幼儿，对于幼儿来说幼儿园就是他们接触社会的第一步。身教重于言教，幼儿教师个人的范例，对于幼儿的健康和成长来说都是无法代替的，是照耀幼儿成长的灿烂阳光，所以幼儿教师要加强师德素养，以自己崇高的情操和良好的思想道德风范去感染幼儿和教育幼儿，为幼儿树立良好的榜样，给予他们正面积极的教育，使幼儿从小身心都得到健康的发展。作为一名幼儿教师，工作了几年，从中也积累了一些经验。通过一次一次的外出学习，每一次都有新的收获和体会，我也在不断的学习中慢慢地提高了自己，感到自己的职业让自己很幸福，也很愿意为职业努力奋斗。"

案例中的两位老师分别是什么类型的幼儿教师的角色定位？对你有何启示？

随着科技的飞速发展和社会的急剧变革，教育从目标到内容与方法等都在发生着巨大的变化。当代教育发展的开放化、终身化、创新化、个性化的趋势，要求教师必须树立现代教育观念，实现由生存型教师向发展型教师、专业型教师的转变。幼儿教育也一样，经历着从形式到内容的各种冲突与融洽的不断变更。社会期待的幼儿教师的角色当然定位也相应地发生了转换。幼儿教师作为职业者的呼声日益高涨，作为专业人员素质要求的内涵不断拓展，要求幼儿教师角色定位突出主动性，强化人的发展与价值体现。

## 第二节 幼儿教师的职业行为规范

小讨论

幼儿教育最根本的任务就是促进幼儿的发展，促使幼儿健康成长是幼儿教师的首要任务。越是在儿童发展的基础和关键阶段，越是需要优秀的、高素质的幼儿教师来引导和指导孩子成长。幼儿教师是除幼儿父母外的另一重要他人，他们是幼儿教育的实施者，更是幼儿教育实施成败的关键人物。因此幼儿教师是否热爱孩子，热爱幼教事业，是否能够以幼儿教师的职业行为规范来进行幼儿教育，不仅影响幼儿身心的健康成长，也关系到幼儿教师身心的健康，以及他们自身的发展和自我价值的实现。简单来说，做好幼儿教师的职业行为规范是作为一名合格幼儿教师的基础。

那么，你认为怎样做才是一名合格的幼儿教师？幼儿教师的哪些行为是必须要有的？哪些行为是绝对不能有的？

## 一、幼儿教师职业行为的含义

我们把从事某种职业必须遵循的具有社会道德意义的规范与准则称之为职业道德。教师职业行为规范是教师职业道德素质的重要组成部分，是教师职业道德的外化形式。

幼儿教师职业行为规范，指的是幼儿教师在其职业活动中，调节和处理各种关系（教师与幼儿、教师与教师、教师与园长、教师与幼儿园、教师与社会、教师与家长、教师与工作）时所应当遵循的基本的行为规范和行动准则，涵盖了教师的人格与学识、个体与集体、外表与内涵等方面。值得注意的是，幼儿教师的职业行为具有目的性、自觉性、选择性和实践性四个特点，职业行为的规范有助于梳理良好的幼儿教师职业道德形象。

## 二、幼儿教师职业行为的主要内容

幼儿教师的职业行为产生的根据是幼儿教师职业活动的内在要求，幼儿教师职业行为若没有相应的职业道德要求，就无法完成他的职业使命和实现它的职业职能。幼儿教师职业行为的主要内容包括以下几个方面。

### （一）爱国守法，依法执教

爱国守法本身即所有职业行为规范标准的基础，每一名幼儿教师都应具备爱国的最基本情感，在幼教工作中，注重体现爱国意志和行为，做到知法明纪，为幼儿做好引领。

依法执教包括三个方面的内容：一是要取得合法的幼儿教师资格证才能进行专职的幼儿教师工作；二是严格贯彻党和国家的教育方针政策，遵守各级教育行政部门和所在幼儿园的各项规章制度；三是教师要关心爱护全体学生，制止有害于学生的行为或者其他侵犯学生合法权益的行为。

#### 案例分析

案例一：

2004 年 4 月，一个叫潘 × 的孩子，因为上课离开座位而被老师罚站，后来又因调皮、与同伴打闹等原因多次被老师罚站，在此期间，老师还多次当众对潘 × 给予批评和指责。一段时间后，潘 × 开始出现精神方面的异常，后来发展到语言混乱，在家中打父母、砸东西，不愿去幼儿园。

案例二：

2012 年 10 月 24 日，微博上流传出的一张照片寒了无数网友的心：照片里，女老师一脸微笑，两只手分别揪着一名男童的左右耳朵将男童双脚提离地面约10厘米，耳朵被扯得变形，男童因剧痛张着嘴巴哇哇大哭。而这是发生在浙江某幼儿园里的真实一幕。事发后，当地有关部门立即调查，并于当天将这名老师开除。当这名老师被问及"为何要揪孩子耳朵时，她称是"为了给别人拍照，好玩"。

其实这些年来，无论是大众媒体、公众，还是国家相关部门都十分关注幼儿园教育、管理和安全等问题，但虐童案件还是时有发生。一方面，是幼儿园方面存在管理上的缺失，另一方面追根究底，其实还是因为部分幼儿教师对幼儿缺乏爱心，在职业行为中表现出陌生、冷漠、粗暴，甚至做出虐待儿童的行为，这样的行为给幼儿身心健康带来了极大的危害，损害了幼儿教育的健康发展，是完全超出一个幼儿园教师的行为底线的。

1. 爱岗敬业，忠于职守

爱岗敬业是从业的基本要求，对教育事业的忠诚是教师职业行为的核心体现。幼儿教师要敬重本职工作才会热爱本职工作，热爱本职工作才会把全部心血和精力投入到幼教事业中 。爱岗敬业，忠于职守对幼儿教师的基本要求是：对幼教事业要有高度的责任感和强烈的事业心；热爱幼教，热爱教师岗位；恪守底线，认真履行教育职责。

2. 为人师表，自尊自律

叶圣陶先生说："教育工作者的全部工作就是为人师表。"教师的行为对于学生来说具有示范性和表率性，因此教师在日常的教育教学活动中都应当注重提高个人的品质修养和文明程度，应做到尊重社会公德，仪表整洁得体，谈吐文明健康，生活检点，作风正派，在职业行为中充分展示教师应有的良好教养和精神风貌。

3. 尊重幼儿，关爱幼儿

教师对幼儿的关心和爱护是幼儿身心健康发展的重要条件。教师的关爱，能使幼儿得到情感上的满足，产生积极的情绪体验，增强自信心、安全感。尊重幼儿，强调教师应当以人为本，注重幼儿本身的身心健康发展的自然规律。关爱幼儿，强调教师应注重对幼儿身心健康的呵护，尊重幼儿的个体差异，因材施教。苏霍姆林斯基说过："学习——这不是把知识从教师的头脑里移注到学生的头脑里，而首先是教师跟儿童之间的活生生的人的相互关系。"教师对幼儿的尊重与关爱是教师与幼儿建立良好关系的前提，可以使幼儿乐意接受教育。

### 小分享

幼儿喜欢什么样子的老师？

用幼儿的话说就是："小朋友哭了，马上给他擦眼泪的""经常给小朋友系鞋带的""不厉害的""不发脾气的""不打人的""不把小孩拉出来的"……爱孩子的老师受小朋友欢迎和喜爱。

教师对幼儿的爱是一种理智的爱，俗称教育爱，这就意味着教师要爱幼儿，对待幼儿态度温和、宽容、不偏爱、尊重幼儿的人格，保护幼儿的合法权益，做幼儿的老师，也做幼儿的朋友。

课后作业：制作一份“幼儿喜欢什么样子的老师？”调查问卷，分别对幼儿园教师、大班、中班、小班的孩子进行调查，要求取样科学，分析到位。

案例分析

背景：毛毛是班上刚从外地转过来的孩子，以前从未进过幼儿园，并且较班上同学来说他年纪较小。

事件：今天毛毛所在的班上在上美工课，很多小朋友都兴致勃勃地拿着自己喜欢的彩纸跟着老师在教室的美工区里涂涂、剪剪、折折、贴贴。毛毛此时也在上课，但是他剪的画的都和别人的不一样，他用彩色的手工纸剪了蝴蝶和鲜花，但是却把白色的一面贴到了白色的背景板上。毛毛对自己的作品感到很满意，但是其他几个小朋友看到毛毛的作品之后却不约而同地表示“毛毛贴错了”“他这样的一点都不好看”，甚至有小朋友想要动手帮毛毛扯下来重新贴。此时，毛毛开始大声哭叫“我就喜欢这样的，我的好看”。此时，王老师闻声赶来，了解了情况。

如果你是王老师，你会怎样去做呢？

### （二）团结友爱，共促发展

教育是一项系统工作，因此决定了教育是集体合作的工作，教师一定要尊重、团结自己的同伴，形成教育的合力，老师们既需要各司其职又需要通力协作，齐抓共管，才能让幼儿得到全面的发展。同一领域的教师之间不断自我反思，相互鼓励，取长补短，互相扶持；不同领域的教师相互充实、彼此交流，多方借鉴；教师与管理人员之间相互支持、相互体恤、群策群力。幼儿教师要正确处理与同事的关系，共同促进幼教事业的发展。

### （三）家园共育，做好服务

苏霍姆林斯基说：“没有家庭教育的学校教育和没有学校教育的家庭教育，都不可能完成培养人这一极其细致而复杂的任务。”和家长共同合作、共同协作来促进幼儿的健康发展是幼儿教师职业行为的又一重要方面。尊重家长，以诚相待，对所有家长一视同仁；主动与家长沟通联系，认真听取家长的意见与建议；热情服务家长，设身处地为家长考虑；积极向家长宣传科学教育理念与方法，获得家长的支持，共同教育孩子。

案例分析

铭铭，男，5 岁，幼儿园大班学生。这位小朋友最近连续出现 3 次在家哭闹，强烈不想上幼儿园的现象，父母非常着急，带着孩子到幼儿园找到老师了解情况。

幼儿园老师先是热情地接待了家长，然后与家长进行了交谈。与家长沟通后，老师发现，铭铭小朋友平时性格比较内向，在幼儿园的表现虽然不太突出，但确实上课认真，遵章守纪，与老师和班里的其他小朋友相处也很不错。那么，孩子为什么会出现不想上幼儿园的问题呢？家长也感到很不解。据孩子的父亲说，家里人问他为什么不想上，他总是不说话；家长打他，逼着他去上幼儿园，他就大发脾气，在家哭闹。孩子的母亲进一步补充说，最近一段时间，铭铭和爸爸之间的关系不好，总说不喜欢爸爸，搞得全家人心里都不舒服。

在与孩子父母交谈之后，老师又与铭铭做了直接交谈。通过交谈了解到，铭铭不想上幼儿园是因为对爸爸不满、与爸爸对抗引起的。铭铭说，爸爸有天回家问今天幼儿园学习了什么，铭铭说学了数学，爸爸就问了相关的问题，但是铭铭紧张没有答出来，父亲就为此批评了他。过了几天，爸爸又无缘无故训斥了他一顿，他感到非常委屈，因此想要发泄心中的不满，认为不去上幼儿园爸爸就不会再问问题，也就不会再批评他了。

如果此时你是这位了解情况的老师，你接下来会怎么做呢？

### （四）严谨治学，勇于创新

有学者认为做一个合格的幼儿教师，不仅要具备弹、唱、跳、画、讲等专业技能，还需要掌握科研能力、心理健康教育能力、创设环境的能力、随机教育的能力、制订教育计划的能力、组织一日生活的能力等 13 种能力，这些实际上都是针对幼儿教师治学的职业能力层面上来说的。叶圣陶先生曾经说过：“教师对自己从事的教学工作抱什么态度，对掌握业务知识抱什么态度，这也是师德问题。”教书育人是一项职责重大的严肃工作，尤其是面对尚未成熟的幼儿，来不得半点虚假、敷衍和马虎，否则必辱使命。教师就应当严谨治学，在研究学问、钻研业务和传授知识的过程中做到严肃认真，一丝不苟地对待工作职责要求，表现实事求是的工作精神或工作态度。同时，教育是发展的事业，教育的对象是发展的对象，因此在教学研究和教学实践中，还需要教师善于吸收最新教育的教学成果，创造性地将其运用到教育教学中，并能充分体现自己的个性特色，有独到的见解，能在教学中发现并使用行之有效的教学方法。在严谨治学的基础上，运用新思想、新材料、新技术对知识进行重新加工和组合，推陈出新，结合幼儿实际，发现幼儿教育中的新问题，对新问题提出新的解决方法。

### （五）终身学习，求善求真

当代信息社会使知识呈现加速增长的态势，知识更新的速度越来越快，知识陈旧率高。并且，幼儿教育迅速发展，社会对幼教事业的重视程度越来越高。在这种情况下，对幼儿教师的知识储备和知识更新提出了更高的要求。幼儿教师要不断更新知识，提高自己的道德修养，提高自己的知识结构，才能更好地帮助幼儿发展，让自己在不断的进步中成为一名优秀的幼儿教师。

总的来说，幼儿教师对本职业的职业行为履行得越到位，他们就越是以主动、积极的心态投入到工作中，才会对在职业行为履行中的自身需要和动机进行认同和了解，积极地去化解工作中产生的各种矛盾和压力，并从内心喜欢上幼儿教师这一职业。同时，对幼儿教师职业行为规范的理解与履行有利于幼儿教师更加努力地钻研本专业，促进他们自身专业的成熟和发展。

## 第三节 影响幼儿教师职业行为的主要因素

幼儿教师的职业行为作为评价与衡量幼儿教师的关键因素之一，影响着每个孩子的健康成长，也影响着学前教育的发展。那么到底是哪些因素在影响着幼儿教师的职业行为呢？

### 一、社会制度与国家政策方针

我国是社会主义国家，因此我国的幼儿教育也必然是以社会主义为基石的。社会制度影响着教育制度和教师制度。幼儿教师应当培养什么样的幼儿、应当以何种方式培养幼儿、什么样的人才能成为幼儿教师等问题都与幼儿教育的体制关系重大。

再者，国家对于幼儿教育的发展所提出的种种政策方针也影响着教师的职业行为，为幼儿教师行业的职业行为规范的发展指明道路。例如，2012 年我国颁布了《幼儿园教师专业标准（试行）》，它的制定与实施规范了幼儿教育工作者的行为方向，帮助幼儿教师完善对职业行为的理解，鼓励幼儿教师努力实践，是工作在一线的幼儿教师的行为标杆，指引着他们向着正确的、优秀的幼教工作者方向努力。

### 二、幼儿园的管理制度

幼儿园是幼儿教师工作的场所，幼儿教师的大部分职业行为的形成和实践都在幼儿园内完成，幼儿园的性质（如公立幼儿园和私立幼儿园，城市幼儿园和农村幼儿园）、管理办法（宽松或者严格）、教育氛围（和谐或者紧张）以及对教师职业行为的重视程度等都对幼儿教师的职业行为的状况有影响。总的来说，幼儿教师在职业环境好的幼儿园中相对来说职业认同感和归属感会更强一些，从而幼儿教师对自身的要求会高一些，职业行为也就会更加规范一些。

### 三、幼儿教师的选聘和评价

在成为幼儿教师之前，对于幼儿教师的选聘是有要求的，其中除了专业文化知识达标之外，仍旧包含思想品德合格的要求，这就表明，在正式获得幼儿教师的职业之前，就必须对其品德品性进行考察，以求在将来的幼儿教师职业中能够以行动保证基础的道德底线，优良的道德品质。当前的幼儿教师队伍中，绝大多数同志是优秀的，是符合人民教师职业道德与岗位履职要求的，但仍旧需要提及的是，当前对于这方面的考核还是存在要求界限相对模糊，操作性不强，考核不规范等问题。

幼儿教师的评价系统也是影响幼儿教师职业行为的重要因素之一。教师的评价系统实际上是对教师行为的一种监督与考察，教师的职业行为有没有做到，履行得好不好都应该要从教师考核的系统里得到体现。简单来说，良好的幼儿教师的评价系统应当包括幼儿园方、儿童、家长以及教师本人，过程性评价与结果性评价相结合，能系统全面地分析评价幼儿教师在工作期间的行为，并对幼儿教师的行为起到防微杜渐、及时修正的作用，提醒幼儿教师时刻严肃对待自己的工作。

## 四、幼儿教师自身

幼儿教师自身是影响幼儿教师行为的内因，也就是最根本的因素。幼儿教师自身是其职业行为的出发点、实施者、调整者与控制者，具有很强的主观能动性，其中最能够影响到其职业行为的自身因素包括教育观念、课程建构和教学水平三个方面。

### （一）教育观念

幼儿教师要以幼儿为本，以促进幼儿身心素质的全面发展作为幼儿园全部工作的出发点和落脚点。

我国的幼儿教育起步相对世界幼教来说是比较晚的。在没有幼儿园的漫长年代里，幼儿教育主要由家庭承担，所以有贤妻良母要“相夫教子”“子不教，父之过”等说法。作为幼儿教育最初的承担者，这些父母们显然没有专门的幼教知识，有的只是一辈一辈流传下来的经验，其中有好的也有坏的。当然，这一方面对幼儿来说是一个相对自由的年代，但是另一方面也浪费了幼儿学习和自我发展的大好机会。到近代，幼儿教育的重要作用越来越为人们所认识，被誉为“中国的福禄贝尔”的陈鹤琴先生在南京创办了中国第一所幼儿园，开始了幼教的新探索。一直到现在，中国的幼教界都没有停止这种探索的脚步。在不断深化的教育改革浪潮中，幼教得到了长足的发展，幼儿教师的观念也得到了重大的转变。这种转变主要表现在以下几个方面：

#### 1. 教育目的

幼儿教育的目的到底是什么，这是需要解决的首要问题，在很长的时间里，幼儿教育只是作为初等教育的附属品，主要的目的就是为儿童上小学做好准备，而忽视了幼儿教育在儿童发展中的重要作用。但是到后来，由于大力提倡幼儿教育以及家长自身观念的转变，幼儿教育的目的又走向了另一个极端，家长们认为借助各种幼教的手段大力开发幼儿的潜能，希望能够培养出一位神童来。所以就从胎教开始一直到孩子出生之后，提前认字提前走路，然后又是上英文班，又是上艺术班，给孩子安排了无穷无尽的学习内容，剥夺了孩子快乐的童年。其实，孩子早期教育的目的并不是培养神童，幼儿教育的目的在于培养头脑灵活、身体健康、性格开朗、品质优秀、人格健全的孩子。令人欣慰的是，目前这种教育目的观已经得到普遍的认同，幼儿园的教育开始以儿童自身发展为最终的目的，这种教育目的观的转变直接引起了其他方面的转变。

**2. 教育内容**

幼儿园曾经长期存在着一种唯智现象，只重视幼儿的智力发展，而忽视了其他方面能力的发展。随着教育改革的深入，全面教育开始进入幼儿园。依照现行的《幼儿园教育指导纲要》，幼儿园教育内容是全面的、启蒙性的，可以相对划分为健康、语言、社会、科学、艺术五个领域，也可作其他不同的划分。各领域的内容相互渗透，从不同的角度促进幼儿情感、态度、能力、知识、技能等方面的发展。从最初的重视智育到现在的五育并重，这种转变反映了中国幼儿教育的一大进步。

**3. 教育方式**

传统观念上，我们习惯于整齐划一，因为这样便于管理。在很长时间内，幼儿园的教育方式是以老师讲解为主，跟小学、中学的教育方式并没有本质上的区别。以前在幼儿园里，老师总会要求小朋友“手背在背后,乖乖坐好不准动”“小朋友跟我读……”,然后就一遍一遍地重复；还有上美术课的时候老师会在黑板上画一幅示范画，打分是以画得像不像为标准，这种教育方式对于幼儿的身心发展造成了限制和束缚。随着教育改革的深入，幼儿园逐步摒弃了这种刻板的、不适应幼儿身心发展需要的教学方式，开始采用灵活多样的教学方式，允许幼儿自由自主地选择活动的内容和活动的方式，允许自由选择伙伴，允许有自己的见解，推行赏识教育，尽量发现幼儿的闪光点并加以鼓励，引导幼儿探索和创新。尤其是新技术蓬勃发展以后，许多幼儿园引进了多媒体教育手段，使幼儿园的课堂更加生动活泼。许多幼儿园开始改变以前的“家园不同步”的现象，加强与家长的沟通，努力做到家园同步，发挥幼儿教育的最大作用。同时开始最大限度地利用社会其他资源为幼儿园教育服务。从总体上讲，幼儿园的教育方式是多种多样的，这种教育方式是为幼儿园教育的目的服务的。当然，在实际的操作过程中仍然存在着许多问题，但相对于以前已经是很大的转变了。

**4. 师幼关系**

在传统的观念中，老师总是权威的化身，老师总是对的。不光幼儿这么认为，甚至连老师自己也是这么认为的。这就给幼师与幼儿之间的沟通带来了一定的障碍。从本质上看，教师与幼儿都是独立的人，都有人格的尊严，都有生存、学习、娱乐、自我发展和自我实现的权利，教师应当以朋友的身份与幼儿交流情感和看法，虚心征求和倾听幼儿的意见，赏识幼儿的优点和进步。目前提倡的是一种与幼儿对话的师幼观，强调建立民主、平等的师幼关系，要求幼儿教师“蹲下来与幼儿说话”——当然这种“蹲下来”的主张并非只是形式上的蹲下来，实际上这要求幼儿教师彻底转变自己的幼儿观和师幼观，把幼儿当成真正具有自己的思想和见解的人，尊重幼儿的观念和选择。建构积极的师幼互动，真正实现教师与幼儿人格上的平等。

作为未来的幼儿园教育工作者，我们应该具备先进的教育理念和教育观念，大胆采用新的教育方式，真正实现一种“快乐式”的幼儿教育，还孩子一个快乐的童年。

知识拓展

人的教育在他出生的时候就开始了，在能够说话和听别人说话以前，他已经就受到教育了。——卢梭

人如同陶瓷器一样，小时候就形成一生的雏形。幼儿时期就好比制造陶瓷器的黏土，给予什么样的教育就会成为什么样的雏形。——塞德兹

教育技巧的全部奥秘也就在于如何爱护儿童。——苏霍姆林斯基

儿童能力初期萌芽是尤其可贵的，我们引导儿童初期自然趋向的途径能固定儿童的基本习惯，能确定后来能力的趋向。——杜威

### （二）课程建构

幼儿园课程建构的核心是促进幼儿的发展，重视发展每个幼儿的好奇心、自信心、独立性和应变能力；强调创设丰富的室内外环境，结合幼儿的兴趣和已有水平开展各项活动；强调游戏是课程组织的基本形式，鼓励幼儿用自己的方式思考和解决问题；强调教师要在变化的情境中根据个体不同的发展需求提供灵活而有差异的教育。幼儿园主要通过以下活动来实施课程。

科学探索活动：在烹饪、玩沙、玩水和科学实验等活动中，幼儿通过比较、分类和寻找因果关系，感受事物之间的关系，体验探究以及创造的过程，获得科学探究的能力。教师要鼓励幼儿观察事物变化的过程，引导幼儿讨论观察所得，在幼儿预测结果时提出质疑以引起幼儿的思考。

大型运动类活动：在室内外活动区中发展幼儿的投掷、跳、跑、攀爬等运动技能，使幼儿真实感受身体各个部分的组成以及它们是如何协调运动的，以加深幼儿对运动的理解。

艺术活动：在艺术活动区，幼儿可以涂鸦、撕纸或剪纸，可以用颜料涂画或用黏土造型。通过艺术创作，幼儿可以提高手部控制能力，这种技能有利于前书写能力的培养。同时，艺术活动还有利于帮助幼儿感受有关质地和结构、形体和色彩等物体特征，使幼儿获得有关数学学习的经验。

戏剧游戏：幼儿通过扮演生活中的角色，尝试理解、控制自己的世界，体验分享的快乐，提高解决问题的能力，释放生活中的紧张感和压力感。幼儿也可以通过模仿日常生活中的事件来尝试适应外部世界。

积木游戏：在游戏中，幼儿自主决定使用何种大小、形状的材料，计划和安排建构过程，

关注建构技能的应用。他们可以与同伴一起通过测量、计算来解决问题，体验分享或合作的快乐。

阅读活动：当幼儿用语言来表达感受、分享观点和传达喜欢或害怕等情绪时，他们开始体会到语言的力量；当幼儿听音乐或欣赏诗歌时，他们能从中获得阅读的乐趣。

桌面玩具：小积木、字画谜、配对卡片、堆叠盒、螺钉和钉模板、穿珠等桌面玩具能帮助幼儿学习分类、排序、合并以及一一对应，这些都是幼儿前数学学习的重要经验。

### （三）教学能力

教学是教师职业行为展现的主要阵地，幼儿教师同样如此。幼儿教师在教学水平上的研修主要体现在以下几个方面。

#### 1. 观察和了解幼儿心理的能力

现代教育主张充分发挥幼儿的主动性，“要创造适合儿童的教育，不要选择适合教育的儿童”。教学要把握幼儿的“最近发展区”以取得最佳效果。这些都要求幼儿教师要具备一定的儿童教育、心理的知识，把握幼儿心理发展动向和发育成长的特点、规律，有的放矢地开展教育教学活动。并且，敏锐的观察能力是从事幼儿教学的基础，因为幼儿常常不能很清楚地表达自身的需要，那么就需要教师的善于发现，不仅要能够把握幼儿外在的行为表现，一个有观察力的老师同时也能及时捕获到幼儿内心活动的细微表现，从而对幼儿进行良好的引导。

案例分析

今天，轮到鹏鹏担任班上的值日生，在老师让他给班上小朋友分苹果时，鹏鹏将小苹果留给自己，大苹果让给小朋友，用充满期盼的目光看着老师。

鹏鹏这样的行为实际上体现了幼儿很重视教师对自己的评价，并在行动中不经意地表现出来。教师如果此时能观察到儿童这样的外在行为，迅速判断儿童所传递的信息，从而及时地做出恰当反应，那么教师就赢得了教育的主动权，就能很好地促进儿童身心发展。相反，如果不能很好地发现儿童的这些行为细节，或者选择熟视无睹，很有可能就造成不良的教育后果。

#### 2. 良好的语言表达能力

怎样善于与儿童对话是幼儿教师的必修课。儿童不同于成年人，能否运用符合幼儿特点的语言表达，影响着教师的教育行为的效果。生动具体、丰富幽默的言语表达比照本宣科、沉闷死板的言语表达更能引起儿童的注意和喜欢，同时也能够为儿童做好示范榜样的作用，从而能更好地达到尊重儿童、关心幼儿的目的。另外一个方面，良好的谈吐与表达使得教师在与家长进行沟通时能有效传递信息，达到家校联合教育的目的。

小贴士

把“不要再讲话了”改成“请小朋友们安静一会儿”；

把“别把玩具扔在地上”改成“请把玩具放到篮子里去”；

把“再说一遍”改成“老师没有听清楚，你能再说一遍吗？”；

把“去把椅子搬过来坐好，不要发出声音”改成“请大家把椅子轻轻搬过来坐好”。

3. 灵活的课堂组织能力

老师会教，学生才能会学，教学才有意义。幼儿教师的职业行为中，强调保教合一，其中的“教”很多时候就是指的课堂教学。教师课堂组织能力的提升首先是建立在扎实的专业知识与技能上的，幼儿教师只有了解和掌握幼儿教育的基础知识与技能，才能做好课堂的预前准备。另外，幼儿年龄和经验的特点决定了幼儿学习课堂的特点，幼儿教师在课堂组织学习中只有切实摆脱程式化的传输和机械化的训练才能使课堂活起来，将主动性多放在幼儿身上，激发幼儿的学习兴趣，善于用教育机智解决课堂的突发情况。同时，随着各种现代化的教学手段如幻灯、计算机和互联网等媒体在教学中的大量使用，幼儿教师应掌握这些技术已成为现代幼儿教师教育能力的基本素质之一。

4. 反思和创新能力

教师的反思和创新能力决定了教师的职业行为的续航力。正如孔子所说“学而不思则罔”，尤其是当前素质教育的全面实施，对幼儿教师的教学也提出了新的要求，努力达到新的要求才能更好地将职业行为付诸实践。善于反思是幼儿教师从事教育教学活动的核心能力之一，是幼儿教师为了保证教育的成功，达到预期的目标，将教育活动本身作为意识的对象，不断地对其进行积极、主动的计划、检查、评价、反馈、控制、调节的能力，能促进幼儿教师职业技能的提升。一次或一阶段教育活动完成后，幼儿教师需要总结和反思自己的教育实践活动，是否适合幼儿的实际水平，是否能有效促进幼儿发展，及时分析出优缺点，积极主动地吸收新思想和新理念，改进自己的教学，锐意创新，做好幼儿的开发性教育，才算是严谨地对待了自身的职业。

同时，幼儿教师本身就在教学上有较大的灵活性，他们可以根据幼儿的身心发展状况制定教养目标，自选内容，自己组织安排各种活动，只有具备创新能力的幼儿教师才能在行为中体现其职业独特的探索性和艺术性。创新人才的培养需要有创新型的教师。创新型的教师会开拓、发展学生的创造性，无创造性的教师多会压抑儿童的创造性。所以，教师具有创新能力是现代幼儿教师职业能力结构不可缺少的一方面。

## 第四节 幼儿教师职业能力提升的方法与途径

幼儿教师是我国师资队伍中的重要组成部分，他们在工作环境、教育对象、教育内容和培养目标等许多方面与中小学教师都存在着较大的差异，有着与众不同的角色定位，同时也有着与众不同的职业能力要求。随着社会的进步，教育领域的发展，对幼儿教师这一特殊群体的关注程度持续上升，其中幼儿教师的职业压力也逐渐引起人们的关注。近年来，有学者的研究显示，当前大部分幼儿教师表现出明显的职业倦怠症状，虽然程度并不十分严重，但是我们应当引起足够的重视。那么，通过哪些途径可以对幼儿教师的职业能力进行更好地提升呢?

## 一、完善的师范教育内容与体系

幼儿教师师范教育是对幼儿教师职业能力培养的最初始阶段也是最基础的阶段。当前，实际上我们可以很明显地感受到在目前幼儿教师教育体系中把教师的专业知识和技能放在了重中之重的地位，因此幼儿教师师范教育的内容也相对来说有倾斜。但是，决定幼儿教师对待幼儿的态度、对教学工作的态度，与改进幼儿教师工作效率直接相关的、作为幼儿教师所必须具有的信念系统、角色意识和角色保健，幼儿教师职业心理、职业能力规划、规范与提升等相关内容和相关课程却几乎没有。实际上，幼儿教师在进入自己的工作岗位之前并没有学会如何全面了解自己，没有学会怎样定位自身今后的职业角色，没有学会如何规范自身职业行为，没有学会怎样面对职业能力提升中遇到的挫折和困难的话，将会对今后的岗位适应和职业能力的发展起到非常不利的作用。

因此，随着学前教育的不断前行，我们需要更加完善的师范教育内容和体系，需要将幼儿教师职业能力的知识考虑在内，需要对幼儿教师职业能力的上位概念“职业能力”进行界定和分析。因为，对职业能力的概念理解不同，对从业者所具备的职业能力的要求也不同。让幼儿教师还是学生的时候就要能够理解幼儿教师职业能力及其结构，才能够促进幼儿教师更好地适应岗位角色，树立正确儿童观与教育观，拥有健康的心理素质、创新能力、课程开发能力与科研能力等等。

## 二、有效的培训

幼儿教师通过参加培训，一方面专业知识与能力得到丰富和深化，不再停留于职前培养阶段所获得的学科知识和专业技能，而且幼儿教师已经有了一定的实践经验，通过参加培训，能够更好地将培训中所学的理论和自己的教学实践相结合，运用理论分析实践问题。另一方面，幼儿教师通过参加培训，可以吸收先进的教育思想，了解国内外学前教育最新的发展动态、教育理念、教学方法等，使幼儿教师能够更加充分地应对社会发展和教育改革对教师高要求的挑战。可见，幼儿教师通过参加培训，无论是思想品德上，还是专业水平上都得到提升，从而提高幼儿教师队伍的整体素质。

有效的培训是促进幼儿教师职业能力提升，帮助幼儿教师更好地进行专业成长的最传统的途径。按照培训的时间来分类，幼儿教师的培训类型包括职前培训、职中培训和职后培训；按照培训的内容来分类，包括新手教师培训、骨干教师培训、园长岗位培训；此外，幼儿教师的培训还有各类按需培训、专项培训等。

各国的幼儿教育也相当重视教师的培训。如法国教育部规定每个初等教育教师从工作第五年起至退休前五年止，可带薪接受累计一学年的继续教育，目的在于更新知识，了解当前的教育相关理论和理念，提高教学能力；美国幼儿教师培训的课程包括算术、语文、科学知识、社会历史知识、体育、美术、音乐等方面，也帮助幼儿教师达成包括有健康的体魄、渊博的知识、对儿童的接受和了解、社会能力、独立思考的能力、个性品质、理智行为、对教育职业的忠诚、对学校和社会的责任感的目标。日本的幼儿教师进修，从进修机关分，主要有新制教育大学、有关大学以及各都道府县市的教育研究（研修）中心；从进修的时间上看，分为长期和短期两种；从进修的地点来看，分为园内和园外（国内和国外）；从进修形式上看，分为脱产进修和半脱产进修、共同进修和自主进修函授和面授等。除此之外，日本的幼儿园也十分重视园内教研活动。韩国幼儿教育教师继续教育的方法主要有三种：第一种是幼儿教师自觉自愿的培训方式，比如阅读相关书籍、开展讨论会、自己报名继续深造以及参加其他教育机构组织的培训等。第二种是政府指导下的培训，主要分为各种进修和讲学指导。各个自治区均设有教员培训基地，提供一般培训、业务培训和各种资格培训等。讲学指导相当于中国的观摩教学，指的是各地讲学士去各个幼儿园参观教学现场，通过讨论提出建议，以指导教师。第三种是由开设儿童福利学科、学前教育等高等学府或者专业培训机构为在职幼儿教师提供的专业培训。

当前，我国的幼儿教师培训发展态势良好，尤其是幼儿教师的师范类培训和职前培训发展迅速，学前教育师资培训的内容广泛、全面，不仅包括专业知识的培训，而且包括教师教育、教学技能的方方面面，如基本修养、基础教育（哲学、政治学、历史、社会学等）和专业课程（幼儿园课程、幼儿发展理论等）都有涉及，以满足不同教师的不同需求。但也存在一定的问题，主要是体现在职后培训上，如培训方式单一，对培训对象不加区别，不分层次；贫困地区培训进程落后；培训目标不明确（大多是为了提高学历或者是为获得某种技能而开展的）；培训内容重复；培训师水平不均等因素，如若不提高幼儿教师在职培训的实效，则培训无法满足教师发展成长的需要，甚至阻碍教师职业能力水平提升的进程。

## 三、社会环境的支持

社会环境的支持对于幼儿教师的职业能力提升是一种宏观的大背景的推动。基本上可以从以下几个方面进行：第一个是国家的方针政策上，国家方针政策的实施一方面是对幼儿教师的职业能力范围和标准做出规定性的要求，为幼儿教师指出提升的方向性和针对性；此外，国家完善相关的法律制度，地方教育行政部门提出切实可行的措施，能够提高幼儿教师的待遇和社会地位，保证他们的合法权益，包括在职进修、工资待遇、住房福利、休假晋升等，使幼儿教师能真正解除后顾之忧，安心幼儿教育事业，促进幼儿教师群体对职业能力提高的积极性和主动性。第二个是全社会要加强宣传教育，对幼儿教育事业建立健康的社会支持系统。也就是说从社会的角度形成尊师重道的良好风尚，塑造良好的幼儿教师形象。对幼儿教师的职业问题进行更多的关心和帮助，人们给予更多的理解和关怀，这样才能使幼儿教师有足够的心力和体力来担任幼儿心灵塑造者和社会文明推动者的神圣使命。

知识拓展

全美幼教协会指出，幼儿教师的专业化应体现在：对儿童发展有着深刻的理解和体悟，将心理学、教育学知识运用于实践；善于观察和评价儿童的行为表现，以此作为课程计划的依据和设计个性化课程的依据；善于为儿童营造和保持安全、健康的氛围；计划并履行适宜儿童发展的课程，全面促进儿童的社会性、情感、智力和身体方面的发展；与儿童建立积极的互动关系，成为儿童发展的支持力量；与幼儿家庭建立积极有效的关系；支持儿童个体的发展和学习，使儿童在家庭、文化、社会背景下得到充分的理解；支持教师专业主义并给予认同。

## 四、良好的幼儿园环境

教师的职业生命需要良好的生态环境的培育，幼儿园应当以生态化的观点来指导幼儿教师的发展。通过塑造和优化幼儿园各项环境，能够提高幼儿教师的职业认同感和工作效能感。当前往往提倡以幼儿为主体进行幼儿教育研究，但在幼儿教育事业发展的过程中，往往忽视了对幼儿教师这个群体的职业能力发展需要。幼儿园是幼儿园教师进行保育、教育实践和研究的主要场所，幼儿教师的大部分职业行为在幼儿园得以操作，幼儿园的管理运作方式，园长的工作作风、管理方式都会对幼儿教师的职业能力提升产生影响。因此，幼儿园应责无旁贷地为教师的职业能力提升提供专业的支持。

首先，幼儿园需要确立促进教师专业和幼儿共同发展的办园理念。过去，人们总是习惯上把幼儿园当作培养幼儿的场所，而忽略了幼儿园同样也是教师发展的重要场所。对于幼儿园教师而言，他们在幼儿园中的保育教育实践研究活动是其职业生活的最基本组成部分，教师职业活动的质量，影响到教师对职业的感受、态度和专业水平的发展，以及生命价值的体现。因此，幼儿园必须树立以教师专业化和幼儿全面发展同步的办园理念，形成园方、教师和幼儿三位一体的和谐机制，并以此指导各项工作，促进幼儿园、教师和幼儿的共同发展。

其次，幼儿园需要营造幼儿教师职业能力学习和研讨的氛围，提高幼儿教师提升职业能力的主动性。幼儿园教师的职业能力发展不仅仅是教师孤立的个体行为，也是群体的职业能力发展的需求，理应成为教师团体内部、教师与家长以及与社区其他人员一起研讨、观摩、学习、分享，共同学习、共同提高的过程。因此，幼儿园作为幼儿教师的实践场所应为教师营造积极进取的和谐氛围，让幼儿教师的职业能力提升有基础载体，可以鼓励幼儿教师通过幼儿园的制度和课题来营造职业能力的研究探讨气氛，引导教师成为研究和实践的主体，把职业能力的提升问题作为研究的内容，为教师们创造职业能力提升的平台。

再次，幼儿园应当形成公正有效的评价和激励机制，对教师的发展过程中出现的错误要有合理的理解和宽容，对其发展过程中取得的进步和阶段性的成功则要能够及时鼓励。例如，幼儿园的支持就能有效地帮助教师减少职业能力问题的发生，幼儿园的激励会有效地帮助幼儿教师积极面对职业能力提升的问题，幼儿园的帮助又可能会使教师把职业的负担变成职业的挑战与机遇。

最后，幼儿园管理者应将提高教师职业能力水平作为制定教师专业发展规划的目标之一，可以明确规定每个教师每年应参加培训、学习、提升的时间表，适当减少教师的工作量，将教师从繁重的工作中解放出来，为教师专业学习研究提供时间上的保证。

## 五、教师的自主发展

幼儿教师的自主发展主要是指，幼儿教师为了提高自身的能力和素养水平，自主采取的、富有个人特色的发展行为，例如树立终生学习的教育观念；对自身职业生涯的有效规划；对教育理论和教学方法的主动学习；对学历学位要求的进修；对个人学习方法的选择等。幼儿教师的自主发展行为是提升职业能力行为的最重要的因素，是幼儿教师角色完善和职业发展的内在动力。

幼儿园的工作环境是相对封闭的，幼儿教师的工作也就相对安逸、稳定，缺乏变动与创新，幼儿教师缺乏危机意识，职业能力的发展就容易停滞不前，容易产生畏难心理。这铸成了他们的教育惯性并严重影响其参与改革的能动性。在改革中，不同的教师呈现出不同的状态。在教育惯性的影响下，有的教师抱着畏难心理，觉得自己不具备充分的能力，新任务做不来，给自己背上了沉重的思想负担；有的教师则出现自我认同的混乱，不知道究竟应该怎样重新给自己定位，对未来发展没有明确的设想，身处混沌，因而也不知道到底该做些什么，怎么去做；还有的教师则仍然遵循传统的职业习惯，上级指示，下面执行，将自身发展视为管理层的任务，依赖管理工作者的安排与领导，在上级安排的“保护伞”下延续教育惯性的轨道。所不同的是，上级安排比以往多了许多，而当这些游离于他们思想之外的发展“任务”占用他们许多时间时，他们就会感到厌倦不已。在实践中，还有很多基于教育惯性而产生学习惰性的表现。不论是在上述何种情况下的教师，从思想实质而言，对课程改革背景中自我的专业化成长都缺乏危机意识，在被动应答的状态下难以形成学习的内在需要与动机。毋庸置疑，这样的状态严重影响了他们投入幼儿园新课程建设的兴趣和热情。从某种程度上而言，现今教师的职业压力并不只源于在园事务的增多，还源于精神上的压抑。而能动性的缺乏恰恰是教师精神压抑的一个重要原因。

要自主发展，幼儿教师首先要形成一定的危机感，意识到自己肩负责任的重大和所面临挑战的复杂艰难性，变“我不得不去做”为“我想要去做”。其次，幼儿教师要理清自我和职业认同的混乱，要对未来发展有明确的设想。最后，幼儿教师要克服职业能力行为发展中遇到的困难与挫折，建立积极良好的心态，保持对幼儿园教育事业建设的兴趣和热情。

## 本章小结

本章内容首先明确了教师的职业角色定位的含义，通过阐述幼儿教师角色的历史定位来突出新时代下幼儿教师的全新角色定位的要求与内涵。同时，本章指出幼儿教师角色是发展的，幼儿教师应当以发展型教师为目标不断提升自身职业荣誉感与幸福感。此外，根据幼儿教师的角色定位，本章阐述了幼儿教师应有的职业行为规范；最后，指出影响幼儿教师职业行为的重要因素以及幼儿教师提升职业行为能力的途径，为今后幼儿教师职业素养的提升提供了参考依据。

## 课后思考

对幼儿园教师的专业发展情况（任选以下一个具体内容：幼儿教师的专业成长情况、新教师入园适应情况、教师的职业幸福感、教师的职业倦怠、教师的专业性体现等，也可以自选其他专业发展角度）进行调查。

# 第六章

# 幼儿教师专业发展

**知识结构图**

- 第六章 幼儿教师专业发展
  - 第一节 幼儿教师专业发展内涵界定
    - 一、职业价值
    - 二、行业、职业、专业
    - 三、发展、专业发展
    - 四、幼儿教师专业发展
  - 第二节 幼儿教师专业素质框架与内容
    - 一、素质、专业素质
    - 二、幼儿教师专业素质
  - 第三节 幼儿教师专业发展历程
    - 一、幼儿教师专业发展概述
    - 二、“新手型”幼儿教师
    - 三、“熟手型”幼儿教师
    - 四、“专家型”幼儿教师
  - 第四节 新入职幼儿教师经常遇到的问题
    - 一、适应性问题
    - 二、两个结合
    - 三、常见问题及其解决策略
  - 第五节 《幼儿园教师专业标准》的解读
    - 一、《专业标准》的作用与意义
    - 二、《专业标准》的基本内容
    - 三、《专业标准》的重点与亮点
    - 四、美国优秀幼儿教师标准介绍

**引入案例**

小丹到幼儿园进行三个月的顶岗实习。在实习中，小丹遇到了一些困惑与问题，似乎用课堂上学的知识解决不了。比如：班里的洋洋比其他孩子高大，很霸道，还喜欢指挥别人，经常跟别的小朋友发生冲突，班里的老师多次给洋洋做思想工作，并跟其家长沟通，都没有取得明显效果。小丹很想解决洋洋的问题，却不知如何入手及采取什么措施，只能和其他老师一样放弃了。再如，班里的孩子经常会问小丹各种各样奇奇怪怪的问题，小丹不知如何作答，便觉得沮丧、很有挫败感。慢慢地，小丹有点儿怕被小朋友提问，甚至有点儿不愿意来班级。还有，她发现班里的老师们会抱怨幼教工作辛苦琐碎、没有成就感，入了行就是从青年幼师变成老年幼师，没有大发展和好前途。实习结束回校后的小丹变得焦虑了，她对未来要从事的这份工作失去信心，怕自己不能胜任工作，怕自己厌烦工作，怕自己在工作中没有成长与发展，看不到这份工作的职业价值，更不知道自己的未来会怎样。

**本章学习要点**

1. 理解幼儿教师专业发展的内涵界定；
2. 理解幼儿教师专业素质框架与内容；
3. 理解幼儿教师专业发展历程；
4. 了解新入职幼儿教师经常遇到的问题；
5.《幼儿园教师专业标准（试行）》解读。

# 第一节 幼儿教师专业发展内涵界定

## 一、职业价值

相当多的同学都问过自己、问过老师、问过自己尊敬的人，当幼师好吗？其实有很多焦虑与困惑是来自于你不知道自己能否胜任这份工作，不知道自己怎么做才能从合格幼师发展成优秀幼师。

### （一）职业认同

职业认同是通过对职业全面、深入的认识与了解，能够理解职业对社会、他人及自身带来的价值。幼儿是掌握国家未来命运的人，幼儿阶段是人身体与心理发展的初级阶段，幼教工作是促进幼儿身心健康发展的工作。因此，幼教工作质量决定国家未来命运。随着生活水平与文化意识的提高，越来越多的人注重学前教育，每个家庭都不愿意让孩子输在起跑线上，这也给幼教工作者带来了较为丰厚的收入与酬劳。此外，这个职业会让你更自信、更有经验地为人父母。由此可见，幼儿教师具有较高的职业价值。

### （二）职业胜任

职业胜任有岗位胜任与人际适应两方面。当你胜任了岗位、适应了人际关系，工作中便少了焦虑与烦躁。胜任岗位就是形成职业素质：首先，职前培养与训练让你具备幼儿教师素质；然后，入职培训与实践让你完善幼儿教师素质；最后，职后发展让你不断提高幼儿教师素质，成为引领幼教工作的专家。适应人际关系包括适应与幼儿的交往、与同事的交往、与家长的交往、与领导的交往等等。这两者都是从陌生—熟悉—熟练的发展过程，或叫专业发展过程。

### （三）职业发展

为获得更好的发展机会或更丰厚的薪酬待遇，幼儿教师需要发展自己的专业知识和能力，形成更卓越的教师素质，使其能引领或推动幼教行业的发展。这就是职业发展过程，也是专业发展过程。

除了“职业认同”对专业发展的依赖度较小外，“职业胜任”与“职业发展”都需要幼儿教师持续不断地谋求专业发展。也就是说，为了适应与胜任工作，为了拥有更多发展机会与更高发展平台，幼儿教师必须持续谋求自身的专业发展。

## 二、行业、职业、专业

### （一）行业

行业，一般是指其按生产同类产品或具有相同工艺过程或提供同类劳动服务划分的经济活动类别。不同行业的划分取决于人们的方便与习惯，是根据人们不同需要而进行的分门别类。一种行业提供的产品满足人们的一类需求。如房地产行业，其产品满足人们的居住需求；旅游行业，其产品满足人们欣赏世界的需求；教育行业，其产品满足人们提升自我的需求。

### （二）职业

职业是社会分工的结果，随着社会化大生产的发展，社会分工越来越细，形成了多种社会行业和组织，他们各自承担一定的社会职责与职能，满足社会生活生产的需要，在不同行业中从事性质相近、形式相同的工作叫“同一职业”，如高等教育行业与学前教育行业中的“教师”都是同一职业。从事某一职业必须具备职业相应的职业道德、知识与技能。

### （三）专业、专业化

专业是指专门的职业，指需要专门技术的职业，从事这一职业的群体，需要经过专门的教育训练，掌握专门的基础理论和特殊技能，从而可以按照一定的专业标准，承担独特而重要的社会任务，发挥特有的社会功能和价值。

专业主要有三种内涵：一是指高等学校的学科门类的不同类别，如学前教育专业、艺术设计专业等；二是专门的技术或学问，如环境保护专业、高新技术专业等，与高校所指专业近似，但类别远远多于高校设置专业；三是指透彻掌握某个职业或某项技能，拥有较高职业才能、处于较高职业阶段，成为该领域专家，引领该领域发展。

本章所提“专业”即指第三种内涵，建立在职业基础之上，接受长时间的专业训练与高等教育的专业化人才。

专业化是把工作视为专门的职业，这种职业要求工作者经过严格的持续性的学习，获得并保持专门的知识和技能，并有一定的专业地位。教师专业化，要求教师不仅是有知识有学问的人，而且是有道德，有理想，有专业追求的人，教师不仅要具有专业培训的较高规格，而且应终身学习，不断自我更新提高，不仅是某一专业的专家，还应该是教育的行家。

### （四）行业、职业、专业的区别

“行业”与“职业”两个概念针对的对象不同，行业是对人类需求进行分类，而职业是对人类所从事具体工作的性质与特点进行分类。一个行业中可产生很多种职业，如教育行业，有教师职业、会计职业、网络修理及水电维修职业等。一种职业也可以在很多行业中出现，如会计职业在房地产行业中有，在旅游行业也有。

“职业”与“专业”的区别主要在于概念内涵差异,职业的概念内涵是承担一份职责与工作，专业的概念内涵在于精通一份职责与工作。比如，职业有“普通职业”与“专门职业”，从事普通职业时无须学习与掌握专门或高深的理论与技能，可以通过模仿或按照例规行事。如快递职业、搬运职业等。从事专门职业则需要学习并掌握专门或高深的理论与技能，如医生、教师等，而这类“专门职业”被称为“专业”。专业需要专业态度、专业知识与专业技能。

### （五）幼儿教师专业

毋庸置疑，幼儿教师是一种专业。因为从事幼儿教师专业必须具备幼儿教师职业道德、幼教工作知识及幼教工作技能，只有胜任幼教工作的工作者才被称为“幼儿教师”。

## 三、发展、专业发展

发展是动态演变过程，指由简单到复杂，由合格到优秀，由不成熟到成熟。对于个人发展来说，发展是从生疏到熟练，由新手到熟手再到专业型的过程。

专业发展指某个专业领域内的个体由不成熟到成熟的发展演变过程，或专业整体由不成熟到成熟规范的发展演变过程。重视教师职业的专业性，是当今国际教师教育的总趋势，强调教师的可持续发展是教师专业化的前提条件，也是世界教育和社会发展的共同特征。

对于幼儿教师专业发展来说，一方面是幼儿教师个人专业发展，研究幼儿教师个体不断发展与提升专业素质水平与专业能力；另一方面是幼儿教师集体专业发展，研究幼儿教师整体不断发展，形成行业标准与规范，提升行业素质水平与专业能力。幼儿教师个体专业发展是幼儿教师整体专业发展的基础。因此，幼儿教师个体专业水平决定幼儿教师整体事业的发展水平。

## 四、幼儿教师专业发展

幼儿教师个体专业发展是在经历幼儿教师职前培养、幼儿教师入职培训及幼儿教师职后发展时，形成幼儿教师职业素质、完善幼儿教师职业素质，发展成卓越幼儿教师职业素质的过程，也是不断发展与提升自身幼教专业素质与水平的过程，是从一名新手幼儿教师成长为熟手幼儿教师，再成长为专家型幼儿教师的过程。

由此可知，幼儿教师的专业发展是个漫长的成长过程，由“合格的幼儿教师”开始，凭借自身的发展能力，通过学习与努力，成长为“专家型幼儿教师”。由此可知，幼儿教师的专业得以发展必须兼备两个要素，一是具备专业素质，二是拥有发展能力。

# 第二节 幼儿教师专业素质框架与内容

在学生时代，我们最大的愿望莫过于遇见“好老师”。在幼儿园，家长们的最大愿望莫过于遇见他们心中的“好老师”。那么，什么样的老师是“好老师”？我们心目中的“好老师”有哪些特征？我们先来回忆下，你印象深刻的“好老师”是不是很认真、善良、负责任、充满爱心、富有正能量？是不是有广博的社会与文化知识、扎实的专业知识与技能？是不是会发自内心地关心你和同学们？是不是耐心回复你和同学们的提问与求助？是不是在你和同学们迷茫时指引了学习与生活的方向？这些特征都是教师专业素质内容的一部分。也就是说，具备越多的教师专业素质内容，就越靠近“好老师”的标准。作为未来的幼儿教师，只有明确了解幼儿教师专业素质的全面内容与具体要求，才会在职前培养阶段努力形成所有专业素质，在入职培训时努力完善所有专业素质，在职后发展中提高所有专业素质，成为一名“好幼儿教师”。

具备幼儿教师专业素质，即形成幼儿教师专业素质，是幼儿教师个人专业发展的第一步。要想具备或形成专业素质，首先要了解幼儿教师专业素质有哪些内容。本节将讨论幼儿教师专业素质的内容。

## 一、素质、专业素质

### （一）素质

关于素质，近年来被广泛地运用到生活中的许多领域，并在不同领域具有不同的含义，其内涵已经远远超过了原有的范畴，我们听到过多种说法，比如身体素质、心理素质、文化素质、专业素质等，还有评价他人的素质是高是低等。基于此，本章将从几个角度对素质进行解释：①“素”指事物的基础与本色，“质”指事物的性质与成分，“素质”即构成事物的基本成分或本来性质。在古诗词中可见此用法，如清代的汪懋麟在《忆秦娥》中说“天然素质铅华贱，从教傅粉何郎羡”。现在我们常说的“素颜”也是这个意思。②素质是人在生活、工作与学习各方面表现出来的品质、状态与能力。如修养素质、身体素质、文化素质等。③素质在一些禀赋的基础上，通过学习与训练，获得的一些能力与条件。如专业素质、科学素质、艺术素质等。

### （二）专业素质

专业素质指通过学习与训练，获得了履行某一职业或专业所必须具备的条件、要求与能力，它是从业者所固有的一种职业品质，包括专业品质（专业精神）、专业知识、专业技能三部分。专业素质是某种职业技能的综合体现。

## 二、幼儿教师专业素质

幼儿教师专业素质指为履行幼儿教师职责，承担幼儿工作而必须具备的工作规范与要求，内容包括幼儿教师专业态度、幼儿教师专业知识与幼儿教师专业技能。这些工作标准与规范是幼儿教师履行幼教工作时必须达到的最低标准。

幼儿教师的素质是随着教师这一社会职业而提出来的，不同的时代，对教师的要求不同，使得教师素质随着时代和社会的发展而出现不同的时代特点。它是由诸多要素构成的，是包含内容和结构的统一体。它经过长时间的培养而逐步形成，一旦形成便具有一定的稳定性，由于教师自身各方面发展基础的差异和不同教学任务与学科的要求，教师的素质具有一定的差异性和层次性。

世界各国教育发展与改革的经验和相关研究结果越来越有力地证明，教育发展的关键是教师，特别是教师自身各方面的素质。教师自身素质的全面提高，是保证儿童素质全面发展的基本前提，也是实现优质教育的必要条件。教育家 Beeby 在《开发国家的教育质量》中提到，教师素质是影响教育质量高低的因素之一。没有好的教师就不会有好的教育，教师素质的高低关系到教育实施的成败以及国家的前途。可见，幼儿教师专业素质影响幼儿的成长，从而影响国家的未来。

基于幼教工作的“保教结合”特点，幼儿教师专业素质有其专业独特性。本文从专业态度、专业知识、专业技能三个维度阐述幼儿教师专业素质内容。

### （一）专业态度

幼儿教师的专业态度指幼儿教师对幼教工作的态度与行为，它首先必须要有强烈的事业心。事业心是教师从事教育教学工作的根本动力，事业心是个体对自己所从事事业的热爱和努力，把工作做好的执着追求。事业心也是教师在其他方面提高自身素质的基本保证。

幼儿教师的专业态度在日常工作中，可以把它细分为幼儿教师对职业道德、职业理想与职业价值的理解与实践，幼儿教师对幼儿的态度与行为，幼儿教师对幼儿保教结合型工作的态度与行为，幼儿教师对自身修养的态度与行为四部分内容。

**1. 幼儿教师对职业道德、职业理想与职业价值的理解与实践**

幼儿教师对于职业道德、职业理想和职业价值的认识，是培养幼儿教师的职业意识和信念的基本前提，也是幼儿教师对自己所从事的教育事业的性质、任务、作用、价值以及自身角色和责任的认识。幼儿教师首先应该是有强烈的职业意识和信念，认同了幼教工作这个职业，理解幼儿教师的职业价值，才会树立自己的职业理想，而遵守职业道德规范是实现职业理想的唯一途径。

通过前面“幼儿教师职业道德”的学习，我们确定幼儿教师在日常的保育工作与教育工作中，必须时刻以“爱国守法、爱岗敬业、关爱幼儿、素质教育、为人师表、学习发展”六条规范对照自己的言行举止，努力在每项具体的幼教工作中践行幼师道德规范，逐渐做到知行合一，让遵守幼儿师德规范成为习惯。

综上所述，幼儿教师要从职业道德、职业价值与职业理想三个方面对幼儿教师的职业角色、职业特点进行认识与理解。

**2. 幼儿教师对幼儿的态度与行为**

幼儿是幼儿教师的直接工作对象。教师对待幼儿首先必须是要关心儿童，有发自内心的诚挚的亲密情感和行为。它的主要表现是关心儿童，热爱儿童，这是教师对待儿童态度和行为的最基本的方面。因为爱是儿童健康成长的最基本前提和需要，作为专业教育者，与非专业教育者如家长的区别就是家长的爱是专门的特定，更多表现为偏爱自己的子女，而教师的爱是普遍而广泛的，他需要对所有儿童一视同仁，绝不厚此薄彼，将自己的爱给予全班，并保证他们受到平等的教育机会，都具有幸福快乐的童年生活。平等对待与尊重儿童是儿童的权利与成长的需要，也是教师对待儿童态度的重要体现。它包括两个方面：一是教师容忍和尊重儿童的差异，每一个儿童都是不同的，每个儿童都具有个性、能力、行为、兴趣等特点，都有其独特的家庭成长背景和生活经验，教师应该认识到这些差异是正常的，并充分重视和尊重这些差异，公平、平等地对待每个儿童；二是促使每个儿童富有个性，充分发展每个儿童的天赋和优势，教师要为每个儿童提供最广泛的，具有个体适宜性的多样机会，为他们提供表现自己的长处和获得成功的条件，并提供及时的反馈，既帮助儿童充分认识自己，又增强他们的优势和信心，促进每个儿童积极充分的富有个性的发展。

幼儿教师同时要具有强烈的责任心，它主要体现在两个方面：一是抱着对儿童的发展负责的态度，教师不仅要把儿童作为一个年幼的个体来培养，而且要把儿童作为一个成长中的个体、未来和社会的成员来培养，不仅要对每一个儿童在学习期间负责，而且要对每个儿童一生的学习和发展负责，对其长远的发展负责。幼儿教师作为一个专业化的职业，本身就要求幼儿教师尽力做好自己的工作，对工作要有高度的责任感，在工作时间和工作范围的认可情况下，都按照教师职业的规则和要求做好本职工作。

因此，幼儿教师要时刻牢记保证与保护幼儿的生命安全、幼儿的权利与利益，就可以找到最好的对待幼儿的态度。

#### 3. 幼儿教师对幼儿保教结合型工作的态度与行为

保育和教育相结合是幼儿园教育的一个基本原则，也是幼儿教师日常工作的特点，它们是相互渗透，相互联系，不可分割的一个有机整体。在工作分工上，不能简单认为教育工作是教师的事情，保育工作是保育员的事情，两者是和谐统一的，只有在教育和保育有机结合的情况下，才利于幼儿的自身发展。日常保教工作中，幼儿教师应该以饱满的热情，积极的态度认真投入到工作中，对自己所从事的教育事业，恪尽职守，努力工作。因为幼儿园教育的特点决定了幼儿教师工作的时间持续长，工作对象的复杂以及工作内容的广泛，所以幼儿教师在工作的过程必须以饱满的热情和积极的态度去对待每一个幼儿，要有强烈的使命感和责任感，时刻不忘职业要求，认真对待，关心热爱和关怀每一个儿童。

同时，幼儿教师应该在工作的过程中，有开拓和创新精神，在教育实践中积极进取，善于思考，努力参与教育教学改革研究，有所创新。同时幼儿教师在工作中还要不断学习，不断反思，更新观念，不断提高自身的综合素质。

总之，对待保育与教育工作，幼儿教师要有保教结合、家园合作、突出创造性、重视游戏与实践的态度与理念。在保育工作中，秉承爱心、细心、耐心与用心的态度；在教育工作中，坚守激发幼儿兴趣与好奇心为主、言传身教的态度。

#### 4. 幼儿教师对自身修养的态度与行为

罗曼·罗兰说过，“要播撒阳光到别人心中，自己心中总要先有阳光”。我们希望培养出“什么样”的孩子，首先要求我们自己是“什么样”的人。幼儿是通过模仿来认识与应对外界。因此，幼儿教师自身的修养与行为对幼教工作结果举足轻重。

遵守“爱国守法、爱岗敬业、关爱幼儿、素质教育、为人师表、学习发展”的幼儿教师师德规范内容是幼儿教师对自身修养的态度与行为。

### （二） 专业知识

幼儿教师专业知识是实施幼儿工作的理论基础，幼儿教师必须熟练掌握幼儿教师专业知识，包括幼儿身心发展知识、幼儿保育与教育知识，通识性知识。

#### 1. 幼儿身心发展知识

幼儿教师的保育与教育工作建立在遵循幼儿身心发展规律的基础之上。因此幼儿教师必须掌握幼儿身心发展的相关知识。

（1）幼儿生理解剖特点与生长发育规律、心理特点与发展规律、幼儿身心发展中的个体差异及幼儿身心发展中存在的问题与对策。

（2）特殊需要幼儿的身心发展特点、身心发展中存在的问题与对策。

（3）保护未成年人的相关法律法规。

2. 幼儿保育与教育知识

幼儿教师的工作就是实施幼儿的保育工作与教育工作。其中，幼儿的保育活动重点在于培养优秀品质、良好习惯及适应年龄发展特点的行为能力；幼儿的教育工作重点是培养幼儿探索世界的兴趣与乐趣，培养幼儿的想象力与创造力。幼儿教育通过幼教工作保证幼儿的生命安全，促进幼儿身心健康发展。因此，需要掌握相关的保育与教育知识。

（1）掌握保育与教育的目标、任务、内容、要求和基本原则。

（2）掌握幼儿园环境创设、一日生活安排、游戏活动、班级管理、家园沟通、安全应急、意外事故和危险防护等保育相关知识与方法。

（3）掌握幼儿园健康、语言、社会、科学、艺术五大领域教育的特点与知识点，掌握观察、谈话、记录等了解幼儿的基本方法和教育心理学的基本原理及方法。

（4）了解 0 ～ 3 岁婴幼儿保教和幼小衔接的有关知识与基本方法。

3. 通识性知识

“通识性知识”指社会生活中被广为认可与接受的常见、常用及流行的知识，具有广泛、非专业性、非功利性特点，大致分为自然科学类、人文社会科学类、艺术审美与表现类、风俗习惯类、新闻传说类及现代信息技术等。

## （三）专业技能

幼儿教师专业技能是实施幼儿工作的实践基础，幼儿教师必须熟练掌握幼儿教师专业技能方可实施幼教工作。幼儿教师专业技能包括环境创设、一日生活安排、游戏活动组织、教育教学、激励与评价、沟通与合作、观察与分析、反思与发展等。

1. 环境的创设与利用

创造良好的幼儿保育与教育环境能保障幼儿的生命安全，促进其身心健康发展。幼儿保育与教育环境主要包括幼儿园设施设备及环境、班级环境与氛围、师幼关系等。

（1）创设有助于促进幼儿成长、学习、游戏的教育环境。

（2）合理利用资源，为幼儿提供和制作适合的玩教具和学习材料，引导和支持幼儿的主动活动。

（3）建立班级秩序与规则，营造良好的班级氛围，让幼儿感受到安全、舒适。

（4）建立良好的师幼关系，帮助幼儿建立良好的同伴关系，让幼儿感到温暖和愉悦。

### 2. 一日生活的设计与组织

幼儿的保育与教育活动贯穿于幼儿的一日生活安排之中。合理安排与组织幼儿一日生活的能力是实施幼教工作的保障。

（1）合理安排和组织一日生活的各个环节，将保育与教育灵活地渗透到一日生活中。

（2）科学照料幼儿日常生活，指导和协助保育员做好班级常规保育和卫生工作。

（3）充分利用各种教育契机，对幼儿进行随机教育与随时渗透。

（4）有效保护幼儿，及时处理幼儿的常见事故，危险情况优先救护幼儿。

### 3. 游戏活动的支持与指导

游戏活动是实施幼儿保育与教育工作的主要手段与方式，幼儿教师对游戏的设计与组织能力决定其保育与教育活动质量。

（1）设计游戏时首先考虑幼儿兴趣需要、年龄特点和发展游戏目标所需条件。

（2）充分利用与合理设计游戏活动空间，提供丰富、适宜的游戏材料，支持、引发和促进幼儿的游戏。

（3）鼓励幼儿自主选择游戏内容、伙伴和材料，支持幼儿主动地、创造性地开展游戏，充分体验游戏的快乐和满足。

（4）引导幼儿在游戏活动中获得身体、认知、语言和社会性等多方面的发展。

### 4. 教育活动的设计与实施

幼儿的教育活动不仅强调教育目标、内容、方式与效果，还应在教育活动中渗透保育知识，达到保教互渗透的效果。

（1）制订阶段性的教育活动计划和具体活动方案，根据幼儿的表现和需要，调整活动，给予适宜的指导。

（2）在教育活动的设计和实施中体现趣味性、综合性和生活化，灵活运用各种组织形式和适宜的教育方式，提供更多的操作探索、交流合作、表达表现的机会，支持和促进幼儿主动学习。

（3）在教育活动中渗透保育活动内容，让幼儿在教育活动中获得品质与习惯的提升。

### 5. 激励与评价

幼儿的成长与进步需要适当的激励与评价来进行有效刺激。

（1）关注幼儿日常表现，及时发现和赏识每个幼儿的点滴进步，注重激发和保护幼儿的积极性、自信心。

（2）有效运用观察、谈话、家园联系、作品分析等多种方法，客观地、全面地了解和评价幼儿，并有效运用评价效果，促进幼儿的成长与进步。

### 6. 沟通与合作

幼儿教师在保育与教育工作中不仅需要与幼儿沟通，还需要与同事、家长及社区保持沟通与合作。

（1）使用符合幼儿年龄特点的语言进行保教工作。

（2）善于倾听，和蔼可亲，与幼儿进行有效沟通。

（3）与同事合作交流，分享经验和资源，共同发展。

（4）与家长进行有效沟通合作，共同促进幼儿发展。

（5）协助幼儿园与社区建立合作互助的良好关系。

7. 观察与分析

因为幼儿好动、好奇，掌握的知识与经验较少，所以幼教工作需要较强的灵活性与掌控能力。而工作中的仔细观察与分析是提高工作灵活度与掌控性的基础。

（1）通过记工作日志的方法观察工作中出现的问题，并进行分析与处理。

（2）定期进行总结，提炼出幼教工作中常见问题，积累解决方案及相应对策。

8. 反思与发展

对幼教工作中出现的问题进行反思，从反思中学习、提升与发展。

（1）主动收集分析相关信息，不断进行反思，改进保教工作。

（2）针对保教工作中的现实需要与问题，进行探索和研究。

（3）制定专业发展规划，积极参加专业培训，不断提高自身专业素质。

## 第三节 幼儿教师专业发展历程

拥有幼儿教师专业发展能力是幼儿教师个人专业发展的必要保障。专业发展能力指跨越专业领域或职业生涯中的一个个阶段的能力，在幼儿教师专业发展过程中可概括为形成幼儿教师专业素质的能力、完善幼儿教师专业素质的能力及提高幼儿教师专业素质的能力。幼儿教师专业领域或职业生涯中这些阶段的跨越过程就构成了幼儿教师专业发展历程。

### 一、幼儿教师专业发展概述

幼儿教师专业发展历程呈现出多种表现形式,或是幼儿教师的专业素质经历“形成—完善—提高”的历程，或是幼儿教师经历“职前培养—入职培训—职后发展”的历程，或是幼儿教师经历“合格—优秀—专家”的历程，或经历“新手型幼儿教师—熟手型幼儿教师—专家型幼儿教师”的历程。幼儿教师凭借拥有的专业发展能力通过以上任何一种形式，都可以实现幼儿教师的专业发展。

#### （一）专业素质发展历程

幼儿教师的专业发展始于了解与形成幼儿教师专业素质的全部内容，包括树立正确专业态度、掌握专业知识、熟练专业技能；然后持续完善这些专业素质；最后在完善的基础上不断提高幼儿教师专业素质；完成幼儿教师专业素质的发展历程，也实现了幼儿教师个人专业发展。

### （二）职业角色转变历程

幼儿教师大多经历师范学校的职前培养、幼儿园的入职培训、幼儿园入职后的职业实践与发展阶段，其职业角色从学前教育专业的学生，到刚入职的准幼儿教师，再到入职后的幼儿教师。而职业角色的转变过程也是幼儿教师个人专业发展历程。

### （三）职业生涯发展历程

幼儿教师在其职业生涯中都希望能从合格幼儿教师，到优秀幼儿教师，再到专家幼儿教师，或从新手型幼儿教师，到熟手型幼儿教师，再到专家型幼儿教师。这种蜕变过程是幼儿教师职业生涯中的发展，也是幼儿教师个人专业发展历程。

基于幼儿教师个人专业发展形式的多样性，本文选取“新手型幼儿教师—熟手型幼儿教师—专家型幼儿教师”的幼儿教师个人专业发展历程进行分析与阐述，以期达到清晰描述幼儿教师个人专业发展历程。

## 二、“新手型”幼儿教师

“新手型”幼儿教师是幼师职业生涯的初级阶段，从通过入职考核开始。

### （一）持续时间

“新手型”阶段大致持续 3 ～ 5 年，个人专业发展能力强的幼儿教师会用较短的时间从“新手型”进入“熟手型”阶段。

（1）1 ～ 2 年：适应每日常规工作，适应与幼儿相处、与同事相处、与家长相处、与领导相处及与生活协调，形成稳固的专业素质，胜任常规保育与教育工作。

（2）2 ～ 3 年：在胜任常规保教工作后，有了自己对工作的思考与领悟，工作积极主动、乐于自我表现，寻求外部的认可。

（3）3 ～ 5 年：进一步夯实专业素质，形成自我工作风格，初步积累了保教工作经验，得到外界认可，为进入“熟手型”阶段做好充分准备，同时也了解到职业的困难与艰辛。

### （二）特征

（1）人格特征：热情、积极、主动、谦虚、谨慎、好学。

（2）工作目标：适应并胜任工作，取得成绩，得到表扬。

（3）工作方法：保育工作结合模仿、请教及掌握的专业素质来形成保育工作方法，教育工作中精心备课，并完全按备课内容上课，课堂掌控能力差。

（4）工作幸福感：因有稳定的收入及组织支持，新手型幼师的积极情绪多，幸福感高。

## 三、“熟手型”幼儿教师

经历了职业生涯的初级阶段后，幼儿教师便开始了另一个较为高级的生涯阶段——“熟手型”阶段。

### （一）持续时间

“熟手型”阶段持续的时间因人而异，有人可能经历5～8年就从“熟手型”阶段跨越到“专家型”阶段，有人可能需要花费15年甚至20年，而有人甚至永远停留在“熟手型”阶段，永远无法进入“专家型”阶段。

（1）3～5年：基本胜任保教工作，积累了保教工作经验，得到外界认可。

（2）5～8年：专业素质得到完善，保教工作经验提高，外界充分认可，但同时出现工作倦怠期，经常质疑工作的意义与价值，出现消极情绪与状态，也容易出现心理问题。

（3）8～15年：专业素质进一步提高，保教工作经验丰富，外界高度认可，能够观察、分析与解决保教工作中出现的问题与状况，能调适自我情绪与状态。一部分幼儿教师开始努力向“专家型”阶段冲击。

### （二）特征

（1）人格特征：随和、宽容、稳重、豁达、友好、助人。

（2）工作目标：完全胜任工作，渴望突破，实现自我。

（3）工作方法：有自己的保教工作方法与风格，能根据实际情况及时调整工作方法与实施过程，工作中更强调理论与实践的结合，更深入地贯彻保教结合，更关注将管理方法与沟通艺术用于保教工作，保教工作的掌控能力都很强。

（4）工作幸福感：对收入及组织支持的满足感下降，出现职业倦怠情绪，整体上对职业的幸福感较为稳定，但低于“新手型”幼儿教师的幸福感。

## 四、“专家型”幼儿教师

“专家型”幼儿教师是幼师职业生涯的最高阶段，也是最高追求。与“新手型”和“熟手型”不同，“专家型”阶段并不是幼儿教师职业生涯的必经之路，有人可能穷其一生也未能跨越到“专家型”阶段。

### （一）持续时间

幼儿教师进入“专家型”阶段需要克服巨大的困难，需要在熟练的保教工作中创新与突破，能发现领域中存在的问题，并有解决对策，直至成为领域内的领军人物，影响领域的发展步伐。一旦进入“专家型”阶段，将会一直持续下去，直到职业生涯终结。

### （二）特征

（1）人格特征：乐业、稳重、智慧、自信、自省、自律，充满领袖的魅力与影响力。

（2）工作目标：实现突破，成为引导领域发展的人。

（3）工作方法：工作中强调创新与突破，有严谨的批判精神，注重工作的过程监控与管理，制订保教工作标准与规范。

（4）工作幸福感：对职业有强烈的认同感与使命感，并在工作中收获了成熟感，有较高的、较稳定的工作幸福感。

# 第四节　新入职幼儿教师经常遇到的问题

经过学校的系统专业学习及幼儿园内的入职培训后，新入职幼儿教师基本掌握了幼儿教师专业素质的理论部分。然而一旦开展幼儿的保育与教育工作实践，新入职幼儿教师往往觉得力不从心，每天虽然很紧张、很忙碌，却依然抓不住工作要领，感觉学到的用不上，工作起来很吃力、很煎熬。

针对上述情况，本节就新入职幼儿教师经常遇到的问题进行描述，如何适应问题、如何理论结合实际、如何保教结合及出现频率较高的一些问题等，以期提供一些建议帮助新入职幼儿教师尽早摆脱不良工作状态。

## 一、适应性问题

### （一）工作适应

对于新入职幼儿教师来说，适应工作岗位、工作环境是胜任工作任务的前提条件，也是保持良好工作状态与心理状态的基础。

#### 1. 适应内容

（1）熟悉保育与教育工作内容与要求。

（2）掌握一日生活安排。

（3）掌握幼儿园、班级内所有规章制度。

（4）掌握本园、本班本学期保教工作目标、计划、内容与要求。

（5）熟悉幼儿园及班级管理风格与特色。

（6）熟悉幼儿园园内外环境、设施设备布局及其使用情况。

2. 参考建议

（1）记录一日工作情况，并每日小结与分析。

（2）记忆规章制度，保教工作目标、计划、内容与要求。

（3）多看、多问、多记、多请教，手勤、脚勤、嘴勤，做事积极主动。

（4）留意园内外环境，尽早熟悉工作环境。

### （二）人际适应

良好人际关系的维系是幼儿教师重要的工作内容。新入职幼儿教师需要处理好与幼儿、与家长、与同事、与领导等的人际关系。

1. 与幼儿

（1）熟悉班里所有孩子的名字与大致情况。

（2）公平对待、真诚关爱所有幼儿，特别关注个别性格或心理有问题的孩子。

（3）时刻把幼儿的生命安全及权利利益放在首要考虑位置。

（4）遵循幼儿年龄发展特点做好保育与教育工作。

（5）既要与幼儿友好相处，又要在幼儿中树立威信。

2. 与家长

（1）时刻保持真诚与耐心地与家长沟通交流。

（2）既要尊重家长的决定与选择，又要艺术地向家长传达正确的保教理念与观点。

（3）禁止利用家长办理私事、谋取私利。

（4）采用有理、有据、有节的解释与说明回应家长的质疑。

3. 与同事

（1）真诚热情、虚心请教、勤奋主动、适度赞美、有礼有节地与人相处。

（2）尊重他人的工作做法与处事方法。

（3）保持即时沟通、通力协作，并能有理、有据、有礼、有节地阐明自己的观点。

（4）乐于助人、少传八卦、避免窥探他人隐私。

4. 与领导

（1）谦虚谨慎、勤奋主动、不卑不亢、少说多看多做多请示。

（2）尊重领导的决定与意见，有不同看法选择合适的方法进行沟通与说明。

（3）保持适时适度沟通。

## 二、两个结合

### （一）理论与实践的结合

理论与实践的结合是一个不断循环提升的过程，理论指导着具体的实践过程—实践中验证老理论、提炼新理论—新理论（更高级更实用的理论）指导新的具体实践过程。

对于新入职幼儿教师来讲，理论与实践的结合就是运用已掌握的专业知识与专业技能不断地实践、再实践，在实践中总结经验与教训，并应用于更高层次、更高水平的实践之中。

### （二）保育与教育的结合

保育与教育的结合是指保育工作中渗透着引导兴趣、激发好奇等教育内容，教育工作中渗透培养品质及生活习惯等保育内容。保教结合是幼教工作的特点与特征。

对于新入职幼儿教师来说，只有熟练掌握幼儿保育与教育工作的工作目标、内容、要求、原则等，才能在保育工作中自如渗透幼儿所需的教育内容，在教育工作中渗透幼儿需要的保育内容。

## 三、常见问题及其解决策略

### （一）幼教工作琐碎，无法掌握重点与难点

幼儿工作包括保育工作与教育工作，工作内容琐碎繁杂。但只要熟练掌握各年龄段幼儿保育与教育工作的工作目标、内容、要求、原则，结合各年龄段幼儿身心发展规律，时刻首要考虑幼儿的生命安全与身心健康发展，就能很好地掌握保教工作重点。

幼儿保教工作难点应该是如何理论与实践结合及如何保教结合。

### （二）树立规则意识与培养自由精神间的冲突

（1）充分理解规则意识、自由精神的内涵。

（2）充分掌握不同年龄段幼儿的心理发展特点。

（3）勤学多问、勇于实践，找到两者的最佳平衡点。

（4）观察分析、总结反思，不断积累经验，长期保持两者的平衡状态。

### （三）缺乏权威性

在班级管理过程中，掌控不了班级纪律，回答不上幼儿提出的问题，不知如何对待经常告状及班里霸道的孩子。

这些问题的产生源于专业素质的缺乏，只有通过各种学习、培训途径，不断完善与提高专业素质、积累经验，以上问题才可以得到解决。

### （四）如何面对琐碎复杂、低地位、低收入的幼教工作状态

（1）合理定位职业期望与职业理想。

（2）正确看待职业现状。

（3）向优秀幼儿教师请教学习，远离负能量人群。

（4）与其他职业沟通交流，正确对待职业与生活。

### （五）农村幼儿园内，一人承担保教多重角色，家长也不配家园合作

考虑农村的实际情况，根据保教工作目标、内容、要求、原则，确定农村保教工作目标、内容、要求、重点与难点。

### （六）如何面对家长送礼的风气

（1）守住师德底线。

（2）真诚与家长沟通。

（3）坚决抑制不良行为与风气。

（4）做好保教工作，免去家长的顾虑与担忧。

知识拓展

新教师，既可能是刚从学校毕业走向教育岗位不久的青年教师，也可能是新调入到某所学校的教师。不管是哪一种情况，进入学校之后，都会遇到如何在专业上立足、如何顺利地融入集体、如何进一步发展自己等一系列的问题。陈兴杰的《新教师应该知道的50个问题》一书，重点针对新入职的青年教师，梳理了他们在职业定位、课堂教学、班级管理、人际交往、师生关系、专业成长等方面经常遇到的50个问题，分析了每一个问题产生的原因，介绍了应对这些问题的基本方法。这就像一部新教师成长的专业地图，可以帮助新教师少走弯路，尽快走向专业发展的快车道。

解决策略具体包括以下几个方面。

### （一）规划职业生涯

教师职业生涯初期明显的不适应感，是新教师群体中比较普遍的现象。造成这种不适应感的原因有以下几个方面。

一是专业能力特别是教育实践能力不足。新教师即使毕业于师范院校，在校学习期间参加教育实践的机会也很少。毕业前的教育实习，时间通常也比较短，只能让他们获得一些感性的认识。有不少青年教师原本并没有做教师的打算，是迫于就业压力而做出的选择。职业心理和技能的准备不足，自然会给这些年轻的教师一个“下马威”。

二是经验缺乏。每个新教师，在上任之初都充满着理想和激情，但最为缺乏的就是从教的经验。在面对各种教育现象和问题时，虽然付出了满腔热忱，但并不一定能取得良好的成效，还经常有意料之外的情况发生。理想和现实之间的巨大差异，会让新教师产生挫败感，甚至怀疑自己的选择。

三是自身的角色转换迟滞。从学生的角色转换成教师的角色，不是一件容易的事情。十多年的求学生涯，“学生”的定位是非常清晰而牢固的。角色转换上的迟滞，会给自己的课堂教学、

班级管理等带来一系列的问题，造成从教初期的紧张。

四是各种关系处置上的不顺畅。今天的教育，面临着的一个前所未有的局面，就是“三独”问题，独生子女学生、独生子女教师、独生子女家长。作为一个独生子女，在整个求学阶段，一直是被关爱、被呵护的对象，现在要学着去关心学生，沟通家长，协调各方面的关系，要能够应对各种突发问题和困难，这对每个人都是一个挑战。

五是职业价值观和职业信念的缺失。教育是鲜活的，每天都有新的景致，每天也都会面临新的问题。如果把教师职业仅仅作为一种谋生手段，不愿付出足够的热情和精力，就很难面对着火热的教育生活。

每个有经验的教师都是从新教师这条通道走出来的，也多多少少都经历过这样的不适应，所以有这些不适应感并不可怕，关键是如何来对待。在《新教师应该知道的 50 个问题》中，作者通过一些具体的案例提出了不少的对策，很值得新教师参考。让自己尽快地成长起来，成为一名有经验的教师，对自己的职业生涯进行规划是很重要的。

每一所学校，对新教师的成长都有一定的预期，希望新教师经过了一段时间的教育实践之后达到怎样的高度。这些预期是学校在长期办学的过程中逐渐形成的，也是符合新教师成长的规律的。新教师在制定个人的职业生涯规划时，应该认真了解学校对自身成长的要求，并结合自己的特点，做出合理的规划。在任教的初期，规划时间不一定太长，第一个规划一年就可以了，主要任务是要让自己站稳讲台；后面再制定规划时可以稍微长一点。

在有限的时间内能够完成的事情也是有限的，因此找到制约自己发展的关键因素很重要。规划的制定不难，难在坚持执行。刚入职的新教师，相互之间差异不大，但经过了一段时间的打拼之后，差异会逐渐显现出来。是否始终坚持自己设定的目标，锲而不舍地去实践，就是导致差异的重要因素。

### （二）注重专业发展

虽然有四年的师范教育时间，但学校的课程与教育教法相关的其实很少，大学里侧重的还是学科知识的学习。新教师对学科的事实、概念、学科的程式及相互联系、学科的思维方法等应该是比较熟悉的，但相比较之下，有关教学方法、对学生的研究和认识、教育情境、课程建设等方面的知识比较匮乏，同时更缺少实践经验的印证。新教师的专业发展就应在这些方面下功夫。

首先，要熟悉一些基本的教学方法。在不同的分类标准下，教学方法的类别各不相同。如果按照教学方法的外部形态，以及相对应的这种形态下学生认识活动的特点，我国教学活动中常用的教学方法大体上可分为五类：一是“以语言传递信息为主的方法”，包括讲授法、谈话法、讨论法、读书指导法等；二是“以直接感知为主的方法”，包括演示法、参观法等；三是“以实际训练为主的方法”，包括练习法、实验法、实习作业法等；四是“以欣赏活动为主的教学方法”，例如陶冶法等；五是“以引导探究为主的方法”，如发现法、探究法等。选择什么样的教学方法，取决于教学内容的特点以及教学目标的要求。这需要有经验教师的引导，更重要的是教师自己的实践，很多教师独特的教学经验就是在这其中逐渐形成的。

其次，要研究学生。讲台不是展示教师自身学科水平的舞台，教学的根本目的，是要在学生现有的知识水平和学科浩瀚的知识海洋之间架设一座桥梁，让学生能够自在地在学科海洋里遨游。这就需要认真研究学生，了解他们身心发展的规律，既要把握他们成长的共性特征，又要洞察他们的个性特点，对他们进行个性化的指导。芬兰教育之所以能够在全球领先，其中一项非常重要的原因，就是将教师培训的重点放在对学生的研究上，特别是在如何满足差异巨大的学生的学习需求上，建立起了支持所有学生都能得到高水平的文化环境。

再次，要熟悉教育情境。所谓教育的情境，简单地说就是指作用于学习主体、产生一定情感反应的客观环境。课堂、学校、家庭、社区、社会都是引发学生情感反应的客观环境，任何一个方面导致的情绪波动，都会影响到学生的学习状态，甚至导致孩子产生过激的情绪反应。学校鼓励教师进行家访、定期和学生谈心交流、组织社会实践活动等，其实就是希望借助这些不同的渠道，去观察、了解学生成长的客观环境，了解这些环境对孩子成长所造成的影响，以便做到因材施教。

最后，要加强对课程的研究。一是要研究课程标准，把握教学的底线要求。很多教师在教学的过程中总是跟着感觉走，弃课程标准于不顾，这是很不好的习惯，希望新教师在任职初期不要养成这样的不良习惯。二是要合理组织教学内容，在把握课程标准的基础上，根据所教学生的具体特点，合理删减或者增加学习的素材，重新组织教学资源，帮助学生更好地理解知识。三是要关注课程的评价。一节课上完之后，是否达到了预期的目标，哪些地方还需要再进行巩固，要能够做出较为准确的评估。只有每节课做到稳扎稳打，才能够保证整个学期的学习效果。

陈兴杰非常重视新教师的专业发展。她在书中列举了很多课堂教学和校本研修等方面的案例，告诉新教师应该如何关注自身的专业成长。她还特别提醒新教师，促进自身专业发展的几条重要的路径：一是反思，认真总结每节课、每一次教育活动的得失，最好要通过文字记载下来，“好记性不如烂笔头”；二是读书，新教师面对的很多困惑和矛盾，在有经验教师的著作中，都有原因的分析和解决的对策；三是交流，积极主动地去观摩有经验教师的教育教学活动，主动开放自己的课堂请同事来指导，将自己的问题和思考说出来和大家一起讨论；四是研究，面对自己困惑的问题，设立一个小小的研究课题，在一段时间内重点突破，不断地积累这些小问题的研究成果，时间长了就成为一个专家了。

### （三）构建和谐关系

新教师在教育教学实践中，遇到的困难大多集中在班级管理、与家长沟通方面。每一个新教师都渴望得到家长的信任和支持，但在家长眼里新教师本身就是一个孩子，很难建立起平等交流沟通的机制。新教师在和学校里的老教师交流中也会遇到类似的问题。拿怎样的标准来要求和衡量学生的优劣，也让不少年轻教师头疼。虽然岁数差不了几年，但学生对待学习的态度差异却很大，新教师总是忍不住以自己为标准去要求学生，颇有些“恨铁不成钢”的意味，但渐渐地，离学生越来越远了。

构建和谐的关系，是保障教育教学取得良好成效的基础。这其中包括家长和孩子之间的亲子关系，家长和学校之间的家校关系，学生和学生之间的生生关系，学生和教师之间的师生关系，教师和教师之间的师师关系，等等。关系之所以重要，是因为：第一，人的一切活动都离不开关系；第二，学习是从对关系的认同开始的；第三，在和谐的关系下学习能自动进行。

学习和教育是两个不同的概念。学习是人与生俱来的一种本能，当一个人所处的环境、与他人之间的关系和谐时，他会将主要的精力放在对事物的探究上，学习自然就会发生。而当“关系”面临着失去平衡的危险或者说已经失去平衡的时候，需要有一个机制来调控，以使得“关系”回复到原来的平衡状态，这一机制就是“教育”。

要构建和谐的关系，新教师自己的心态非常关键。当我们以真诚的、充满关爱的态度去面对学生，以尊重的、充分理解的心态去面对家长，以坦诚的、虚心求教的心态去面对本校的教师和领导时，自己所付出的努力就很容易获得各方的理解和支持，从而形成一种良性的支持环境。

关系本身还是一面镜子，新教师可以从中看出自己的得失。绝大多数情况下，无论是学生、家长和同伴，都不是自己天然的对头，在某些方面关系很紧张，往往是自己在这方面处置不够得体所导致的。

在《新教师应该知道的 50 个问题》一书中，作者特别分析了新教师在师生关系、人际交往的过程中经常遇到的问题，为新教师指点迷津。书中列举的案例，很多新教师都亲身经历过，读起来一定会感同身受的。

## 第五节 《幼儿园教师专业标准》的解读

为给幼儿教师个人专业发展提供实践模板与标准，给幼儿园专业发展提供指导与要求，给建设高素质幼儿教师队伍提供依据，教育部于 2012 年制定发布《幼儿园教师专业标准（试行）》（以下简称《专业标准》）。

《专业标准》全文 3100 余字，可概括为“1 项原则、2 项任务、3 项内容、4 项理念”。其中，1 项原则指《专业标准》的实施原则，即“时刻将幼儿生命安全放在首位”；2 项任务指《专业标准》的实施任务，即促进幼儿身体与心理两方面的健康发展；3 项内容指《专业标准》的专业态度、专业知识、专业技能三项基本内容；4 项理念指《专业标准》的师德为先、幼儿为本、能力为重、终身学习四项基本理念。

本节将就《专业标准》的作用、内容、重点及亮点作一阐述，为同学们深刻理解并掌握幼儿教师专业素质奠定基础。另外，本节附录了《幼儿园教师专业标准（试行）》与《幼儿园园长专业标准》，供同学们自己了解与思考。

## 一、《专业标准》的作用与意义

### （一）对于幼儿教师个体专业发展的作用

（1）规定了合格幼儿园教师专业素质的基本规范与要求，使幼儿教师在谋求个人专业发展中有章可循、有据可依、有样可学。

（2）指导幼儿教师按《专业标准》要求进行专业素质的形成、完善与发展。

（3）幼儿教师将《专业标准》作为自身专业发展的基本依据，强化爱岗敬业的职业态度，增强专业发展自觉性；大胆开展保教实践，不断创新；积极进行自我评价，主动参加教师培训和自主研修，逐步提升专业素质水平与专业发展水平。

（4）引导幼儿教师按《专业标准》要求规划、实现自己对职业生涯与专业发展生涯的规划。

### （二）对于幼儿教师整体专业发展或幼儿园教师队伍专业发展的作用

（1）规定了幼儿园教师实施保教行为的基本规范，是引领幼儿园教师专业发展的基本准则，是幼儿园教师培养、准入、培训、考核等工作的重要依据。

（2）根据《专业标准》制定幼儿园教师专业发展规划，注重教师职业理想与职业道德教育，增强教师育人的责任感与使命感；开展园本研修，促进教师专业发展；完善教师岗位职责和考核评价制度，健全幼儿园教师绩效管理机制。

（3）引领与指导幼儿园幼儿教师队伍建设。根据《专业标准》制定幼儿园教师准入标准，严把幼儿园教师入口关；制定幼儿园教师聘任（聘用）、考核、退出等管理制度，保障教师合法权益，形成科学有效的幼儿园教师队伍管理和督导机制。

（4）引领与指导幼儿园幼儿教师专业发展。根据《专业标准》制定幼儿园教师专业发展规划，深化教师教育改革，建立教师教育质量保障体系，加强学前教育学科和专业建设。

## 二、《专业标准》的基本内容

《专业标准》的基本内容部分有 3 个维度，分别为专业态度、专业知识、专业技能；3 个维度细分为 14 个领域；14 个领域下详细列举了 62 条专业素质具体内容与要求。

### （一）专业态度

《专业标准》用“专业理念与师德”来诠释幼儿教师应该具有的“专业态度”。在这个纬度内，《专业标准》用“对职业理解与认识（1 ～ 5 条具体内容与要求）、对幼儿的态度与行为（6 ～ 10 条具体内容与要求）、对幼儿保育与教育的态度与行为（10 ～ 15 条具体内容与要求）、个人修养与行为（16 ～ 20 条具体内容与要求）”四个领域的基本内容规定了幼儿教师应该具备的“专业态度”。

### （二）专业知识

《专业标准》中列举幼儿教师必须掌握的三项专业知识，分别为幼儿发展知识（21 ～ 25 条具体内容与要求）、幼儿保育与教育知识（26 ～ 31 条具体内容与要求）、通识性知识（32 ～ 35 条具体内容与要求）。

### （三）专业技能

《专业标准》中用“专业能力”指幼儿教师必须具备的“专业技能”，包括 7 项：环境的创设与利用（36 ～ 39 条具体内容与要求）、一日生活的组织与保育（40 ～ 43 条具体内容与要求）、游戏活动的支持与引导（44 ～ 47 条具体内容与要求）、教育活动的计划与实施（48 ～ 51 条具体内容与要求）、激励与评价（52 ～ 54 条具体内容与要求）、沟通与合作（55 ～ 59 条具体内容与要求）、反思与发展（60 ～ 62 条具体内容与要求）。

## 三、《专业标准》的重点与亮点

### （一）“师德为先”的强调与要求

幼儿处于人生身体与心理发展的初级阶段，脆弱、娇嫩，需要外界格外的呵护与关爱，使得幼教工作需以保教结合为特征。做好幼儿的保教工作必须要求幼儿教师师德高尚，而师德中以爱为灵魂。

### （二）《专业标准》的实施目的

幼儿教师在贯彻与执行《专业标准》时，时刻牢记其根本目的是为了做好幼儿的保育与教育工作，促进幼儿的身心健康发展，保障幼儿的生命安全。

### （三）幼儿教师专业素质的全面诠释

合格的幼儿教师必须掌握幼儿教师专业素质，而《专业标准》统一规定了幼儿教师专业素质要求，并对其进行了全面、深入且具体的诠释与阐述，幼儿教师可以其为模板进行自身专业素质的形成、完善与发展。

### （四）《专业标准》的清晰表述

《专业标准》全文由介绍出台背景的引文、基本理念、基本内容与实施建议几部分组成，层次分明，内容具体，有较好的引领与指导作用，也易执行与操作。在《专业标准》基本内容方面采用表格形式清晰描述出幼儿教师专业素质的 3 个维度、14 个领域、62 条基本内容与要求。

## 四、美国优秀幼儿教师标准介绍

美国优秀幼儿老师标准《3～8岁儿童教育优秀教师专业标准》（详见附件2）是由美国全国教学专业标准委员会（NBPTS）制定。该组织是成立于1987年的非盈利性的、无党派的民间专业组织，致力于“促进老师的专业发展，提高专业教学的水平以及美国教育的质量”。

美国《3～8岁儿童教育优秀教师专业标准》以①教师要对学生及其学习负责；②教师要精通他们所教的学科，并且知道如何将这些学科知识传授给学生；③教师要组织、管理和监督学生的学习；④教师要对自己的教育教学实践进行系统的反思，并且能通过实践经验中的学习获得提高；⑤教师要成为学习型组织中的成员等五条核心原则为基础，制定了九个方面的具体内容，包括：①理解儿童；②公正、公平与多元化；③评估；④促进儿童的发展与学习；⑤了解综合性课程；⑥促进儿童有意义学习的多种教学策略；⑦家庭和社区伙伴关系；⑧专业的伙伴关系；⑨反思性实践。

### 本章小结

通过本章节的学习可以让学生详细了解幼儿教师专业发展的内涵，幼儿教师专业发展的内容，幼儿教师在专业发展过程中遇到的一些问题。

### 课后思考

1. 谈谈你对教师职业的认识，和你选择教师工作的原因？
2. 为什么说教师职业专业化是现代教育的标志？
3. 周老师是某幼儿园的一位新教师，她在日记中写道：“今天又是忙碌的一天。下午涵涵出了点小状况，我很自责。虽然已经做好了心理准备，可是晚上他妈妈来接的时候，态度还是让我难以接受。怎么办？明天还要继续处理涵涵的事情；怎么办？明天的公开课还没准备好；怎么办？后天又有亲子活动，第一次组织亲子活动又没有经验；怎么办？再过不久又是儿童节……”

（1）案例中的周老师，遇到了教师专业成长历程中的什么问题？

（2）结合案例分析，周老师出现这种问题的原因有哪些？

（3）从幼儿园方面谈谈如何帮助周老师度过目前的状态？

## 附件1

### 幼儿园教师专业标准（试行）

为促进幼儿园教师专业发展，建设高素质幼儿园教师队伍，根据《中华人民共和国教师法》，特制定《幼儿园教师专业标准（试行）》（以下简称《专业标准》）。

幼儿园教师是履行幼儿园教育教学工作职责的专业人员，需要经过严格的培养与培训，具有良好的职业道德，掌握系统的专业知识和专业技能。《专业标准》是国家对合格幼儿园教师专业素质的基本要求，是幼儿园教师实施保教行为的基本规范，是引领幼儿园教师专业发展的基本准则，是幼儿园教师培养、准入、培训、考核等工作的重要依据。

## Ⅰ. 基本理念

### 一、师德为先

热爱学前教育事业，具有职业理想，践行社会主义核心价值体系，履行教师职业道德规范，依法执教。关爱幼儿，尊重幼儿人格，富有爱心、责任心、耐心和细心；为人师表，教书育人，自尊自律，做幼儿健康成长的启蒙者和引路人。

### 二、幼儿为本

尊重幼儿权益，以幼儿为主体，充分调动和发挥幼儿的主动性；遵循幼儿身心发展特点和保教活动规律，提供适合的教育，保障幼儿快乐健康成长。

### 三、能力为重

把学前教育理论与保教实践相结合，突出保教实践能力；研究幼儿，遵循幼儿成长规律，提升保教工作专业化水平；坚持实践、反思、再实践、再反思，不断提高专业能力。

### 四、终身学习

学习先进学前教育理论，了解国内外学前教育改革与发展的经验和做法；优化知识结构，提高文化素养；具有终身学习与持续发展的意识和能力，做终身学习的典范。

## Ⅱ. 基本内容

《专业标准》的基本内容部分有 3 个维度，分别为专业态度、专业知识、专业技能；3 个维度细分 14 个领域；14 个领域下详细列举了 62 条专业素质具体内容与要求。

### 一、专业理念与师德

（一）职业理解与认识

1. 贯彻党和国家教育方针政策，遵守教育法律法规。
2. 理解幼儿保教工作的意义，热爱学前教育事业，具有职业理想和敬业精神。
3. 认同幼儿园教师的专业性和独特性，注重自身专业发展。
4. 具有良好职业道德修养，为人师表。
5. 具有团队合作精神，积极开展协作与交流。

（二）对幼儿的态度与行为

1. 关爱幼儿，重视幼儿身心健康，将保护幼儿生命安全放在首位。

2. 尊重幼儿人格，维护幼儿合法权益，平等对待每一位幼儿。不讽刺、挖苦、歧视幼儿，不体罚或变相体罚幼儿。

3. 信任幼儿，尊重个体差异，主动了解和满足有益于幼儿身心发展的不同需求。

4. 重视生活对幼儿健康成长的重要价值，积极创造条件，让幼儿拥有快乐的幼儿园生活。

（三）幼儿保育和教育的态度与行为

1. 注重保教结合，培育幼儿良好的意志品质，帮助幼儿养成良好的行为习惯。

2. 注重保护幼儿的好奇心，培养幼儿的想象力，发掘幼儿的兴趣爱好。

3. 重视环境和游戏对幼儿发展的独特作用，创设富有教育意义的环境氛围，将游戏作为幼儿的主要活动。

4. 重视丰富幼儿多方面的直接经验，将探索、交往等实践活动作为幼儿最重要的学习方式。

5. 重视自身日常态度言行对幼儿发展的重要影响与作用。

6. 重视幼儿园、家庭和社区的合作，综合利用各种资源。

（四）个人修养与行为

1. 富有爱心、责任心、耐心和细心。

2. 乐观向上、热情开朗，有亲和力。

3. 善于自我调节情绪，保持平和心态。

4. 勤于学习，不断进取。

5. 衣着整洁得体，语言规范健康，举止文明礼貌。

## 二、专业知识

（一）幼儿发展知识

1. 了解关于幼儿生存、发展和保护的有关法律法规及政策规定。

2. 掌握不同年龄幼儿身心发展特点、规律和促进幼儿全面发展的策略与方法。

3. 了解幼儿在发展水平、速度与优势领域等方面的个体差异，掌握对应的策略与方法。

4. 了解幼儿发展中容易出现的问题与适宜的对策。

5. 了解有特殊需要的幼儿的身心发展特点及教育策略与方法。

（二）幼儿保育和教育知识

1. 熟悉幼儿园教育的目标、任务、内容、要求和基本原则。

2. 掌握幼儿园各领域教育的学科特点与基本知识。

3. 掌握幼儿园环境创设、一日生活安排、游戏与教育活动、保育和班级管理的知识与方法。

4. 熟知幼儿园的安全应急预案，掌握意外事故和危险情况下幼儿安全防护与救助的基本方法。

5. 掌握观察、谈话、记录等了解幼儿的基本方法和教育心理学的基本原理和方法。

6. 了解 0 ～ 3 岁婴幼儿保教和幼小衔接的有关知识与基本方法。

（三）通识性知识

1. 具有一定的自然科学和人文社会科学知识。

2. 了解中国教育基本情况。

3. 具有相应的艺术欣赏与表现知识。

4. 具有一定的现代信息技术知识。

三、专业技能

（一）环境的创设与利用

1. 建立良好的师幼关系，帮助幼儿建立良好的同伴关系，让幼儿感到温暖和愉悦。

2. 建立班级秩序与规则，营造良好的班级氛围，让幼儿感受到安全、舒适。

3. 创设有助于促进幼儿成长、学习、游戏的教育环境。

4. 合理利用资源，为幼儿提供和制作适合的玩教具和学习材料，引发和支持幼儿的主动活动。

（二）一日生活的组织与保育

1. 合理安排和组织一日生活的各个环节，将教育灵活地渗透到一日生活中。

2. 科学照料幼儿日常生活，指导和协助保育员做好班级常规保育和卫生工作。

3. 充分利用各种教育契机，对幼儿进行随机教育。

4. 有效保护幼儿，及时处理幼儿的常见事故，危险情况优先救护幼儿。

（三）游戏活动的支持与引导

1. 提供符合幼儿兴趣需要、年龄特点和发展目标的游戏条件。

2. 充分利用与合理设计游戏活动空间，提供丰富、适宜的游戏材料，支持、引发和促进幼儿的游戏。

3. 鼓励幼儿自主选择游戏内容、伙伴和材料，支持幼儿主动地、创造性地开展游戏，充分体验游戏的快乐和满足。

4. 引导幼儿在游戏活动中获得身体、认知、语言和社会性等多方面的发展。

（四）教育活动的计划与实施

1. 制订阶段性的教育活动计划和具体活动方案。

2. 在教育活动中观察幼儿，根据幼儿的表现和需要，调整活动，给予适宜的指导。

3. 在教育活动的设计和实施中体现趣味性、综合性和生活化，灵活运用各种组织形式和适宜的教育方式。

4. 提供更多的操作探索、交流合作、表达表现的机会，支持和促进幼儿主动学习。

（五）激励与评价

1. 关注幼儿日常表现，及时发现和赏识每个幼儿的点滴进步，注重激发和保护幼儿的积极性、自信心。

2. 有效运用观察、谈话、家园联系、作品分析等多种方法，客观地、全面地了解和评价幼儿。

3. 有效运用评价结果，指导下一步教育活动的开展。

（六）沟通与合作

1. 使用符合幼儿年龄特点的语言进行保教工作。
2. 善于倾听，和蔼可亲，与幼儿进行有效沟通。
3. 与同事合作交流，分享经验和资源，共同发展。
4. 与家长进行有效沟通合作，共同促进幼儿发展。
5. 协助幼儿园与社区建立合作互助的良好关系。

（七）反思与发展

1. 主动收集分析相关信息，不断进行反思，改进保教工作。
2. 针对保教工作中的现实需要与问题，进行探索和研究。
3. 制定专业发展规划，积极参加专业培训，不断提高自身专业素质。

### Ⅲ. 实施建议

（一）各级教育行政部门要将《专业标准》作为幼儿园教师队伍建设的基本依据。根据学前教育改革发展的需要，充分发挥《专业标准》的引领和导向作用，深化教师教育改革，建立教师教育质量保障体系，不断提高幼儿园教师培养培训质量。制定幼儿园教师准入标准，严把幼儿园教师入口关;制定幼儿园教师聘任（聘用）、考核、退出等管理制度，保障教师合法权益，形成科学有效的幼儿园教师队伍管理和督导机制。

（二）开展幼儿园教师教育的院校要将《专业标准》作为幼儿园教师培养培训的主要依据。重视幼儿园教师职业特点，加强学前教育学科和专业建设。完善幼儿园教师培养培训方案，科学设置教师教育课程，改革教育教学方式；重视幼儿园教师职业道德教育，重视社会实践和教育实习；加强从事幼儿园教师教育的师资队伍建设，建立科学的质量评价制度。

（三）幼儿园要将《专业标准》作为教师管理的重要依据。制定幼儿园教师专业发展规划，注重教师职业理想与职业道德教育，增强教师育人的责任感与使命感；开展园本研修，促进教师专业发展；完善教师岗位职责和考核评价制度，健全幼儿园教师绩效管理机制。

（四）幼儿园教师要将《专业标准》作为自身专业发展的基本依据。制定自我专业发展规划，爱岗敬业，增强专业发展自觉性；大胆开展保教实践，不断创新；积极进行自我评价，主动参加教师培训和自主研修，逐步提升专业发展水平。

## 附件 2

### 美国 3 ~ 8 岁儿童教育优秀教师专业标准

美国全国教学专业标准委员会（NBPTS）依据五条核心原则，制定 3 ～ 8 岁儿童教育优秀教师专业标准。

五条核心的原则包括：①教师要对学生及其学习负责；②教师要精通他们所教的学科，并且知道如何将这些学科知识传授给学生；③教师要组织、管理和监督学生的学习；④教师要对自己的教育教学实践进行系统的反思，并且能通过实践经验中的学习获得提高；⑤教师要成为学习型组织中的成员。

（一）理解儿童（Understanding Young Children）

优秀幼儿教师运用他们关于儿童发展的知识、通过与儿童及其家长的互动，理解儿童是一个独立的个体，并且根据每一个儿童的独特需要和潜能来设计教育教学。

1. 教师拥有儿童发展和儿童学习的有关知识。了解当前关于儿童发展和认知方面的研究成果和相关理论；

2. 教师懂得儿童的一般需要和特殊需要，认识到创建一个有利于儿童发展和学习的物质与精神环境的重要性；

3. 教师熟悉所在社区和家长的文化、历史与价值观，并了解所教的每一个儿童的特点；

4. 教师拥有丰富的班级管理的经验，能根据儿童的兴趣设计课程和进行时间安排；

5. 教师知道何时需要适当地干预或支持、引导儿童的行为；

6. 教师认识到儿童有自我发展的潜力，儿童是在具体经验中建立起对世界的理解，教师的角色就是鼓励儿童自我发展以及给他们提供持续发展的机会；

7. 教师认识到“想象”在儿童成长中的重要性，并且为儿童提供大量的发展想象力的机会；

8. 教师知道儿童的社会性、个性、社会交往、智力等是如何发展的。并能够运用这些知识建立班级秩序，在教学以及日常生活中与孩子形成良性互动；

9. 教师意识到语言、文化、家庭以及社会价值观等外在因素，和儿童的特点与天赋等内在因素都会影响儿童的学习。

（二）公正、公平与多元化（Equity，Fairness，Diversity）

优秀幼儿教师为所有的儿童创设安全、可靠的学习环境，欣赏和尊重每一个儿童的个体差异和独特需要，并且鼓励儿童在人际交往中能够做到公正、公平以及互相尊重。

1. 教师致力于理解和满足不同儿童的不同需要，能够根据儿童的不同需要调整教育方案和课程，并且能够特别关注有特殊需要的儿童；

2. 教师能够促进班级的平等与公平，让每个儿童都拥有平等的学习机会；能够在班级中建立一种公平和相互尊重的氛围，给每个儿童提供有效合作和交流的机会；

3. 教师重视语言和文化的多元性，致力于创建一个学习共同体来促进不同文化背景的儿童的互相交往，以培养儿童的好奇心以及对他人和文化的尊重；

4. 教师能够创造一种针对所有儿童的、体现高期望与平等的学习环境，尊重和培养不同儿童组成的文化群体的多元性和丰富性。

（三）评估（Assessment）

优秀幼儿教师理解不同的评估方法的优点和不足，知道怎样有效地综合运用这些评估方法对儿童的行为、交往活动等进行系统的观察、监控和记录，并且将他们所获得的信息与儿童、家长以及其他专业工作者分享，以共同改善教育的效果。

1. 教师经常在儿童游戏和学习时认真细致地观察儿童，并且使观察、评估儿童成为日常性的工作；

2. 教师运用不同的评价方式和一系列的评价策略评估儿童的发展情况、创造力、解决问题的能力、回答问题的能力、毅力与好奇心，以及与同伴、成年人一起活动的能力；

3. 教师鼓励儿童对自己的学习和发展做出评价，培养儿童形成判断与评价自己的活动、他人的工作的能力，并且培养儿童对自己的学习和行为负责的精神；

4. 教师定期对每一个儿童的具体情况进行判断与评价，并据此确定每个儿童的阶段性发展目标，制订符合每个儿童实际状况的发展与学习计划；

5. 教师利用评估的信息改进和提高教学与学习的效果，把评估结果作为决定学习环境、选择学习内容与教学组织形式的重要信息资源；

6. 教师经常把评估的信息反馈给儿童、家长以及其他专业工作者，并与他们进行交流；

7. 教师理解有些儿童的发展可能超出期望范围，并且能够用关于特殊儿童的评估方法与理论来对这些儿童进行评估和教育。

（四）促进儿童的发展与学习（Promoting Child Development and Learning）

优秀幼儿教师通过组织与创设有助于儿童发展和学习的环境来促进儿童的知识、技能、道德、个性、社会性等各方面的全面发展。

1. 教师能够运用儿童发展与学习的理论来创设一个安全、有爱心、包容和需要智力参与的环境。并营造有利于获得知识、发展感情和形成生活技能的氛围；

2. 教师认识到游戏在儿童认知发展和社会性发展中的核心作用，有意识地给儿童提供各种游戏机会，并为儿童组织各种有积极意义的游戏；

3. 教师认识到早期儿童的学习应建立在实践基础之上，能够提供充裕的时间、丰富的资源、严格的要求以支持儿童建构复杂的思想。理解事物之间的关系，建立事物之间的联系，培养儿童的好奇心、想象力和创造力；

4. 教师尊重每一位儿童，让不同个性的儿童都充满自信；

5. 教师帮助儿童学会理解他们自己以及他人的情感，并用健康的方式表达自己的愿望；

6. 教师帮助儿童学会保健、营养、安全知识，并且和保育员、营养师、心理咨询师等一起帮助儿童克服各种困难；

7. 教师培养儿童的学习方法和道德性向，为儿童的学习提供更多的资源和学习机会；

8. 教师知道语言是表达观点和问题的有利工具，儿童正处于语言发展的关键时期，儿童语言技能的习得是儿童发展的基本任务，并且教师懂得语言习得的步骤和阶段，支持儿童的语言习得，尽可能鼓励并促进儿童的语言发展；

9. 教师鼓励儿童发现问题，向周围世界质疑。学会用多种方法解决问题；教师鼓励儿童探究，帮助儿童识别问题，支持他们努力回答这些问题。

（五）有关综合性课程的知识（Knowledge of Integrated Curriculum）

优秀幼儿教师在精通儿童学习理论、学科知识以及各种评估理论的基础上，设计并实施紧密结合学科的发展适宜性教学。

1. 教师能够从不同的知识结构和学术概念中综合出新的关于儿童发展的知识与观点；

2. 教师的教育教学实践既不完全是“以儿童为中心”的模式，也不完全是“以学科知识为中心”的模式，而是二者的有机结合；

3. 教师知道儿童是通过在脑海中建构起广泛的联系来学习知识的，因此需要给儿童提供各种综合性的课程。这种综合可以是以一种物质（如植物）为中心加以组织的，也可以是以一个关键的概念（如变化）为中心加以组织的，还可以是以一个本质性的问题（如天气如何影响生物的成长）为中心加以组织的；

4. 教师对核心学科（包括语言和读写、数学、科学、社会、艺术、体育与健康）有广泛理解。知道每一学科的核心概念、思想以及儿童对每一个学科需要掌握的具体内容。熟悉儿童学习不同学科的典型方法与策略以及儿童在每一个学科中的初始概念和常见的困难，并能够根据这些理解来计划和综合运用各种经验。

（六）促进儿童有意义学习的多种教学策略（Multiple Teaching Strategies for Meaningful Learning）

优秀幼儿教师通过实施多种多样的实践和提供充足的资源，促进每一个儿童在身心健康、有意义的学习以及社会合作等方面获得发展。

1. 教师能够通过多种渠道收集评估信息并且根据所收集到的评估信息进行教学实践，而不是只根据日常实践中所获得的经验来实施教学；

2. 教师知道早期儿童的学习方式多种多样，因而教师力争提供充足的时间和资源，运用多种技能进行教学，以适应儿童学习的多样性和满足每一个儿童的不同需要；

3. 教师能够通过各种途径帮助儿童发展他们的潜能，如仔细倾听儿童、发展儿童讨论技能、鼓励儿童开始形成问题和假设、让儿童谈论自己的想法和经历过的事情等，这些都可以帮助儿童形成、拓展和提炼他们的观点；

4. 教师认识到教育技术对促进儿童学习的重要性，并且能够适当地运用多种教育技术和教学资源（如计算机、软件技术、网络、录像和其他的新技术）为儿童的学习提供帮助；

5. 教师要坚信所有的孩子都能够通过学习获得相应的发展，并且在日常工作中真正为每一个儿童提供高期望、强有力的支持和投入，帮助儿童获得和体验成功；

6. 教师要把儿童看作独立的个体，懂得每一个儿童有不同的学习方法和学习倾向，并且尽力培养儿童做出选择的能力和成为独立学习者的能力；

7. 教师能够敏锐地观察到儿童的互动、行动和提问，并进行积极的回应；

8. 教师能够成功地与特殊儿童相处，并且在必要的时候知道寻求他人的帮助以满足特殊儿童的特殊需要。

（七）家庭和社区伙伴关系（Family and Community Partnerships）

优秀幼儿教师和家庭以及社区一起支持和促进儿童的学习和发展。三者是合作伙伴关系。

1. 教师要将家长视为教育孩子的合作者，尊重不同的家庭背景、家长的能力和兴趣，采取多种有效的策略鼓励家长参与孩子的教育；

2. 教师要意识到儿童对家庭的依赖性，并且认识到家长对教师所实施的教育实践的肯定与支持对于激发儿童学习的动机以及更好地适应幼儿园生活具有重要的作用；

3. 教师能够通过与家长进行坦诚而有效的交流与合作，赢得家长对教学给予更多的支持，并且能够通过倾听、观察从家长那里学到有益于改进教学的各种策略；

4. 教师能够通过各种途径、运用各种形式向家长提供幼儿园课程安排的相关信息以及儿童在幼儿园所取得的各方面进步的信息，并且定期邀请家长到幼儿园参观；

5. 教师需要激发家长对儿童教育的兴趣，并且通过各种方式协助家长在家庭中支持儿童的学习与发展；

6. 教师能够和家长、教育专家、社区志愿者等一起进行有效的合作，通过协商解决教育教学以及幼儿园管理方面的一系列问题。

（八）专业合作伙伴（Professional Partnerships）

优秀幼儿教师在专业合作团队中充当领导者与合作者的角色，负责提出活动计划并且引导儿童及其家人进行实践。

1. 教师能够有效地与教育督导人员、实习生、同事、志愿者以及其他领域的专业人员共同工作，并且积极寻求最有效的合作方式，以提供优质的早期儿童教育；

2. 教师懂得如何给予和接受他人的帮助、建议、反馈和批评，能够很好地化解与同事、家长和行政人员的冲突，并且能够运用专业知识和道德标准大胆挑战妨碍儿童发展的行为；

3. 教师能够客观公正地评价其他教师的知识、能力，通过各种有效的方式鼓励与促进同事的专业发展，并且支持整个合作团队的发展；

4. 教师能够很好地理解有关儿童发展的政策法规，并且积极参与影响儿童发展的政策的制定与实施：

5. 教师在实践和理论上理解早期儿童的发展规律，有机会时他们能够积极有效地参与决策；

6. 教师需要在儿童早期教育领域有所建树，通过参与专业发展、网络交流、专业化组织、协作等活动，全身心地投入到早期儿童的教育中去；

7. 教师在早期儿童教育的合作团队中起着领导者的作用，参与当地社区教育方案的制定，进行课堂研究以发现新知识，参与评估其他教师的专业发展等。

（九）反思性实践（Reflective Practice）

优秀幼儿教师定期分析、评估和总结自己的教育教学实践活动，以提高其工作的质量和有效性。

1. 教师认识到对自己的教育教学实践活动进行定期反思是一个专业教育工作者的重要责任。通过实践反思能够扩展知识基础，提高教学水平，提炼自己的教育理论；

2. 教师能够根据儿童的需要、具体的教育情境以及长远的教育目标综合有效地评估教育活动，并且明确指出优秀的教育实践的优点，对教育实践适宜性的判断具有情境性；

3. 教师能够通过与儿童的互动、倾听家长与同事的意见、观察其他教师的实践等方式获得有关自己教育实践结果的相关信息，并且对这些信息进行认真仔细的分析与判断；

4. 教师对新的儿童发展知识与早期儿童教育理论持一种完全开放的心态，并且希望通过有效的学习与反思不断改善自己的教育教学水平，促进自己的专业发展；

5. 教师通过各种方式促进自己对教育实践的反思，如阅读专业论著、参加专业培训班、参加各种教育专业团体的活动以及参与各种教育项目研究等。

## 附件 3

### 幼儿园园长专业标准

为促进幼儿园园长专业发展，建设高素质幼儿园园长队伍，深入推进学前教育改革与发展，根据《中华人民共和国教育法》等有关法律法规，特制定本标准。

园长是履行幼儿园领导与管理工作职责的专业人员。本标准是对幼儿园合格园长专业素质的基本要求，是引领幼儿园园长专业发展的基本准则，是制订幼儿园园长任职资格标准、培训课程标准、考核评价标准的重要依据。

**一、办学理念**

（一）以德为先

坚持社会主义办园方向和党对教育的领导，贯彻党和国家的教育方针政策，将社会主义核心价值观融入幼儿园工作，履行法律赋予园长的权利和义务，主动维护儿童合法权益；热爱学前教育事业和幼儿园管理工作，具有服务国家、服务人民的社会责任感和使命感；践行职业道德规范，立德树人，关爱幼儿，尊重教职工，为人师表，勤勉敬业，公正廉洁。

（二）幼儿为本

坚持幼儿为本的办园理念，把促进幼儿快乐健康成长作为幼儿园工作的出发点和落脚点，让幼儿度过快乐而有意义的童年；面向全体幼儿，平等对待不同民族、种族、性别、身体状况及家庭状况的幼儿；尊重个体差异，提供适宜教育，促进幼儿富有个性地全面发展；树立科学的儿童观与教育观，使每个幼儿都能接受有质量的教育。

（三）引领发展

园长作为幼儿园改革与发展的带头人，担负引领幼儿园和教师发展的重任。把握正确办园方向，坚持依法办园，建立健全幼儿园各项规章制度，实施科学管理、民主管理，推动幼儿园可持续发展；尊重教师专业发展规律，激发教师自主成长的内在动力。

（四）能力为重

秉承先进教育理念和管理理念，突出园长的领导力和执行力。不断提高规划幼儿园发展、营造育人文化、领导保育教育、引领教师成长、优化内部管理和调适外部环境等方面的能力；坚持在不断的实践与反思过程中，提升自身的专业能力。

（五）终身学习

牢固树立终身学习的观念，将学习作为园长专业发展、改进工作的重要途径；优化专业知识结构，提高科学文化艺术素养；与时俱进，及时了解国内外学前教育改革与发展的趋势；注重学习型组织建设，使幼儿园成为园长、教师、家长与幼儿共同成长的家园。

**二、专业要求**

| 专业职责 | 专业要求 | |
|---|---|---|
| 一、规划幼儿园发展 | 专业理解与认识 | 1. 坚持学前教育的公益性、普惠性，充分认识学前教育对幼儿身心健康、习惯养成、智力发展具有重要意义。<br>2. 重视幼儿园发展规划的制定和实施，凝聚教职工智慧，建立共同发展愿景，明确发展目标，形成办园合力。<br>3. 尊重幼儿教育规律，继承优良办园传统，立足幼儿园实际，因地制宜办好幼儿园 |
| | 专业知识与方法 | 4. 掌握国家的教育方针和相关的法律法规，熟悉《幼儿园工作规程》《幼儿园教育指导纲要（试行）》《3～6岁儿童学习与发展指南》等学前教育的相关政策。<br>5. 了解国内外学前教育改革发展的基本趋势，学习优质幼儿园的成功经验。<br>6. 掌握幼儿园发展规划制定、实施与测评的理论、方法与技术 |
| | 专业能力与行为 | 7. 把握幼儿园发展现状，分析幼儿园发展面临的问题和挑战，形成幼儿园发展思路。<br>8. 组织专家、教职工、家长、社区人士等多方力量参与制定幼儿园发展规划。<br>9. 依据发展规划指导教职工制订并落实学年、学期工作计划，提供人、财、物等条件支持。<br>10. 监测幼儿园发展规划实施过程与成效，根据实施情况修正幼儿园发展规划，调整工作计划，完善行动方案 |

续表

| 专业职责 | | 专业要求 |
|---|---|---|
| 二、营造育人文化 | 专业理解与认识 | 11. 把文化育人作为办园的重要内容与途径，促进幼儿体、智、德、美各方面的协调发展。<br>12. 重视幼儿园文化潜移默化的教育功能，将中华优秀传统文化融入幼儿园文化建设。<br>13. 将尊重和关爱师幼、体现人格尊严、感受和谐快乐作为幼儿园育人文化建设的核心，陶冶幼儿情操，启迪幼儿智慧 |
| | 专业知识与方法 | 14. 具备一定的自然科学、人文社会科学知识，具有良好的品德和艺术修养。<br>15. 了解幼儿园文化建设的基本理论，掌握促进优秀文化融入幼儿园教育的方法和途径。<br>16. 掌握幼儿身心发展特点，理解和欣赏幼儿的特有表达方式 |
| | 专业能力与行为 | 17. 营造体现办园理念的自然环境和人文环境，形成积极向上、宽容友善、充满爱心、健康活泼的园风园貌。<br>18. 营造陶冶教师和幼儿情操的育人氛围，向教师推荐优秀的精神文化作品和幼儿经典读物，防范不良文化的负面影响。<br>19. 根据幼儿身心发展特点和接受能力，将爱学习、爱劳动、爱祖国教育融入幼儿园一日生活和游戏活动之中。<br>20. 凝聚幼儿园文化建设力量，鼓励幼儿积极参与，发挥教师的主导作用，鼓励社会（社区）和家庭参与幼儿园文化建设 |
| 三、领导保育教育 | 专业理解与认识 | 21. 坚持保教结合的基本原则，把幼儿的安全与健康放在首位，对幼儿发展有合理期望。<br>22. 珍视游戏和生活的独特价值，尊重和保护幼儿的好奇心和学习兴趣，重视幼儿良好的学习品质培养。将人际交往和社会适应作为幼儿良好社会性发展的重要内容。不得以任何形式提前教授小学内容，防止和克服幼儿园教育“小学化”倾向。<br>23. 尊重教师的保育教育经验和智慧，积极推进保育教育改革 |
| | 专业知识与方法 | 24. 掌握国家关于幼儿不同年龄阶段的发展目标和幼儿园保育教育目标。<br>25. 熟悉幼儿园环境创设、幼儿园一日生活、游戏活动等教育活动组织与实施的知识和方法。<br>26. 了解国内外幼儿园保育教育的发展动态和改革经验，了解教育信息技术在幼儿园管理和保育教育活动中应用的一般原理和方法 |

续表

| 专业职责 | | 专业要求 |
| --- | --- | --- |
| 三、领导保育教育 | 专业能力与行为 | 27. 落实国家关于保育教育的相关规定，立足本园实际，组织制定并科学实施保育教育活动方案。<br>28. 具备较强的课程领导和管理能力，指导幼儿园教师根据每个幼儿的发展需要，制定个性化的教育方案，组织开展灵活多样的教育活动。<br>29. 建立园长深入班级指导保育教育活动制度，利用日常观察、观摩活动等方式，及时了解、评价保育教育状况并给予建设性反馈。<br>30. 领导和保障保育教育研究活动的开展，提升保育教育水平 |
| 四、引领教师成长 | 专业理解与认识 | 31. 尊重、信任、团结和赏识每一位保教人员，促进保教人员的团结合作。<br>32. 重视园长在教师专业发展过程中的引领作用，积极创设条件，激励教师的专业发展。<br>33. 具有明确的建立教师专业发展共同体的意识 |
| | 专业知识与方法 | 34. 把握保教人员的职业素养要求，明确幼儿园教师的权利和义务。<br>35. 熟悉幼儿园教师专业发展各阶段的规律和特点，掌握指导教师开展保育教育实践与研究的方法。<br>36. 掌握园本教研、合作学习等学习型组织建设的方法以及激励教师主动发展的策略 |
| | 专业能力与行为 | 37. 了解教师专业发展的需求，鼓励支持教师积极参加在职能力提升培训，为教师创造并提供专业发展的条件和环境。<br>38. 建立健全教师专业发展激励和评价制度，构建教研训一体的机制，落实每位教师五年一周期不少于360学时的培训要求。<br>39. 培养优良的师德师风，落实教师职业道德规范要求和违反职业道德行为处理办法，引导支持教师坚定理想信念、提高道德情操、掌握扎实学识、秉持仁爱之心，不断提升教师的精神境界。增强保教人员法治意识，严禁出现歧视、虐待、体罚和变相体罚等损害幼儿身心健康的行为。<br>40. 维护和保障教职工合法权益和待遇，关爱教职工身心健康，建立优教优酬的激励制度 |
| 五、优化内部管理 | 专业理解与认识 | 41. 坚持依法办园，自觉接受教职工、家长和社会的监督。<br>42. 崇尚以德治园，注重园长榜样示范、人格魅力、专业引领在管理中的积极作用。<br>43. 尊重幼儿园管理规律，实行科学管理与民主管理 |

续表

| 专业职责 | | 专业要求 |
|---|---|---|
| 五、优化内部管理 | 专业知识与方法 | 44. 掌握国家对幼儿园管理的法律法规、政策要求和园长的职责定位。<br>45. 熟悉幼儿园管理的基本知识，了解国内外幼儿园管理的先进经验。<br>46. 掌握幼儿园园舍规划、卫生保健、安全保卫、教职工管理、财务资产等管理方法与实务 |
| | 专业能力与行为 | 47. 形成幼儿园领导班子的凝聚力，认真听取党组织对幼儿园重大决策的意见，充分发挥党组织的政治核心作用。<br>48. 建立健全幼儿园管理的各项规章制度，严格落实教师、保育员、保健医、保安、厨师等岗位职责，提高幼儿园管理规范化、科学化水平。<br>49. 建立教职工大会或教职工代表会议制度，推行园务公开，尊重和保障教职工参与幼儿园管理的民主权利，有条件具备的幼儿园可根据需要建立园务委员会。<br>50. 建立和完善幼儿园应急机制，制定相应预案，定期实施安全演练，指导教职工正确应对和妥善处置各类自然灾害、公共卫生、意外伤害等突发事件 |
| 六、调适外部环境 | 专业理解与认识 | 51. 充分认识家庭是幼儿园重要的合作伙伴，积极争取家长的理解、支持和主动参与，促进家园共育。<br>52. 重视利用自然环境和社会（社区）的教育资源，扩展幼儿生活和学习的空间。<br>53. 注重引导幼儿适当参与社会生活，丰富生活经验，发展社会性 |
| | 专业知识与方法 | 54. 掌握幼儿园与家长、相关社会机构及部门有效沟通的策略与方法。<br>55. 熟悉社会（社区）教育资源的功能与特点。<br>56. 指导教师了解幼儿家庭教育的基本情况，掌握家园共育的知识与方法 |
| | 专业能力与行为 | 57. 建立幼儿园对外合作与交流机制，开放办园，形成幼儿园与家庭、社会（社区）及园际间的良性互动。<br>58. 面向家庭和社会（社区）开展公益性科学育儿的指导和宣传，利用家长学校、家长会、家长开放日等形式，帮助家长了解幼儿园保教情况。开展家庭教育指导，注重通过多种途径，转变家长教育观念，提高家长科学育儿能力。<br>59. 加强幼儿园与社会（社区）的联系，利用文化、交通、消防等部门的社会教育资源，丰富幼儿园的教育活动。<br>60. 引导家长委员会及社会有关人士参与幼儿园教育、管理工作，吸纳合理建议 |

三、实施意见

（一）本标准适用于国家和社会力量举办的幼儿园正、副职园长。各省、自治区、直辖市教育行政部门可以依据本标准制定符合本地区实际情况的实施意见。

（二）各级教育行政部门要将本标准作为幼儿园园长队伍建设和管理的重要依据。根据学前教育改革发展的需要，充分发挥本标准的引领和导向作用，制订幼儿园园长队伍建设规划。严格幼儿园园长任职资格标准，完善幼儿园园长选拔任用制度。建立幼儿园园长培养培训质量保障体系，形成科学有效的幼儿园园长队伍建设与管理机制，为促进学前教育发展提供制度保障。

（三）幼儿园园长培训机构要将本标准作为园长培训的主要依据。重视园长职业特点，加强相关学科和专业建设。根据园长专业发展阶段的不同需求，完善培训方案，科学设置培训课程，改革培训模式和方法。加强园长培训的师资队伍建设，开展园长专业成长的科学研究，促进园长专业发展。

（四）幼儿园园长要将本标准作为自身专业发展的基本准则。制订自我专业发展规划，爱岗敬业，增强专业发展自觉性。主动参加园长培训和自主研修，不断提升专业发展水平，努力成为学前教育和幼儿园管理专家。

# 第七章

# 幼儿教师专业发展的途径

**知识结构图**

- 第七章 幼儿教师专业发展的途径
  - 第一节 幼儿教师专业成长之路
    - 一、新教师的角色适应
    - 二、新手到专家的成长过程
  - 第二节 幼儿教师专业成长途径
    - 一、优化知识结构
    - 二、培养专业技能
    - 三、实现专业成长
  - 第三节 幼儿教师职业生涯规划
    - 一、职业生涯及其发展
    - 二、幼儿教师职业生涯发展的阶段及特点
    - 三、幼儿教师职业生涯的影响因素

## 引入案例

**白马和驴子**

唐朝时候，长安城一家磨坊里，有一匹白马和一只驴子，他们是好朋友。马在外面拉东西，驴子在屋里拉磨。后来白马被选中陪唐僧去西天取经，驴子则一直待在磨坊里。十几年后，白马驮着佛经回到长安，又见到了昔日的好友。白马和驴子一别多年，于是彻夜深谈。白马谈起这次旅途中那曲折的经历，那神话般的境遇，使驴子听了大为惊异。驴子感慨地说："你有多么广博的见闻呀！那么遥远的征程,我连想都不敢想呀！""其实我们跨过的步子是大体相等的，当我前去取经的时候，你也一步没有停止。不同的是，我同玄奘大师有一个遥远的目标，并且始终如一地向前进，所以我们打开了一个广阔的世界。而你却被蒙住了眼睛，一生就围着磨盘打转，所以永远也走不出这个狭隘的天地。"白马如此回答。

思路决定出路，视界决定未来。让梦想飞翔，至少要张开翅膀。从这个故事，你感悟到树立教师职业生涯的目标及其为之而努力的意义了吗?

## 本章学习要点

1. 了解幼儿教师职业生涯发展规划的特点及其发展阶段；
2. 了解幼儿教师专业成长的过程；
3. 掌握幼儿教师专业成长的途径。

# 第一节 幼儿教师专业成长之路

### 知识拓展 优秀教师的标准

美国全国标准署试图从以下五个主要方面确定和认证在改善学生学习中卓有成效、展示高水准的知识、技能、性格和敬业精神的教师。

1. 全身心致力于学生及其学习

（1）教师最基本的信条是所有学生都能掌握知识。优秀教师热爱青少年，一心扑在学生身上，承认学生有不同的特征和禀赋，并且善于使每个学生都学到知识。他们的成功在于相信人类的尊严和价值，相信每个孩子内在的潜能。

（2）承认个体差异并以之调适教学。优秀教师不仅了解每个学生的兴趣和困难，而且知道他们的生活习惯、兴趣源和考试成败的原因。优秀的教师从实践中不断学习。

（3）通晓学生发展和学习的进程和方式。

（4）公平地对待学生。

（5）不仅培养学生的认知能力。

2. 熟练掌握学科知识和教材教法

（1）理解学科知识是如何创立建构，并与其他学科相联系的。

（2）掌握传授学科知识的特殊知识和技能——教材、教法。

（3）用多种途径学习知识。

3. 负责管理和监测学生的学习

教师应对所有学生都寄予高期望，做学生学习的辅导者。

4. 勤于思考，从自己的教学实践中学习和总结知识

（1）优秀教师崇尚教育事业，认识其复杂性和艰巨性，能作为行动研究者终身致力于这一职业的发展。

（2）优秀教师研究自己的教学，懂得请他人观察和点评课堂教学对提高教学水平的意义。同时，他们紧跟科研步伐，从中吸取改善教学的最新研究成果。

5. 教师是“学习村”的成员

（1）全国标准署倡导教师发挥更为积极更富创造性的作用：课程分析和建设、协调学校教学、参与学校专职教师的专业发展和校方决策活动。

（2）与家长协同作战。

（3）善于利用社区资源。

## 一、新教师的角色适应

新教师的角色适应过程是幼儿教师职业生涯发展中的一个必经阶段。新教师完成由学生向教师的角色转换是该阶段顺利进行的前提条件。实践并内化幼儿教师的角色规范，逐步提高专业能力，是幼儿教师职业发展的基础。

### （一）幼儿教师的角色

#### 1. 幼儿的依恋对象

果果半夜在睡梦中爬起来，妈妈问要干什么，他说要找肖老师去。妈妈说天还没亮，肖老师在睡觉。第二天一早，果果来到幼儿园，见到肖老师不是主动问好，而是直接跑过去搂着肖老师的脖子，亲来亲去，然后贴在肖老师耳边说，告诉你一个秘密，我昨晚梦见你表扬我了。

在幼儿园中，幼儿教师通过语言与非语言与幼儿进行沟通与交流。他们在交流的过程中与幼儿产生了深刻的情感，形成了一种信任与被信任的关系，幼儿教师无形中也就成了幼儿依恋的对象，这种角色是根据教师与幼儿交往中的作用来定义的。教师应当在同幼儿交往的过程中

采取积极的支持性的交往方式。交往可以是语言的，也可以是非语言的，而且应当清楚地表现出对幼儿的尊重和喜爱。成年人间的适宜的交往也能提升幼儿对成年人的安全感和信任感，而且还为幼儿提供一种一致的、清楚的和有礼貌的交流模式。因此教师与教师之间、教师与家长等也应当建立积极向上的交往互动关系。总之，支持性的交往是以运用真诚的表扬、鼓励为特征的，它可以增进教师与幼儿之间积极的互动、有效的交流，并激发幼儿去学习和探索。

**2. 幼儿的养护者**

这种角色是根据教师在照料幼儿中的作用来定义的。幼儿教师应当运用触摸和表达喜爱的身体接触来对幼儿进行照料。充满感情的照料和接触能促进幼儿情感和认知的发展，促进幼儿的身体发育、情感健康和形成对教师的依恋。那些同教师建立起情感依恋的幼儿有更好的学习愿望和能力，也能更好地参与幼儿园活动。儿童早期的依恋心理，要求教师不只是一位教学工作者，而且是幼儿的养护者。“养护”不仅指对幼儿生理、生活上的照料，而且包含着对其良好情绪情感状态、健康人格、个性品质、社会性品质与行为等多方面心理发展予以积极的关注与呵护。成为养护者，教师需要给予幼儿以鼓励、支持、宽容、理解、尊重。作为儿童的养护者，应该从以下两方面去开展工作。

一是保障幼儿权利。儿童具有主动活动、学习与发展的能力，儿童的发展过程是其“内在潜力”得以不断展示的过程。因而教育的首要任务就是激发和促进儿童“内在潜力”的发现，并按其自身规律获得自然的和自主的发展。

二是教师为幼儿发展创设适宜的气氛与环境。适宜的气氛与环境对儿童身心发展与儿童“内部潜能”的开发具有重要作用。教师的职责是给儿童提供适宜的“有准备的环境”，这种环境不仅包括物质环境，如创造有规律、有秩序的生活环境，提供有吸引力的、美的、适用的设备和用具等，而且包括对儿童心理健康发展而言更为重要的精神环境，例如允许儿童独立地活动，自然地表现；使儿童能意识到自己的力量，丰富儿童的生活体验，促进儿童智力的发展，培养儿童的社会性行为。教师应成为这一“有准备的环境”的创设者、维护者与管理者，使这个环境舒适、温馨、安全、有序。

**3. 幼儿心理和行为的辅导者**

主班肖老师安排果果去参加社区元旦文艺汇演的走秀活动。接到通知后，果果一直坐在角落里闷闷不乐。肖老师觉得纳闷，果果这样热情大方，善于表现的孩子，平时这样的事情应该是很乐意的才对。于是和果果谈心。果果说，担心做不好。肖老师说不要紧的，你会做得好的。果果说不行的。肖老师便找出上一次果果走秀的视频给果果看，然后说，你看，你很不错吧。果果依然说，我怕搞砸拿不到第一名。肖老师说，这个走秀不评名次，要不这样，如果评名次的话你拿了第一名奖励你一本书，拿了第二名，奖励两本书，拿了第三名奖励三本书。你觉得怎样？果果有点心动了，皱着的眉头舒展开来。这时肖老师说，要不我俩一起上台走秀怎样？果果听了，欢快地说，好呀好呀。师生俩就这么达成协议了。

幼儿教师是幼儿心灵的寄托，在和幼儿的交往过程中要让幼儿时刻感到轻松和愉悦，这是根据教师在帮助幼儿减缓压力中的作用来定义的。如今的幼儿生活在一个复杂的环境中，面临着很多的压力事件，如父母离异、家庭成员的生老病死、转学搬家和一名类繁多的培训等其他变化。教师的职责之一便是帮助幼儿学习缓解压力。教师可以创设仿真环境，通过游戏的形式给予幼儿正确的减缓压力的方法，帮助幼儿减缓压力。

**4. 幼儿课程的设计者和实施者**

这种角色是根据教师在计划活动中的作用来定义的。教师通过提供一日活动和实施具体的课程来进行教育教学活动，满足幼儿的发展需要，完成规定的教学计划，引导幼儿的成长。课程的合理设计和有效实施离不开教师对日常生活、游戏、教学等常规和活动的过渡环节的合理计划。合理的常规和计划安排可以使教师的课程实施更有效，也可以使幼儿的活动参与更积极主动，参与意愿更加强烈。

**5. 幼儿学习和发展的促进者**

笔者今年 4 月在兰州一家集团幼儿园调研，在一堂绘画课上，老师叫小朋友画太阳，结果有个小朋友画了一个绿色的太阳。在进行作品展示的时候，该老师可能觉得幼儿没有照自己吩咐的去做，很丢面子，然后直接当着全体小朋友们说，你们见过绿色的太阳吗？在得到了全体幼儿否定的回答之后，教师直接地对该幼儿说了一句 ：“丑死了。”孩子听到老师这样的评价之后，泪眼汪汪地待在了一边。

幼儿学习和发展的促进者是根据教师在丰富学习环境中的作用来定义的。教师为幼儿提供与发展相适宜的学习机会和游戏环境，如角色游戏、积木建构、区角活动、科学活动等，促使幼儿积极探索、发现是幼儿教师的重要职责。以上案例中的幼儿教师，没有给幼儿创造很好的学习与发展的心理环境，她不经意的话语给幼儿的学习造成了无所适从，甚至给幼儿的发展蒙上了心理阴影。如果是你，你该怎么样来处理这样的情况呢？

**6. 幼儿发展的研究者、诊断者和评估者**

这种角色是根据教师在问题解决中的作用来定义的。有效地获得信息，合理地做出判断，巧妙地解决问题，以及把这种反馈运用到以后的教育活动中，这是教师的一项重要任务。例如，对一个不合群的孩子，教师就需要去了解这种问题行为的原因，寻找可以用来改变幼儿这种行为的教学技巧 ；然后对这些技巧的有效性结合幼儿发展需要的一致性进行综合考虑 ；接着，运用这种新信息来维持或改变班级管理的策略 ；最后，与幼儿的父母沟通，对幼儿父母的教养行为提出建议。一个好的幼儿教师能对幼儿的发展进行研究、诊断和评估 ；能准确找到幼儿与父母可能会遇到的问题 ；能利用各种资源对班级幼儿出现的问题做出明智的决定。

### （二）新教师角色适应的影响因素

一般而言，刚踏进幼教岗位的新教师，通常都要经历一个艰难又极重要的阶段，角色适应阶段。此阶段的新教师将完成由学生向教师的角色转换，在幼儿园中逐步了解和认识自己在专业群体或社会结构中的地位，领悟并遵从群体和社会对这一地位的角色期待，学会如何顺利地完成角色义务。幼儿园新教师的角色适应阶段能否顺利度过，主要受新教师个人主观因素的影响。

1. 自身知识和技能

新入职教师走上工作岗位后，面对新的环境，往往会遇到很多的困难和麻烦，产生诸多不适应，其中一个很重要的原因是他们相关的知识和技能不足。

在师范院校学习期间，面对一个崭新的宽松舒适的环境，离开了父母的唠叨和班主任老师的监督，在中学也没有形成很好的自律性，一部分学生迷失了自我，把大量的时间浪费在打游戏、吃喝玩乐、谈恋爱等与专业学习无关的事情上，而没有把主要精力放在学习上；还有一部分学生过于注重相关专业知识的学习，而轻视了实践活动的参与。因此，当新入职教师走入工作岗位后，必然面临缺乏本体性知识和实践性知识的困境，在处理和应对各种教育教学问题时便更加忙乱和困难。

2. 择业动机与态度

动机是满足需要而追求特定目标实现的意识，引起动机的内在条件主要是需要、兴趣、价值观念和抱负水准。很多大学生当初在选择教师职业时是迫于家里的压力或是高考成绩所限而不是出于自己的兴趣，没有对教师职业形成清晰的认识；有些大学生选择教师这一行业也是站在教师职业之外，觉得教师有很长的假期，工资待遇也不错，没有对教师这个职业所必须担负的责任有一个清晰的了解。新教师怀着这样的心态走上教师岗位，初步的职业定向不坚定，解决困难、战胜挫折的信心和勇气便会大打折扣。一旦遇到挫折或者其他诱惑就会被击败或改变其职业选择，另谋他就。

3. 个性心理品质

个性心理品质是指一个人在心理过程和个性心理特征两个方面所表现出来的心理特征，如情感、意志、兴趣、能力、性格等。新教师进入工作岗位后，必然会遇到各种问题，他的个性心理品质，直接影响着他对问题的处理效率和程度。个性心理品质比较强的新教师在遇到问题时，他总是能找到解决问题的途径和策略。例如，在现实的工作场景之间，新教师如果遇到了棘手的问题，能够积极主动地向有经验的教师请教，在实践中留心观察，并且不断总结和反思，那么他们将能很顺利地完成角色适应过程。然而，在现实情境中，很多新教师很难很快地融入到现实工作场景中去，难以做到虚心向经验丰富的教师请教；还有一部分新教师没有足够的耐心和细心，一旦被拒绝或怠慢便垂头丧气、怨天尤人，这些都是不好的心理品质。

### （三）新教师角色适应的策略

教师角色适应过程顺利与否，既取决于职前的准备程度，也取决于职后的工作环境。由此，可以按职前、职后两个阶段，从不同方面提出相应的策略。

**1. 职前学习阶段：师范生努力为将来从事幼儿教师工作做好准备**

第一，调整好自己的职业心态和期望值，树立自己的职业目标，形成自己的职业认同感和职业价值观。

第二，转变自己的角色意识。通过各种途径，逐渐对教师角色形成初步认识，培养自己对教师职业的兴趣，以及对教育工作的热爱，迅速从一个学生的角色转变成为一个教师的角色。

第三，努力提高自己的专业素质。合理安排学习时间，在掌握专业知识的同时，广泛阅读各种书籍，扩展知识面。在学习的过程中，注重自己良好学习习惯、思维方式的养成。

第四，与时俱进提高专业能力。积极参加学校组织的各种活动，主动承担社会工作并认真完成。在实践中锻炼自己的组织能力、人际交往等方面的能力。

**2. 职后工作阶段：新教师要努力提高自身素质和水平**

新入职教师缺乏实践技能，虽然具有较全面的专业知识，但知识的广度和深度也远远不够。因此，新入职教师需要做到以下几个方面。

（1）虚心和主动。每一位教师都有各自繁重的工作，很少有人会愿意花时间把自己的经验交给别人。因此，新教师遇到困难时，需要以诚恳的态度主动向有经验的教师请教。

（2）细心和耐心。与其被动地等着别人告诉你怎么做，不如主动地细心观察别人的做法。幼儿教师的工作非常琐碎，新教师要有足够的耐心反复观察和实践，并勤于反思、善于总结。

（3）决心和毅力。有时候老教师不太愿意让新教师听课，这时候，新教师就需坚定决心，采取各种方法，争取获得更多听课学习的机会。

“不积跬步，无以至千里；不积小流，无以成江海。”从细微处入手，日积月累，终究会有惊人的质的飞跃！

## 二、新手到专家的成长过程

从一名新任教师成长为一名合格教师，再成为一名骨干教师，最后发展为一名专家教师，这需要经历一个不断学习和成长的过程。教师在不同的发展阶段所具有的特点是不同的，所关注的问题也是不同的。不同学者对教师从新手成长为专家的过程划分了不同的阶段，按照本书第七章第一节对幼儿教师的职业生涯发展阶段的划分，在这里我们将幼儿教师从新手成长到专家的过程分为顺应、适应、发展、专业化四个阶段。

### （一）顺应阶段

从象牙塔的安静走到一群精力旺盛的幼儿中间；从每天面对书本和导师到每天面对幼儿、领导以及家长的各种要求。新教师首先要做的就是克服内心的惶恐、焦虑和无准备状态。他们最关心的就是自己是否能胜任幼教岗位，能否摆脱目前的混乱，尽快进入角色。

该阶段的教师迫切需要班级管理、突发事件处理、幼儿行为问题的技能辅导与训练等方面的具体指导和帮助；同时，最需要家长的理解、同事的鼓励、领导的肯定、家人的安慰等精神上的支持。一般而言，师徒制的培训方式是对该阶段教师进行辅导的最有效的方式。

### （二）适应阶段

经过一段时间的紧张忙乱，新教师基本上克服了最初的惶恐、焦虑和无助，开始有了对工作的胜任感。之后，教师们将开始把注意力从无序杂乱的事物中转移到具体的教育教学活动上来。如怎样组织一个完整的教育活动？怎样有效处理幼儿的特殊问题？

该阶段的教师在收集信息、整理资料、解决问题方面的能力仍然欠缺，仍需要有经验的教师给予现场培训与指导。对该阶段的教师而言，经常与其他有经验的同事交流，能帮助他们获得知识和技能；也能够帮助他们减少心中的不成熟感和挫败感，促进他们专业能力的提高，增强他们工作的信心。

### （三）发展阶段

工作四五年以后，教师开始对程序化的、平淡无奇的工作模式感到倦怠。他们开始重新审视自己的教育职业。这个时候，想在专业道路上走得更远的教师开始关注学前教育的新趋势、新观点、新方法和新问题，同时开始收集、研究新的教学内容和材料，以调节、更新和充实自己。

该阶段的教师迫切需求注入新能量，因此对该阶段教师的辅导要有针对性的把内容聚焦于知识和技能的新颖上。该阶段的教师热衷于参加各种教学研讨活动和科研活动，希望有机会与幼教专家接触，以不断提高自身的专业能力。

### （四）专业化阶段

多年后，教师已经有足够多的概念和理论基础，能较好地整合已有的知识和经验，开始对深层次的、更加抽象的问题感兴趣，逐渐形成了自己的教学思想。

该阶段的教师愿意广泛阅读与教育研究有关的文献资料，愿意与在不同层面上的教育学者交流，参加学术会议，希望进一步深造，获得更高的学位。对这个阶段教师进行培训应当包括为教师提供机会使他们能通过研讨会来同别人分享自己的观点，通过交流来促进个人成长；鼓励教师写作和发表文章，形成自己的思想。

## 第二节 幼儿教师专业成长途径

阿基米德曾说：“假如给我一个支点，我就能撬动整个地球。”这种夸张式的说理蕴涵着深刻的道理：如果一个人没有“撬动地球”的自信和勇气，如果没有找到用一根杠杆“撬动地球”的智慧和手段，那么他将很难取得最终的成功。对于幼儿教师的专业成长，又何尝不是如此？

## 知识拓展　给自己一个支点

首先，教师一定要学会自己“逼”自己。学习、反思以及专业写作，是教师自我成长之路，可以这样说，只有反思才能改变行为，只有创新才能成就未来。作为教学工作，它并不是教师谋生的一种“手段”，而应是成就自己梦想的最佳途径。但在现实中，懒惰与享乐，是成长和上进的潜在威胁；繁忙和烦琐，是许多教师无法静心学习、潜心研究的借口。其实，如果下定决心，学会逼自己——逼自己读书，逼自己写反思日记，逼自己创造一切机会来改进自己教学中的缺点，解决教学中的突出问题，只有在这种逼迫中，才有所得，才有所获，才会在不知不觉中自我改变。

其次，教师一定要学会自己“磨”自己。磨中增耐性，磨中出悟性，磨中长才干。只有自己磨自己，一个人才能扔掉自己的不足，经营自己，建构起属于自己不断成长的“心灵磨坊”，打造属于自己长足发展的精神“特区”。对于教师来说，磨好一节课，磨好一篇论文，磨好一次板书，磨好一副口才……“十年磨一剑”，在磨中才能在教育教学中得心应手，并逐渐地形成自己的教学风格。

再次，教师一定要学会自己“量”自己。每个人都有自己的特长和不足，只有扬长补短，才能找到适合自己的成才与成功之路。这就需要教师要学会量自己的长处与短处，量自己的优势与劣势，量自己的坚定与怯懦。俗话说，量体才能裁衣。只有量准自己了，才能对症下药，才能瞄准目标，才能少走弯路。有句名言说得好：“每个人都是被上帝咬过的苹果，都是有缺陷的。只不过有的苹果格外香甜，上帝就多咬一口。”确实是这样。即使面对“上帝多咬一口”的缺陷，也无须自卑。就拿微软公司总裁比尔·盖茨来说吧，他的最高文凭是中学，他没有读完大学就去经营他的电脑公司去了。他摒弃自己不擅长的繁杂的综合学科，善于发现自己并果断经营自己的长处，取得了辉煌事业。在人生坐标系中，如果一个人不经营自己的长处——拥有一技之长，发展一技之长，并且保持浓郁兴趣，就恰恰会在自己长处的阴影中一事无成。

最后，教师一定要学会自己“疑”自己。要善于怀疑自己以前的习惯和行为，要勇于怀疑自己信奉的专家与权威，要勇于怀疑自己的假性提高与表面成长。古人云：“学者先要会疑，小疑则小进，大疑则大进。”虚心好学，善于怀疑，勤于发问，只有这样，你才会越学越多；兴趣和快乐，也会一点点形成与增长，自己也会找到和发挥出自己潜在的力量来。记得钢铁大王卡内基曾经说过这样一句名言：“播下一个行动，你就收获一种习惯；播下一种习惯，你就收获一种性格；播下一种性格，你就收获一种命运。”每一位教师的起点虽然各不相同，但是，行动由自己控制，习惯由自己改善，命运由自己把握。作为一线很苦很累的教师，如果能够找到一根撬动自己成功的“杠杆”，那么，这些苦和这些累，就会化作生命的另一种芬芳，永远滋润和飘香在自己和孩子们的心田。

该文告诉我们一个看似简单，做起来又不大容易的道理：要实现自主专业成长，主要是靠自己的主观努力。那么作为一名幼儿园教师，怎样在自己的专业成长过程中为自己找一个恰当的“支点”呢？

## 一、优化知识结构

教师的专业知识是胜任教育教学工作所必须具备的知识，是被教育实践证明了的、真实准确的、可以指导教育教学实践中的问题的经验。国内外不少研究者围绕“教师应该具有哪些知识”进行了深入研究，提出了各自的观点。综合起来可以认为，教师的专业知识结构包括：教学内容知识、教学方法知识、学生的知识、一般文化知识等基本要素。这些知识既可以是理论性的，也可以是实践性的。

幼儿园教师作为中小学教师队伍的组成部分，同样需要具备一定的专业知识作为胜任幼儿保育教育工作的条件和保障。然而，由于服务对象的特点以及由此带来的幼儿教育工作的特殊性，幼儿园教师的专业知识也有了自己的相对独特性。根据教育部颁布的《幼儿园教师专业标准（试行）》（以下简称《专业标准》），幼儿园教师的专业知识由“幼儿发展知识”“幼儿保育和教育知识”“通识性知识”三个部分组成。

### （一）“幼儿发展知识”的优化

按照《专业标准》的要求，幼儿园教师必须具备的“幼儿发展知识”可以归纳为四个方面：幼儿身心发展的一般规律知识、发展的年龄特征与个体差异知识、发展中的常见问题与有特殊需要儿童的相关知识和有关儿童生存发展权利的法律法规知识等。

#### 1. 优化幼儿身心发展的一般规律知识

幼儿身心发展一般规律的知识是教师把握保育教育工作的方向和原则的前提。掌握这类知识的途径是幼儿园教师通过阅读书籍、网络查询、培训学习等方式解决以下四个问题。

（1）幼儿的身心发展是什么？

（2）幼儿的身心发展是怎样一个过程？

（3）幼儿的身心发展遵循着什么样的规律？

（4）幼儿的身心发展受哪些因素影响？

#### 2. 优化幼儿发展的年龄特征与个体差异知识

幼儿的年龄特征代表着特定年龄阶段多数儿童的发展水平和状况。幼儿之间的个体差异反映发展的多样性。幼儿园教师对幼儿发展的年龄特征与个体差异知识的优化途径是学习多元智能理论中对智力差异的研究。多元智能理论不是简单地将智力差异看作“等级性”的，而是将它视为“结构性”的，即每个人都有自己的优势智力和独特的智力组合，都有自己的特点和风格，只要能发现和识别每个儿童的智力潜力和特点，就可以用适合其风格和特点的方式来促进学习与发展。

**3. 优化发展中的常见问题与有特殊需要儿童的相关知识**

有的幼儿在发展过程中可能会出现一些问题。这些问题中有些有先天原因，有些则源于后天教养方式不当。幼儿园教师需具备相关知识，以便能及早发现班上幼儿在体能、情绪及心智行为方面存在的潜在问题，早干预、早治疗。当然，其中有些问题不是教师自己或者家园合作能够解决的，但可以向家长提出请医生诊断和治疗的建议。幼儿园教师对该类知识的优化方法主要是熟读《儿童权利公约》。

**4. 优化与儿童生存发展权利有关的法律法规知识**

作为幼儿园教师，应该了解相关法律法规与政策的主要内容和基本精神，将保护儿童的基本权利视为自己的责任和义务。幼儿园教师了解该类知识的方法是掌握联合国《儿童权利宣言》《儿童权利公约》以及我国的《未成年人保护法》《教育法》《母婴保健法》《幼儿园管理条例》《幼儿园工作规程》等法律法规和政策。

### （二）幼儿保育和教育知识的优化

《专业标准》中教师必备的幼儿保育和教育知识涉及五方面的内容：幼儿园教育的目标、任务和基本原则；幼儿教育的内容、途径与方法；幼儿卫生保健与安全；了解幼儿学习与发展的基本方法；幼儿园与其他阶段的教育衔接。

**1. 优化幼儿园教育的目标、任务和基本原则知识**

幼儿园教育的目标指明了幼儿教育的基本方向，是教师工作的指南针和方向盘。幼儿园的任务是幼儿园性质和功能的具体体现。幼儿园教育的原则是幼儿园教师必须遵守的基本要求。优化幼儿园教育的目标、任务和基本原则知识需要幼儿园教师熟读《幼儿园工作规程》，将幼儿园教育的目标、任务和基本原则转化为内在的“教育观念”，并用于指导和检查、反思自己的行动。

**2. 优化幼儿教育的内容、途径与方法知识**

幼儿的学习方式以活动为主，没有像中小学生那样有固定的课本，教师手中也没有国家审定的教材，这是幼儿园教育的特殊之处。加之幼儿身心发展的年龄特征及其学习方式也有自己的特点。因此，对于幼儿园教师来说，如何选择幼儿感兴趣的、富有教育价值的内容来支持、引导幼儿的学习不是一件容易的事。《纲要》对如何选择教育的内容、如何组织幼儿园的教育活动等问题都做了原则性的规定，教师必须深刻理解这些规定。幼儿园教师优化“幼儿教育的内容、途径与方法”知识的途径是：需要根据幼儿发展的特点和国家的幼儿教育目标，熟读《纲要》，并在自己的教育实践中灵活地运用。

3. 优化幼儿卫生保健与安全的知识

幼儿的卫生保健与安全的相关知识不能通过道听途说的零散经验来获得。幼儿教师需熟知幼儿园的安全应急预案，掌握意外事故和危险情况下幼儿安全防护与救助的基本方法。

4. 优化幼儿学习与发展的基本方法知识

尽管教师可以从教科书及各种书刊杂志中获得有关幼儿学习特点与幼儿身心发展的系统知识，但这些知识仅仅为教师理解儿童的学习与发展奠定了理论基础，并且这些知识都是标准化的、带有一般特征的。在教学实践中，幼儿的学习与发展是鲜活的、非标准化的。因此，教师还需要进一步优化幼儿学习与发展的基本方法知识。掌握一些了解幼儿的基本方法，如观察法、作品分析法、调查法等是教师优化幼儿学习与发展的基本方法知识的最佳途径。

5. 优化幼儿园与其他阶段的教育衔接知识

3～6 岁的入园儿童与两个阶段有着密切的衔接：幼儿 3 岁前家庭教育阶段的衔接和 6 岁后小学教育阶段的衔接。教师优化这方面知识的途径是：一方面，要了解 3 岁前儿童与 3～6 岁儿童在身心发展特点上的共性和差异，明确幼儿在入园适应时可能存在的常见问题以及处理入园适应问题的方法；另一方面，教师要了解小学与幼儿园在教育目的、内容、组织形式上的差异，以及小学教育对幼儿入学准备的要求，以便能帮助幼儿在认知能力与基础知识、学习态度与习惯、社会适应等方面打好基础。

### （三）通识性知识的优化

在 20 世纪 60 年代以前，史坦顿（Jessie Stanton，1968）对育儿学校的老师进行了这样的描述：她应该具有相当的教育程度，她应该有心理学及医学的博士学位，最好还有社会学的基础。另外，她也应该是经验丰富的木工、水泥工、水电工，还应该是训练良好的音乐家及诗人……这样到了 83 岁时，她就可以当老师了！用这样的标准去要求老师，显然是对教师的过高要求，但这段话给我们的启示是：作为幼儿教师，不仅需要具备专业的相关知识，还要有广博的科学文化知识。

《专业标准》中教师的通识性知识包括一定的自然科学和人文社会科学知识，相应的艺术欣赏与表现知识，一定的现代信息技术知识，其中自然科学知识和人文社会科学知识，是幼儿教师需掌握的通识性知识中的主要部分。

1. 优化自然科学知识

幼儿教师学习的自然科学知识并不只是简单罗列科学事实，也不只是“零散、偶然”的科学知识，而是要学习和掌握自然科学知识体系当中的核心概念及科学观，掌握科学探究的方法，如观察、猜想、推理、交流等。只有这样，教师才能帮助幼儿感受大自然和科学的奇妙，体验发现的快乐。

**2. 优化人文社会科学知识**

幼儿教师人文社会科学知识的学习同样要抓住关键，多读书、读好书，利用网络、电视、广播、博物馆等多种途径掌握必要的人文社会科学知识，丰富自身文化底蕴，深化和理解幼儿教育的内容，开发幼儿教育课程资源，进行有效教学。

## （四）专业知识的优化

上述幼儿教师知识结构各部分的优化学习并不是孤立的，而是需要相互间的融会贯通。“教师知识并不是学科理论知识的积累，而是教师在教学实践中形成和发展的理论与实践相结合的复合式个人知识”。随着社会经济的发展，教育改革的深入，自身实践经验的丰富，教师的专业知识也应相应地进行调整、充实和提高，进而创造性地解决复杂变化的教育实践新问题。幼儿教师除了有针对性地优化各部分的专业知识外，还需通过以下途径不断进行专业知识的学习。

**1. 终身学习**

联合国教科文组织在《学会生存》一书中所指出，人的生存“是一个无止境的完善过程和学习过程。人和其他生物的不同点主要就是由于他的未完成性。”人如此，育人的教师更是如此。幼儿园教师的职业生涯同样是“一个永无止境的完善过程和学习过程”。特别是在婴幼儿发展研究，尤其是脑科学研究成果不断涌现，幼儿教育的理论知识不断更新，先进的保育教育实践经验不断推出的情况下，及时获取有关幼儿发展、保育教育、科学与人文方面的新知识，更新和完善自己的专业知识结构是教师专业发展的重要方面。

一是学会有效利用零散时间。鲁迅说，他只是把别人喝咖啡的时间用在了读书上。他还说，时间就像海绵里的水，只要愿意挤总会有的。

二是学会有效的自我评价。一个人在学习过程中，不仅学习水平在不断变化，其兴趣和爱好也在不断地变化。对这些方面进行评价和审视，不仅有利于保证学习的速度和质量，更重要的是能保证学习方向的正确。

三是学会调节自己的学习行为，以适应不同的环境和需要。我们身边的环境并不由我们自己决定，当一个人总在抱怨周围的环境是多么不公的时候，他的注意力十有八九已经脱离了学习本身，他的能力也将浪费在抱怨中。

四是遇到困难坚持不懈。多数人的学习不会一帆风顺，遇到困难能够坚持下去，是主动学习的重要内容。

树立终身学习理念，不断将学到的新知识运用于保育教育实践中，是幼儿园教师不断优化自身知识结构的重要途径之一。

**2. 加强合作**

教育家马卡连柯说过，“无论哪一个教师，都不能单独地进行工作，不能做个人冒险，不能要求个人负责，而应当成为教师集体的一分子”。合作是幼儿园教师专业活动的基本方式。《专业标准》中明确提出幼儿园教师要“具有团队合作精神，积极开展协作交流”。瑞吉欧教育的代表人物马拉古奇认为教师“必须放弃孤立、沉默的工作模式”，开展团队学习。通过教师之间的相互对话，协商解决教育实践中出现的问题，了解、分析幼儿的表现，观看教学档案，争论各种教育问题，从而提高团队的洞察力，并产生新的见解。因此，幼儿园应当积极营造“学习型组织”，在团队的合作中不断优化自身的知识结构。

3. 不断反思

波斯纳曾经提出过一个公式：教师的成长 = 经验 + 反思。经验即教育实践的经历，这种经历与反思的结合，有助于教师发现并分析自身知识结构和教育教学实践中的问题，有针对性地加以补充和改进；也有助于理论知识向实践知识、公共知识向个人知识的转化。教育实践是鲜活的、变化的，具有情境性和不确定性的。而教育理论则往往是抽象的、概括的、相对呆板而且相对滞后的。一般性的理论知识用以应对具体生动的教育实践显然是不充分的，需要教师随时运用自己的经验进行加工改造，以生产出在实践中易于应用的知识。在这个过程中，教师不断将所生产的知识与用于实践后的效果加以对照，经过反思、总结、改进、再实践的往复过程，验证知识、巩固知识，从而为自身专业知识的持续发展提供源泉。

## 二、培养专业技能

幼儿园教师的专业能力是通过保育和教育实践得以体现的，也是在保育和教育实践的过程中不断生成的。幼儿园教师的专业能力也是其专业理念与师德、专业知识和专业行为相互作用的结果。幼儿园教师专业能力的提升是一个渐进的过程，内力和外力的共同作用，加上有意识的规划和适宜的条件等因素，有利于加快幼儿教师专业能力的提升。

### （一）幼儿园教师专业能力的发展阶段

幼儿园教师专业能力的发展过程是一个具有连续性和终身性的过程，可以大致地分为三个阶段。

（1）生成阶段。这是新教师刚刚走上工作岗位时的能力发展阶段。新教师通过职前教育习得的专业知识技能在实践中转化为自身的专业能力。

（2）再造阶段。随着教育经验的积累，教师的专业能力不断提高，能够应对各种比较复杂的教育情境和教育实践，具有能根据个体儿童的需求提供更加个性化和有针对性的教育的能力。

（3）创造阶段。教师经过长期的学习、实践，其专业能力达到了很高的水平，具备了通过研究不断创新的能力。能够根据幼儿身心发展的规律和教育规律，通过自己的研究解决遇到的问题，创造新的更加适宜有效的教育教学方式和方法。

### （二）提高教师专业能力的途径

教师专业能力的提升是多方面因素共同持续作用的结果。既需要不断增加知识基础，也需要内部和外部环境的保证；既需要教师的自我学习、反思和提高，也需要同伴的合作教研和互相促进；既需要在职前培养中加强实践取向，还需要接受不断的在职培训和专业引领。

（1）加强知识学习。相关研究显示，人的能力当中有很大一部分是知识概括化的结果。相对于其他学段的教师，幼儿园教师的学历层次偏低，知识功底相对薄弱。因此，幼儿园教师要想提高自身的专业能力就要通过自学、听讲座、接受各种培训等多种形式，来不断拓宽和加深专业知识，为专业能力的提升打好基础。

（2）不断反思和改进。反思能力本身就是教师的一种重要的专业能力。幼儿教师要不断反思教育中的问题，并努力去探究和解决这些问题。幼儿园教师要不断反思教育实践和教育行为的合理性与适切性程度，不断寻求调整和改进。通过不断的反思和实践，幼儿园教师的专业能力得到提升，反思能力也得到发展。因此，每一位幼儿园教师都要培养反思的意识，不断提高反思能力。

（3）进行园本研修。幼儿园要建立研修的团队，组织经常性、制度化的教育教学研究和培训活动，引领和促进教师的专业能力提升。教师个体也要积极参与到幼儿园的各项研修活动之中，在与同伴观念碰撞与经验分享中，在幼儿园业务领导和专家的引领下，不断提升自己的专业能力。

## 三、实现专业成长

### （一）园本教研

#### 1. 园本教研的内涵

园本教研是“以园为本的教学研究”的简称。它是以幼儿园为研究基地，以园长和教师为研究主体，以幼儿园教育教学实践中的真实问题为研究对象，以促进师生共同发展为研究目的所开展的研究活动，是幼儿园贯彻落实《幼儿园教育指导纲要》、促进教师专业自主成长、推动幼儿园教育质量提高的有效途径。

#### 2. 园本教研的要素

教师个人、教师集体、指导专家是园本教研的三个核心要素。园本教研强调教师的主体参与和个人反思，强调每所幼儿园作为一个学习型组织在教研活动中的整体作用，强调指导专家在教研过程中的参与式介入与合作。

（1）教师个人——自我反思。自我反思是教师与自我的对话，它是开展园本教研的基础和前提。教师通过教育笔记、教养日记、教学反馈的形式进行自我反思。

（2）教师集体——同伴互助。同伴互助是教师同伴之间的对话。园本研修强调教师在自我反思的同时，加强教师之间的专业切磋。教师通过个人反思的分享、求助、交锋、提问会、问题板、案例研讨、观点辨析等形式进行同伴互助。

（3）专家指导——专业引领。专业引领是园本教研得以深化发展的重要支撑。尽管园本教研是在本园展开的教学研究，是围绕本园的事实和问题进行的，但它应当是一种理论指导下的实践性研究，不应当局限于本园内的力量。专业引领的形式多样，可以是学术专题报告、理论学习辅导讲座、教学现场指导以及教学专业咨询（座谈）、专业研究人员与教师共同备课、听课、评课等。

幼儿园在园本教研中不仅要注重教师个人的反思，鼓励教师同伴间的互助合作，还要通过集体研讨共同诊断问题、寻找对策、分享经验、挖掘价值。只有充分地发挥自我反思、同伴互助、专业引领各自的作用并注重相互间的整合，才能有效地促成以园为本的教学研究制度的建设。

**3. 园本教研的特征**

（1）研究问题的本土性与针对性。园本教研是立足本园教学的需求和实践，以解决本园教师在教育教学中遇到的独特而难以解决的问题为目的的教研。

（2）研究人员的群体性与多元性。教研的目的决定了幼儿园教师共同参与的群体性。园本教研只有吸纳各方的有识之士，组成优势互补的教研共同体，尤其是与高校、教研机构、和教育管理部门的合作研究方式，实现优势互补，才能确实推进教研的进展。

（3）研究价值的现实性与实效性。园本教研追求的是对幼儿园教育实践的改进而不是教育理论方面的建树。通过园本教研，吸纳和利用各种经验、方法和理论，分析幼儿园实际，探寻解决问题的决策。

（4）研究过程的开放性与发展性。园本教研的问题来源于幼儿园教育教学的实践，参与研究的教师是在教学活动中边实践、边教研的过程中完成的。研究过程中及时吸纳他人的研究成果，紧紧把握时代的脉搏，不断深化认识，提高质量。

**4. 园本教研的基本过程**

园本教研不同于教师日常教学活动，而是一种研究。园本教研有自己的基本操作过程。园本教研的基本过程包括提出与聚焦问题，设计方案并行动，活动中与活动后的交流反思。

**过程 1：提出与聚焦问题**

这个过程是发现问题和提出初步解决问题设想的过程。园本教研所针对的问题是幼儿教师自己在教育教学实践中发生的真实问题。需要说明的是，虽然园本教研的问题来源于实践，但并不是实践中的所有问题都可以纳入园本教研的范围。园本教研研究的问题必须具有普遍性，并指向具体而明确的实践，是经过幼儿教师的思考和反思的真问题。只有这样，研究才会有针对性，才会有指导作用，教师才会喜欢研究。

**过程 2：设计方案并行动**

这是幼儿教师通过共同体之间的对话来寻求最优化的方案并选择适宜的研究方式和工具的过程。

通过对话寻求最优化的问题解决方案，是指教师彼此之间进行平等、自主的交流，从而使教师的相关知识进行重组和建构，最后得出最优化的解决方案。这种对话一般经历三个过程：描述，即对整个教学事件进行真实的描述；澄清，即通过追问等形式，澄清假设和相关观念；质疑，即检验教育观念和理论假设的合理性。值得一提的是，这种对话不仅仅贯穿在这个阶段，而是要贯穿园本教研的各个阶段，最终才能达到对问题的有效界定和解决。

选择适宜的研究方式和工具，是指幼儿教师根据自己研究的需要选择适当的研究方式和工具。适合幼儿教师进行研究的方式或手段有很多，如教学档案袋、教师笔记、案例分析、教学叙事、录像、视频等。在园本教研中，不存在绝对的“最优方法”，只要能达到园本教研目的，就是最合适的方式。

**过程 3：交流反思**

交流反思是增强教师的问题意识，进一步挖掘问题背后隐藏的教育理念和困惑，并构建教师实践智慧和知识的重要途径。在园本教研中，交流反思有不同的层次，既有单个幼儿教师的自我反思，也有幼儿教师团体的反思，还有管理者的反思。

自我反思是教师个体对自己在教育教学中的所作所为以及产生的结果进行审视和分析。教师团体的反思是幼儿教师集体对话交流，共同对园本教研的过程进行思维碰撞，重组和建构相关知识结构。管理者的反思，指的是管理者以管理的视角对园本教研的整个过程进行的反思。

**5. 常见园本研修形式**

（1）骨干教师示范课供其他教师观摩学习。对新教师而言，专业成长的一个主要途径就是观摩和克隆优秀课例，通过观摩示范课并与执教教师交流，了解上课的基本流程，教师在环节上的设置，语言组织和问题设置等细节问题，从而反思自己的教学活动，在比较和反思中进步。

（2）开展提高新教师业务能力的活动。通过教研员的“引”，幼儿园骨干老师的“帮”等形式，开展“一课多人上，一课同人多次上”的活动，促进新老师的业务能力，做到课课有研讨，次次有反思。教师们在经历一次次的教学中去找资料，去丰富自己的理论知识，去反思自己的活动，形成一个个成熟的活动方案。可以说，这样的教学活动才是有意义有价值的活动。

（3）全员示范观摩课，与其他幼儿园相互观摩学习。把优秀教师请进来或走出自己的幼儿园上示范观摩课，在一个更大的平台上交流学习，开阔自己的视野，并依据自己幼儿园的基本情况吸收他人的新方法新点子，丰富自己的教学活动。

（4）课题研究。“课题”就是要尝试、探索、研究或讨论的问题，是指为解决幼儿园教育教学过程中一个相对独立而单一的问题，而确定的最基本的研究单元。我们经常说“立项”，有的人把“课题”称“项目”，实际上课题与项目既有联系又有区别。课题是科学研究的最基本单元，具有较为单一而又独立的特征；而项目是由若干个彼此有联系的课题所组成的一个较为复杂的、带有综合性的科研问题。

近几年幼儿园转岗教师、青年教师增多，许多老师由于缺乏做课题、写课题计划及论文的经验，认为教育科研是高不可攀、遥不可及的事，因而缩手缩脚。因此，进行园本培训，学习怎样撰写课题计划和案例很有必要。

**6. 几种最新园本教研形式**

（1）教师研究工作坊

教师研究工作坊是以自组织性、团队合作性、自然真实性、灵活性为特征的学习研究组织形式。教师自由组合成团队，团队共同选择和决定研究内容向着共同的研究目标和目的来研究问题，促进自身素质和整个教师团队水平的提升。活动时间和研究主题都是十分灵活并和教育教学实践密切相关，教师之间可以就幼儿园教育过程中形成和遭遇的各种问题进行沟通，及时解决和处理。

教师研究工作坊不限制活动时间，不约束活动次数，可以根据教师自己的计划和安排申请活动经费，幼儿园方面根据申请提供合理支持。这种教研形式灵活自由，没有领导和固定模式的约束，在行动上采取自我管理，自我发展，自行创生和演化，极具生命力。

教师研究工作坊主要活动形式有：

情景触动式：在实践中，教师受一定具体情况的触动，往往会迸发出灵感的火花，使教师在活动中受到启发，创造性地开展工作，产生更多见地与感悟。

多点聚焦式：针对教育教学实践中的具体问题，不同的教师从不同的视角提出多种不同的解决方案和见解。它促使教师思考自己的教育教学行为，并尝试在实践工作中进行创新和突破，从而展开更加深入的研究。

持续跟进式：确定一个研究主题，制订研究计划，每实践到一个阶段就进行反思、总结与交流，再进行下一步的研究。每一个研究阶段关注不同的焦点，保障研究的持续开展，确保研究能够真正解决幼儿园实际问题，解决幼儿发展中的各种疑难问题。

教师工作坊其他的研究方式有激情创建式、整体联动式、案例研究式、闲暇交流式。

开放多元的研究形式最大限度开发了教师的潜力，促进教师的专业成长，它是目前颇为流行的一种教师提升自我的方式。与一般的教研形式不同，工作坊除了一人主讲之外，其他的人要在坊主的指导下，通过讨论和活动实践主动地表达自己，从而在某个方面获得知识和能力的提升，教师工作坊讨论的话题更有针对性，是每个参与者感兴趣的。

（2）区域联盟

区域联盟是在共同发展与均衡发展的框架下，寻求不同地域之间，城乡之间，园际之间学前教育的共同发展，通过联盟实现学前教育优质资源互通与共享，师资队伍的交流与优化，教育投资的互帮与扶持，教育品牌的理念与打造，保持质量的提升与共赢。在联盟思想的指导下，创新园本研修形式，区域推进园本研修，为各幼儿园之间的研讨注入新的理念，搭建教学研究的平台，提高教师的教育科研能力和水平，成就幼儿园教师的可持续发展。

区域联盟园本教研方式是幼儿教师一种新的合作模式，它形成和谐互助的人际关系和人类的学习研究氛围，吸取精华，共同进步，共同成长，具有自主性、多元与开放性、规范与保障性等方面的优势。

区域联盟园本教研在实施的过程中首先要明确研究问题的本质与界限；其次，要利用相关制度解决现实存在的问题，同时加强教师培训，营造科研氛围，提升教师的文化层次。

## （二）园本培训

### 1. 园本培训的内涵

幼儿教师园本培训就是为了满足幼儿园和幼儿教师的发展目标和需求，由幼儿园自己发起组织，立足幼儿园本身实际开发而进行的师资互动式培训，旨在提高幼儿园整体办学实力和教育质量，促进幼儿园的可持续发展。

### 2. 园本培训的特点

针对性。幼儿教师园本培训立足于幼儿园工作岗位，培训目标是为了提高教师的教育教学能力；针对不同年龄段、教师特长设置课程；教学内容等均根据幼儿教师实际要求确定量身打造。

自主性。园本培训的主体是幼儿园和教师，幼儿园和教师有充分的培训自主权。

灵活性。园本培训根据学校和教师的实际，在内容设置、方法选择、对象组合、时间安排等方面具有广泛的灵活性。

### 3. 园本培训与园本教研的关系

如果说“园本教研”是幼儿园日常教研活动的主体，那么“园本培训”就是临时性的、突击性的培训。如果说“园本教研”侧重于解决的是日常性的、需要长时间才能解决的问题，那么“园本培训”侧重于解决的是那些临时性的、应急性的问题。因此，园本教研和园本培训密切相关、相互配合。很多情况下，有些问题先由园本培训开头，再由园本教研具体落实和检验。

### 4. 园本培训有效实施的策略

（1）提高幼儿教师参与园本培训的动机

动机是一切活动的源动力。幼儿教师需认识到，参加园本培训不是为了应付园里的任务，而是为了提高自身的专业发展。在实践中，我们发现教师“说出来”与“做出来”的相互脱节，这就表明教师虽然嘴上说的是新理念，但不一定就是他自身的观念。所以，要通过园本培训使幼儿教师认识到自身的问题，并帮助其解决问题，提高教师参与园本培训的动机。

（2）聘请专家来园讲座

有调查显示，幼儿教师认为在专家的引领下，获取专业理论知识和技能的实效性及增长他们的科研能力最为有效。因此园本培训不能仅仅局限于本园内的教师，还要积极地“走出去”和“请进来”，为园本培训的持续发展提供活力。

（3）将课程实施与专题培训相结合

青年教师的课程预设能力通常较差，他们会在活动开展的各个环节碰到各种各样的问题。为此，幼儿园应安排有经验的老教师帮助青年教师找出问题，并提出改进意见；还可以组织青年教师边结合优秀的课例录像边走进现场，开展具体内容的研讨；还可以开展角色游戏指导方式专题培训，使青年教师们真正理解教育理念。

（4）多种培训方式相结合

由于年轻教师的个性差异明显，不同的教师可能对培训方式有不同的需求，因此多种培训方式相结合才能取得更好的效果。通常而言，交流式培训更能营造宽松的氛围，让教师更自主、自信地敞开胸怀，讨论问题。不过这种方式容易散乱，不够正式，因此在使用交流式培训的同时，还宜开展研讨式培训。研讨式培训以教研组、年级组活动为载体，以行动研究为主要方式，聚焦教学活动现场，让教师们有机会共同斟酌教学方式，解决教育上的困惑。此外，案例式培训、对话式培训也是颇受年轻教师欢迎的园本培训方式。

## （三）行动研究

苏霍姆林斯基曾说过：“如果你想让教师的劳动能够给教师带来一些乐趣，使天天上课不至于变成一种单调乏味的义务，那你就应当引导每一位教师走到研究这条幸福的道路上来。”教师真正的成长不仅仅在于园本教研或园本培训，教师能力的显著提高还在教学实践中。行动研究就是教师对教育行为实践、分析、再实践、反思的一个反复过程。

### 1. 行动研究的内涵

行动研究指的是教师为了提高教育教学实践质量，解决教育教学实际问题而开展的基于反思的研究活动。研究的主体是教师，研究的对象是教师自身的教育教学实践，研究的目标是提高教育教学实践质量，研究的方法以质的研究方法为主，辅以课堂观察、问卷调查等技术。

### 2. 行动研究的特点

我国学者刘华良认为行动研究的关键性特征可以认定为：参与、改进、系统与公开。

（1）参与。即教师参与到研究中并成为研究的主体。

（2）改进。“改进”首先意味着改进教学实践，也可以理解为在教学实践中解决问题。其次，“改进”意味着改变教师对实践的理解，包括教师的“内隐理论”或“个人化理论”的改变。“改进”也指变革实践所处的社会情境。

（3）系统。系统的或持续的探究在行动研究中主要是指系统地收集资料和分析资料，使行动研究具有科学性。

（4）公开。“公开”意味着发表自己的研究过程和研究成果，使自己的研究成为公开的探究；意味着与其他教师或研究者合作，而不是私下的个人化操作。

### 3. 行动研究的过程

许多研究人员提出行动研究过程模型。因为行动研究是一个动态过程，不同的模型有所不同，但是各种模型都具有许多相同的要素。综合国内外学者专家的看法，可以发现行动研究的历程大致上包含了问题确定、情境厘清、行动规划、行动实践、反思检讨、行动评监、行动修正与实践等反复循环的历程，直至研究者认为问题已经解决或研究目的已达成，或进入最后公开发表阶段，并将这一行动研究正式结束，如图 7-1 所示。

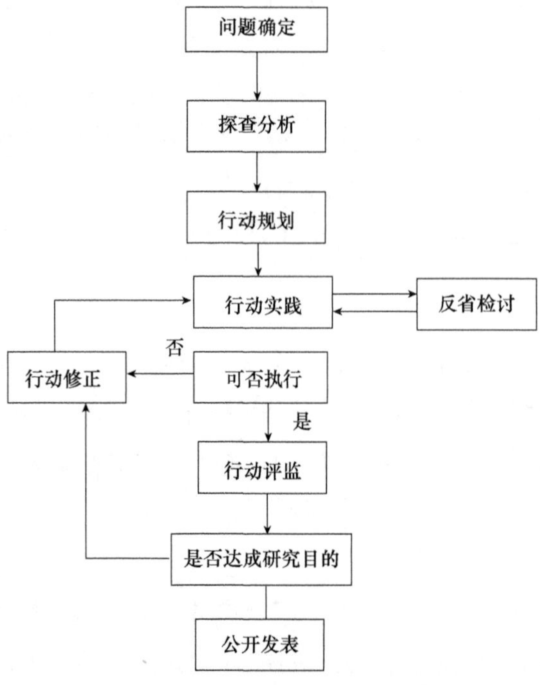


图 7-1　行动研究过程基本模型

### 4. 行动研究促进教师专业成长的策略

教师将自己的教育教学活动作为研究对象，在行动中反思，将自己行动中的知识全部显露出来。教师自己、教师群体以及外部研究人员通过对教师的行动进行系统的观察、记录、分析和交流，使其逐步显性化、可表达化。只有这样，教师才能跳出自己的实践看自己，让自己的使用理论和实践性知识成为被分析的对象，教师的批判反思才有可能。

教师在行动中反思，通常需要以下四个步骤。

（1）行动（即实践）。

（2）对行动进行描述：尽量白描，将行动的主体、发生发展的过程、有关人员的思考等详细记录下来。

（3）对行动的描述进行反思：分析自己为什么这样做、这样想，挖掘行动背后的理论。

（4）对行动的描述的反思进行反思：反思自己反思的方式、思维习惯和定式，同时在技术层面和人际互动层面上反思。

行动研究的价值还在于改变教师的专业生活方式，让教师在付出智力的同时，能够补充知识，提升智慧，强化能力，体验创造之幸福。通过教师行动研究，教师可以主动学习，在专业上获得更迅速的发展。当教师从事研究成为一种行动、一种习惯，便成为一位真正的专业教育人员。

## 第三节 幼儿教师职业生涯规划

### 案例分析　四只毛毛虫的故事

毛毛虫都喜欢吃苹果，有四只要好的毛毛虫，都长大了，各自去森林里找苹果吃。

（1）第一只毛毛虫

第一只毛毛虫跋山涉水，终于来到一棵苹果树下。它根本就不知道这是一棵苹果树，也不知道树上长满了红红的可口的苹果。当它看到其他的毛毛虫往上爬时，稀里糊涂地就跟着往上爬。没有目的，不知终点，更不知道自己到底想要哪一种苹果，也没想过怎么样去摘取苹果。它的最后结局呢，也许找到了一个大苹果，幸福地生活着；也可能在树叶中迷了路，过着悲惨的生活。不过可以确定的是，大部分的虫都是这样活着的，没想过什么是生命的意义，为什么而活着。

这只毫无目标，一生盲目，没有自己人生规划的糊涂虫，不知道自己想要什么。遗憾的是，我们大部分的人都是像第一只毛毛虫那样活着。

（2）第二只毛毛虫

第二只毛毛虫也爬到了苹果树下。它知道这是一棵苹果树，也确定它的“虫”生目标就是找到一个大苹果。问题是它并不知道大苹果会长在什么地方。但它猜想：大苹果应该长在大枝叶上吧！于是它就慢慢地往上爬，遇到分支的时候，就选择较粗的树枝继续爬。于是它就按这个标准一直往上爬，最后终于找到了一个大苹果，这只毛毛虫刚想高兴地扑上去大吃一顿，但是放眼一看，它发现这个大苹果是全树上最小的一个，上面还有许多更大的苹果。更令它泄气的是，要是它上一次选择另外一个分支，它就能得到一个大得多的苹果。

这只毛毛虫虽然知道自己想要什么，但是它不知道该怎么去得到苹果，在习惯中的正确标准指导下，它做出了一些看似正确却使它渐渐远离苹果的选择。而曾几何时，正确的选择离它又是那么接近。

（3）第三只毛毛虫

第三只毛毛虫也到了一株苹果树下。这只毛毛虫知道自己想要的就是大苹果，并且研制了一副望远镜。还没有开始爬时就先利用望远镜搜寻了一番，找到了一个很大的苹果。同时，它发现当从下往上找路时，会遇到很多分支，有各种不同的爬法；但若从上往下找路时，却只有一种爬法。它很细心地从苹果的位置，由上往下反推至目前所处的位置，记下这条确定的路径。于是，它开始往上爬了，当遇到分支时，它一点也不慌张，因为它知道该往哪条路走，而不必跟着一大堆虫去挤破头。比如说，如果它的目标是一个名叫“教授”的苹果，那应该爬“深造”这条路；如果目标是“老板”，那应该爬“创业”这根分支。最后，这只毛毛虫应该会有一个很好的结局，因为它早已有自己的计划。但是真实的情况往往是，因为毛毛虫的爬行相当缓慢，当它抵达时，苹果不是被别的虫捷足先登，就是苹果已熟透而烂掉了。

这只毛毛虫有非常清晰的职业规划，也总是能做出正确的选择，但是，它的目标过于远大，而自己的行动过于缓慢，成功对它来说，已经是明日黄花。机会、成功不等人。同样，我们的人生也极其有限，我们必须把握，那么单凭我们个人的力量，也许一生勤奋，也未必能找到自己的苹果。如果制订一个适合自己的计划，并且充分借助外界的力量，借助许许多多的外部力量（在现实生活中可以理解为找个贵人帮的自己），也许第三只毛毛虫的命运会好很多。

（4）第四只毛毛虫

第四只毛毛虫可不是一只普通的虫，做事有自己的规划。它知道自己要什么苹果，也知道苹果将怎么长大。因此当它带着望远镜观察苹果时，它的目标并不是一个大苹果，而是一朵含苞待放的苹果花。它计算着自己的行程，估计当它到达的时候，这朵花正好长成一个成熟的大苹果，它就能得到自己满意的苹果。结果它如愿以偿，得到了一个又大又甜的苹果，从此过着幸福快乐的日子。

这只毛毛虫不仅知道自己想要什么，也知道如何去得到自己的苹果，以及得到苹果应该需要什么条件，然后制订清晰实际的计划，在望远镜的指引下，它一步步实现自己的理想。

其实我们的人生就是毛毛虫，而苹果就是我们的人生目标——职业成功。爬树的过程就是我们职业生涯的道路。毕业后，我们都得爬上人生这棵苹果树去寻找未来，完全没有规划的职业生涯注定是要失败的。

## 一、职业生涯及其发展

“职业”是个人为了生存和发展而利用专门的知识和技能参与社会分工，进行相对稳定、有收入、专门类型的社会劳动和工作种类，它是社会与个人或组织与个体的结合点，它为社会创造物质财富、精神财富，为个人获取合理报酬、满足精神需求。“生涯”通俗地说是指个人一生的发展路途。

根据中国职业规划师协会定义：所谓职业生涯，是指人的一生中的职业历程。职业生涯这个概念的含义曾随着时间的推移发生过很多变化，在 20 世纪 70 年代，职业生涯专指个人生活和工作相关的各个方面。随后，又有很多新的意义被纳入到这个概念中，包含了生活中关于个人、集体以及经济生活的方方面面。与职业不同，职业生涯是发展的、动态的过程。它不仅包括一个人的过去、现在和未来，可以实际观察到的连续从事的职业发展过程，还包括个人对职业生涯发展的见解和期望。

职业生涯至少包含了四个方面的含义。

**1. 是行为和思想双重结合的结果**

职业生涯主要由行为活动与态度两方面构成，要充分了解一个人的职业生涯必须从他的职业态度和职业行为两方面进行理解。

**2. 是职前职后动态连续的过程**

职业生涯过程，是人们一生中所有与职业相关的连续活动或经历。踏入工作岗位并不是职业生涯的开始，它还包括了从事工作前的职业准备阶段，如职业知识的储备、职业能力的获得、职业兴趣的培养、职业的选择和定位等。

**3. 是受多方面因素影响的**

职业生涯会受到教育、家庭、性格、价值观、性别、健康状况、社会环境、机遇等多方面因素影响。

**4. 是一个动态的概念**

职业生涯不仅意味着工作时间的长短，还包括了职业发展、变更的经历和过程。

职业生涯是追求自我实现的重要人生阶段。在这里，职业不只是谋生的手段，它是人一生中最重要的历程，更是实现个人价值、追求理想生活的重要途径。相对而言，人的素质越高，对职业生涯的期望也越高，对自我实现的要求也就越高。

职业生涯是满足人生需求的重要手段。一个人的职业生涯是一个漫长的过程，既可以一生只从事一种职业，持续而稳定地在该岗位上晋升、增值；也可以根据个人的兴趣、能力、价值观以及工作环境的变化而经历不同的岗位、职业甚至行业。作为个人生命中投入时间和精力最多的人生组成部分，职业生涯使我们体验爱与被爱的幸福，感受尊重与受人尊重的满足，享受美和成就的快乐。

职业生涯是促进人的全面发展的重要手段。人的全面发展最根本是指人的劳动能力的全面发展，即人的智力和体力的充分、统一的发展。同时，也包括人的才能、志趣和道德品质的多方面发展。在职业生涯中，人们在渴望拥有丰富的知识、突出的能力、良好的人际关系的同时，也渴望在事业上有所建树，并享有幸福和谐的家庭生活和丰富多彩的休闲时光。追求成功的职业生涯，最终是要获得个人的全面发展。

## 二、幼儿教师职业生涯发展的阶段及特点

教师的职业生涯，是指一个人作为教师从事教师职业的整个过程。目前，学者们对教师职业生涯发展阶段的划分各有千秋，代表性的有六个理论派别。幼儿教师职业生涯的发展阶段遵从教师职业生涯发展的阶段划分。

### （一）职业生涯发展阶段理论界说

美国学者 RalphFessler 和 Judith C. Christensen 将影响教师职业生涯的发展分成八个阶段：职前期、职初期、能力建构期、热情与成长期、职业挫折期、职业稳定期、职业消退期、职业离岗期 。

（1）职前期。职前期是某一特定专业角色的准备阶段。通常是指在学院或大学里的初始培训阶段，可能也包括幼儿教师为扮演新角色或承担新任务而接受的再培训，这种培训可以是高等教育机构的培训，也可以是工作环境中的教职工培训的一部分。

（2）职初期。职初期一般指幼儿教师受雇的头几年，是幼儿教师在幼儿园的社会化时期。这时，新教师尽力争取幼儿、同事和领导的认可，并且试图在处理日常问题和事务上达到一个舒适和安全的水平。当从一个班级改换到另一个班级或受聘到另一所幼儿园，或完全调动到另一个地区任教时，幼儿教师也可能产生职初期的感受。

（3）能力建构期。在职业生涯周期的这个阶段，幼儿教师正在努力提高教学技能和才智。他们找到了新的教学材料、方法和策略。这个阶段的教师容易接受新观念，积极参与各种工作坊和学术研讨会，并主动报名参加培训学习。他们把工作看作挑战，并渴望改进自己各方面的技能。

（4）热情与成长期。在这个阶段，幼儿教师的工作能力已经达到了较高水平，但他们的专业能力还在继续进步。热情与成长期的幼儿教师热爱工作，盼望上班，希望和幼儿交流，并不断寻求新方法来丰富教学。这个阶段幼儿教师的主要特征是充满热情和对工作的高度满足。在为幼儿园确定合适的在职教育活动中，这些幼儿教师常常起支持和协助作用。

（5）职业挫折期。这个阶段的特征是幼儿教师的工作满足感变弱，挫折感变强。幼儿教师开始对自己为什么从事这份工作提出疑问。许多文献中描述的教师倦怠（ burn- out），就出现在这个阶段。尽管这种挫折感大多出现在职业生涯的中期，但幼儿教师在职业生涯相对较早时

期就出现这种感觉的情况越来越多。

（6）职业稳定期。稳定期的幼儿教师已经进入到了职业生涯的高原期。他们当中有的人开始停滞不前，使自己囿于“拿多少钱干多少事”。这些幼儿教师在完成他们应该完成的工作之后，不会多做一点儿。他们的工作也许是可接受的，但他们不再愿意追求完美与成长。这些幼儿教师的工作动机通常是履行聘用合同的条款。

（7）职业消退期。这个阶段，幼儿教师正准备离开专业岗位。对一些幼儿教师来说，这可能是一个愉快的时期，回忆他们曾经体验过的美好经历，并期待改换职业或退休。对另一些幼儿教师来说，这可能是一个痛苦的阶段，他们不喜欢被迫终止工作，或迫不及待地要离开这份不值得的工作。这个阶段可能长达几年，也可能只有几周或几个月。

（8）职业离岗期

离岗期是指幼儿教师离开教学工作后的一段时间。这个阶段不仅指幼儿教师多年服务后的退休，还包括其他的一些情况：自愿或不自愿终止工作后的失业，或是为突发情况而暂时离岗，离岗选择其他职业，或转岗到教育系统的非教学工作，如行政管理岗位。

### 知识拓展　费斯勒的生涯发展理论

美国学者费斯勒把教师职业生涯发展分成八个阶段。

（1）职前教育阶段。是职业角色的准备时期，是教师的培养形成时期，内容是在大学或者学院进行专业的知识学习和训练，也包括教师从事新角色和新任务的再训练。

（2）学习导入阶段。是教师最初任教的头几年，他们要学习教师的角色，完成职业的社会化，适应学校的运作，努力表现自己，争取得到学生、同事、上级的认可。

（3）能力建立阶段。是教师尽量改善教学技巧，提高教学效率，发现和运用教学的新方法、新策略的时期。这个时期的教师很好学，容易接受新观念，参加各种会议，参加进修学习，努力提高自己的教学技能。

（4）热心成长阶段。是教师在能力建立以后，继续地、不断地成长，努力追求自我实现的时期。这个时期，教师热爱工作，积极主动，不断充实自己的教学，有较高的工作满意度和成就感。

（5）生涯挫折阶段。这个时期，教师由于受到某种因素的影响，产生了教学上的挫折，导致对工作不满意，情绪沮丧，开始怀疑自己的工作能力和所从事的职业的正确性，这个阶段有人称为职业生涯倦怠期，这种挫折感是教师职业生涯发展的中间阶段经常出现的问题。

（6）稳定停滞阶段。这个时期是职业生涯发展中的高原期或平原期，教师的工作水平和能力没有提高，停滞不前，教师往往维持现状，缺乏挑战心和进取意识。

（7）生涯低落阶段。这个时期是教师准备离开教师职业的低潮时期。

（8）生涯引退阶段。这个时期是教师准备离开教师工作岗位及其以后的时期，教师离开岗位后，或者休息，或者另外找一些工作来做。

### 知识拓展　司德菲的生涯发展模型

美国学者司德菲建立了教师生涯发展模式，将教师的发展分为五个阶段。

（1）预备生涯阶段。这一阶段主要包括初任教职的教师，或重新任职的教师。在此阶段的教师，具有以下几个特征：理想主义、有活力、富创意、接纳新观念、积极进取、努力向上。

（2）专家生涯阶段。这一阶段的教师已具有较高水平的教学能力与技巧，同时拥有多方面的信息来源，能够进行有效的班级经营和时间管理，对学生有高度的期望，在自己的工作中也能激发自我潜能，达成自我实现的目的。同时，这时的教师具有一种内在的透视力，可随时掌握学生的一举一动。

（3）退缩生涯阶段。在初期退缩时期，教师表现不好不坏，漠视教学革新，其学生表现平平，同时多半教师都沉默寡言，消极行事；持续退缩时期，教师有倦怠感，经常批评学校、家长、学生，甚至教育行政部门，抗拒变革，同时独来独往，行为极端；深度退缩时期，教师在教学上有无力感，有时会伤害到学生，但他们认识不到自己有这些缺点。

（4）更新生涯阶段。这一阶段的教师在一开始出现厌烦的征兆时，就采取了较为积极的应对措施，吸收新的教学知识，致力于追求专业成长。

（5）退出生涯阶段。教师离开教育岗位，一些教师开始安度晚年，而一些教师则可能继续追求生涯的第二春天。

### 知识拓展　费勒的生涯关注理论

美国学者费勒根据教师关注的内容把教师职业生涯分成四个阶段。

（1）教学前关注的阶段。这个阶段是师资培养的时期，由于他们还没有经历教学，没有教学经验，因而他们对于教师角色往往只是处于想象之中，他们关注的主要是自己。

（2）早期生存关注阶段。是指刚刚开始教学工作时期，由于对教学实践是生疏的，因而关注的主要是教师自己的生存问题，比如班级管理、熟悉教学内容、学校领导的评价等。

（3）教学情景关注阶段。是初步熟悉工作以后的时期，这个时期教师关注各种教学情景或者环境的变化，以及对于教师在知识、技能、能力上的要求，因此教师非常重视教学情景所要求的知识的学习和能力的提高，关心自己的教学表现。

（4）关注学生的阶段。这是在基本解决了自己的教学能力后的时期，由于有了实际的工作经验、能够担负比较繁重的工作、能够克服困难，因而他们的注意力转移到学生身上，关注学生的思想、品德、学习、需要，能够和学生建立真正的沟通和交往，这时，教师也就达到了比较成熟的阶段。

### 知识拓展　莱西的教师社会化理论

莱西在对实习教师的研究中，把教师职业生涯分为四个阶段。

（1）“蜜月”阶段。实习老师体会到做教师的乐趣，同时教学实习使得他们从学生的繁重学习中解放出来，因而乐于从教。

（2）“寻找教学资料和教学方法”阶段。在这一阶段，实习教师通过查找有趣的材料和方法来应付课堂中出现的问题。

（3）“危机”阶段。此时由于课堂出现的问题越来越多，课堂给新老师的压力越来越大，当仅靠查询资料难以应付这些课堂问题时，就会出现危机。虽然危机对每位实习生产生的后果不同，但许多教师在这一阶段曾想过要离开教学工作。

（4）“设法应付过去或失败”阶段。这时有的教师对不得不做出的妥协和改变不再感到内疚，能够坦然地以教师的姿态出现在课堂上，而不能做到这一点的教师可能要脱离教学岗位。

### 知识拓展　王秋绒的教师社会化理论

王秋绒则把教师专业化过程分为师范生、实习教师和合格教师三个阶段分别进行考察，又把每一个阶段分为三个时期。

（1）师范生阶段。第一时期为探索适应期，主要指一年级师范生的专业社会化情况，他们刚进入师范院校，处于观望、探索和适应时期，社会化的关键是增进人际关系、适应师范院校的环境。第二时期为稳定成长期，主要限于二、三年级师范生，这时的师范生与同学、教师等社会关系稳定发展，表现出恰当的社会角色。社会化的重点是学习教育专业知识、专门学科知识，提高人际关系和组织能力。第三时期为成熟发展期，是四年级师范生的专业社会化时期，其重点在于如何将已有的教学知识应用于教学实践。

（2）实习教师阶段。第一时期为蜜月期，实习教师体会到做教师的快感，全身心投入教学工作。第二时期为危机期，当实际中遇到的问题越来越多，面临的现实压力越来越大时，教师则会产生危机感。第三时期为动荡期，面对现实与理想教师角色之间的差距，有的老师重新自我预期，趋于妥协，有的则准备脱离教学岗位。

（3）合格教师阶段。第一时期为新生期，时间从开始工作到工作两三年。这一时期的教师在实习期的基础上，对教学中问题处理的能力有所增加，又有了对教学工作的胜任感和成就感。第二时期为平淡期，在工作两三年之后，基本适应了教学工作的基本要求，工作不再富有挑战性，而是感到逐渐变得平淡。第三时期为厌倦期，在工作多年后，有的教师乐于为教育奉献一生，而多数教师会对教学产生厌倦，失去教学动力。

## （二）幼儿教师职业生涯发展的主要阶段及其特点

总体来说，职业生涯具有四个主要的特点：①漫长性。它是一个人在职业岗位上所度过的漫长岁月的整个历程。②独特性。它是个人为实现自我而逐渐展开的一种独特的生命历程。③综合性。它可以分为“外职业生涯”和“内职业生涯”。④互动性。它不完全是个人所支配的，还受到各方面的影响，除了本人对职业生涯的规划和设计之外，还有家庭、组织、社会环境等方面的因素会对职业生涯产生影响。

具体来说，幼儿教师的职业生涯发展的每个阶段都有其独特的特点。幼儿园教师的素质及其工作成绩或成果最能反映幼儿园教师的成长和变化。通过对幼儿园骨干教师进行研究，能够比较科学地描述幼儿园教师职业生涯的全过程。在这里，我们把幼儿园骨干教师的职业生涯分成四个阶段：准备期、适应期、发展期、创造期。在每个阶段结束时，他们可以分别称为新任教师、合格教师、骨干教师、专家教师。

### 1. 准备期

准备期是指幼儿教师从事幼教工作以前接受的学习和实习的阶段，包括综合知识的学习和专业知识与技能的学习。准备期主要是在师范教育阶段，这个阶段的学习对以后的专业发展道路有重要影响。在准备期所积累的专业知识和技能功底，直接影响着未来的职业生命力。幼儿教师走上岗位即标志着准备期结束。

准备期阶段幼儿教师的素质特点是：第一，以学习书本知识为主，缺乏实际经验；第二，所习得的知识和经验具有表面化的特点；第三，形成了幼儿教师所需要的一部分独特的素质。

在职前准备期的素质如何，取决于多种因素，包括家庭和学校两方面。其中对幼儿教师的素质高低起决定作用的因素是幼儿教师自身在准备期是否勤奋，学习是否得法。

2. 适应期

适应期是幼儿教师走上工作岗位，从没有实践体验到初步适应幼儿园教育教学工作，具备最基本的教育能力和其他素质的阶段。在这个阶段幼儿教师完成由学生到幼师的角色转换，实现从间接经验到直接经验的转化，包括熟悉幼儿园的工作环境和工作常规，熟悉教学内容，熟悉备课和上课等。适应期的幼儿教师通常被称作新手教师。当幼儿教师能够适应和胜任教育教学工作时，意味着其适应期的结束，此时的幼儿教师可以称为合格教师。

适应期幼儿教师的素质特点是：第一，知识转化。幼儿教师开始形成实际的、具体的、直接的知识和经验。第二，能力提高。幼儿教师开始形成初步的教育教学实践能力。第三，素质不够。此时幼儿教师的教学水平还处于较低的层次，还不够全面和平衡。

幼儿教师职业生涯中适应期的快慢因人而异，并不是统一的，它取决于以下一些因素：幼儿教师在职前准备期的素质高低；幼儿教师在适应期是否得到有经验的教师的帮助指导；幼儿园是否为幼儿教师提供较好的教育教学实践平台，幼儿教师自身是否努力等。

3. 发展期

发展期是指幼儿教师初步适应岗位后，继续锻炼自己的教育教学能力并提高素质，使自身的教育教学能力达到熟练程度的时期。在发展期，幼儿教师的能力得到提升，他们对工作充满了活力。与此同时，幼儿园会对教师提出更高的要求，希望他们成为好教师和有经验的教师。幼儿教师也开始注重对教育教学实践的理论总结，逐渐形成自己的教学风格。

发展期幼儿教师的素质特点是：第一，专业水平上，向着熟练化、深广化发展；第二，专业技能上，向全面化和整体化发展；第三，专业理念上，由注重教师的教转向注重孩子的学。

4. 创造期

创造期是幼儿教师由固定的、常规的、自动化的工作进入到探索和创新的时期，是形成自己的独到见解和教学风格的时期。

创造期幼儿教师的素质特点是:第一，具有创新性思维。如幼儿教师已经形成了问题意识、反思意识、创新意识。第二，具有探索性能力。幼儿教师在这个阶段开始就某些问题进行专门的探讨。第三，具有教育家思想。幼儿教师在这个阶段注意理论总结，开始形成自己的教学风格、教学模式和教育思想。

在创造期，有的幼儿教师能够不断创新，不断探索教育问题，并形成了比较系统的见解，逐渐成长为教育专家甚至教育家。

## 三、幼儿教师职业生涯的影响因素

幼儿教师职业生涯受到很多因素的影响。支持性、鼓励性和援助性的因素能够帮助幼儿教师追求积极的职业进步，反之，冲突和压力的因素会对幼儿教师职业生涯产生负面影响。各种影响因素常常是相互作用的，我们很难确定影响幼儿教师职业生涯的特定因素。美国RalphFessler和Judith C. Christensen在《教师职业生涯周期——教师专业发展指导》《TheTeacher Career Cycle-Understanding and Guiding theProfessionalDevelopment of Teachers》）一书中，将影响教师职业生涯的因素分成个人环境和组织环境两大类。

### （一）个人环境

来自个人环境的变量中，影响幼儿教师职业生涯的因素有家庭支持结构、积极的临界事件、生活危机、个性特征、业余爱好以及幼儿教师经历的生活发展阶段等。这些因素不断影响着幼儿教师的工作行为，成为幼儿教师的职业生涯驱动力。那些支持性、鼓励性和援助性的因素，会对幼儿教师的职业生涯产生正面影响。相反，负面的、充满危机的和引发冲突的因素，则容易对幼儿教师的职业生涯产生消极影响。下面只对个人环境中一些影响职业生涯的组成要素进行描述。

#### 1. 家庭因素

幼儿教师的家庭生活，如选择配偶、养育孩子、疾病、经济损失、婚姻困境以及相关的家庭事件等是幼儿教师所处环境的重要组成要素。这个内部支持体系可能是积极的，也可能是消极的。积极的家庭因素如父母及配偶的鼓励和支持、结婚、孩子的出生这类积极事件，可以为幼儿教师奠定支持和安全的基础，这会使教师的职业生涯顺利充实。消极的家庭因素如爱人生病、近亲死亡、经济困难、配偶不支持等会对幼儿教师的职业带来巨大的压力。

#### 2. 个性特征因素

每个人都是独特的。经验积累、志向与目标以及个人价值观，这些因素的结合决定了一个人的个性。这些因素影响着职业的抉择与方向。个人志向与目标并不是一成不变的，时间的推移、个人阅历的增加和需求的改变，都可能会导致他们改换职业或遭受职业挫折。在另外情况下，成熟能使幼儿教师变得更有反思精神和专业能力，这是幼儿教师继续成长和发展的前提。

#### 3. 业余爱好因素

业余爱好是幼儿教师发挥才能、体验成功和获得认可的另一种渠道，它可以为幼儿教师的职业生涯提供动力。幼儿教师经常可以从事的业余爱好包括业余兴趣活动、志愿服务、旅游和体育锻炼等。

#### 4. 生活阶段因素

由 Sheehy（1976）和 Levinson 及其同事（1978）发表的有关生活阶段的文献广受欢迎，他们确认，个人因素可能对职业生涯产生重要影响。在不同的生活阶段，成年人经常会质疑和反思职业、家庭、生活目标以及个人的优先考虑因素。这在中年危机阶段尤为明显，幼儿教师会被“下半辈子该干什么”这类问题搞得心事重重。这是个认真的质疑和严肃的再评价阶段，会对工作绩效和职业选择产生相当大的影响。

## （二）组织环境

幼儿园的组织环境是影响幼儿教师职业生涯的第二大类因素。这里起影响作用的变量有园所规章制度、行政领导的管理风格、公众给予的信任度、公众对教育系统的期望、专业组织和专业学会的活动等。这些因素的支持性倾向会强化、赞赏和鼓励幼儿教师在职业生涯中向前迈进。相反，这些因素的不信任和怀疑的氛围，则可能造成负面影响。

### 1. 园所规章制度因素

幼儿教师要遵守无数规章制度，这些规章制度来自园所、教育局、教育厅和国家教育部等组织。这些规章制度通常规定了幼儿园的教学秩序和结构，反映出教育系统、社会和国家的目标与价值观。然而，有些时候，规章制度可能会导致工作僵化、官僚主义，对幼儿教师产生负面影响。例如，规章制度中的课程标准及有关测量或评价要求等都可能被教师理解为积极的或消极的，这要看规章制度对幼儿教师的课堂教学和职业生涯的影响如何。

### 2. 管理风格因素

园长的管理风格可能对幼儿教师个人的职业生涯产生很大的影响。如果园长营造的是一种信任与支持的氛围，那么教师的反应肯定是积极的。而缺乏信任、以监控为主的管理则会降低幼儿教师的职业热情。

### 3. 公众信任因素

公众的信任氛围会对教师职业生涯和工作绩效产生深刻的影响。在积极的氛围中，公众信任幼儿教师和幼儿园，会提高幼儿教师的自尊，并使幼儿教师以积极的态度看待教学职业。相反，不停地抨击或批评幼儿园和幼儿教师，肯定会对幼儿教师的自我评价产生负面影响。近来出现了很多对幼儿园和幼儿教师的负面报道，已经导致了许多幼儿教师的士气低落和挫折感。新闻报道中，有关学前教育的议题总是显示出公众对幼儿教师能力和义务的悲叹，这使得有些幼儿教师对学前教育的未来和他们作为幼儿教师的未来感到疑惑。

### 4. 社会期望因素

除了信任问题以外，社会对幼儿园的期望也以多种形式影响着幼儿教师和教师的职业生涯。社会目标、伦理规范、价值观念、期望抱负等都起着重要的作用，如各种特殊利益集团、全国性和地区性有关幼儿园和教师的报告所产生的影响。这些外部期望的一种表现形式是对幼儿园活动的财政资助。幼儿园运行和改革所需要的预算资助水平，幼儿园基建需要的资助力度以及来自私有部门或通过与教育行政部门合作的基金资助强度，都反映出这一点。

## 本章小结

通过本章节的学习可以让学生详细了解幼儿教师职业生涯发展规划的特点及其发展阶段，把握幼儿教师专业成长的过程，掌握正确的成长策略，快速地在自己的职业生涯中找准定位，迅速成长为行业精英。

## 课后思考

某幼儿园教师准备开展“培养大班幼儿说话礼仪的行动研究”。

（1）分析这一行动研究问题提出的依据；

（2）该幼儿园教师准备用一年的时间开展此行动研究，请你为该幼儿园教师拟定一份行动计划（要求有总计划和具体计划）。